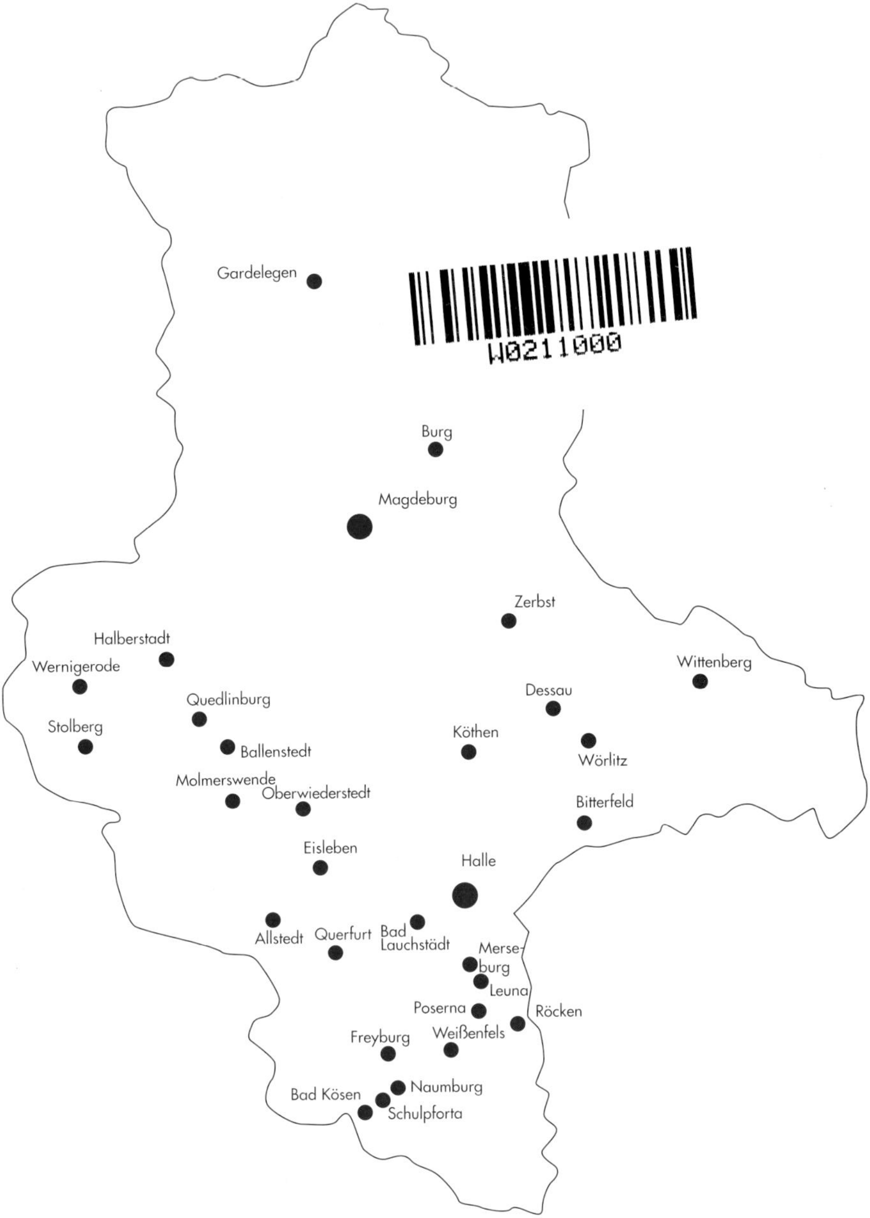

Gardelegen
Burg
Magdeburg
Zerbst
Halberstadt
Wernigerode
Wittenberg
Quedlinburg
Dessau
Stolberg
Köthen
Ballenstedt
Wörlitz
Molmerswende
Oberwiederstedt
Bitterfeld
Eisleben
Halle
Allstedt
Querfurt
Bad
Lauchstädt
Merse-
burg
Leuna
Poserna
Röcken
Freyburg
Weißenfels
Naumburg
Bad Kösen
Schulpforta

Dichter-Häuser in Sachsen-Anhalt

Verlag und Herausgeber danken der Lotto-Toto GmbH Sachsen-Anhalt für die freundliche Unterstützung bei der Drucklegung.

Die Deutsche Bibliothek – CIP-Einheitsaufnahme
Dwars, Jens-Fietje (Herausgeber);
Dichter-Häuser in Sachsen-Anhalt.
Kulturhistorische Porträts.
Jens-Fietje Dwars. – 1. Aufl. –
Bucha bei Jena: quartus-Verlag 1999
ISBN 3-931505-40-5

Titel und Rücktitel:
Pavillon im Garten des Weißenfelser Novalishauses.
Blick aus dem Fenster des Röckener Pfarrhauses,
der Geburtsstätte Friedrich Nietzsches.
Fotos: Kai Agthe, Naumburg.

1. Auflage 1999

ISBN 3-931505-40-5

Einbandgestaltung, Zeichnung der Karte,
Layout, Satz: Frank Naumann, AGD, Erfurt.
Schrift: Garamond, Post Antiqua.
Farblithographien: Corax Color, Weimar.
Belichtung, Druck: Gutenberg Druckerei GmbH Weimar.
Bindung: Großbuchbinderei Schirmer, Erfurt.

Jens-Fietje Dwars
Herausgeber

DICHTER-HÄUSER IN SACHSEN-ANHALT

Kulturhistorische Porträts

qV
quartus-Verlag

Inhaltsverzeichnis

Vorbemerkung 8
Thietmar von Merseburg. Bischof und Geschichtsschreiber
Juliane Brandsch 11
Heinrich von Veldeke. Der Minnesänger auf der Neuenburg
Detlef Ignasiak 19
Eike von Repgow. Der Spiegler auf Burg Falkenstein
Joachim Schymalla 25
Mechthild von Magdeburg. Frauenmystik im hohen Mittelalter
Michael Schilling 33
Die Luther-Häuser in Eisleben.
„Bethlehem" und „Jerusalem" zugleich
Detlef Ignasiak 39
Das Wittenberger Lutherhaus
Christiane Hennen 45
Das Melanchthon-Haus in Wittenberg. Wohnstätte eines Universalgelehrten
Christiane Hennen 53
Thomas Müntzer in Allstedt
Detlef Ignasiak 59
Schulpforta. Das „Bildungskloster" an der Saale
Karl Büchsenschütz 67
Der Anhalt-Köthener Schloss als deutscher Musenhof
Günter Hoppe 77
Der geheime Erzähler. Johann Beer und die barocke Hofkultur in Weissenfels
Jens-Fietje Dwars 87
Nicht einmal auf der Insel Felsenburg eine sichere Bleibe.
Johann Gottfried Schnabels Wohnungen in Stolberg
Gerd Schubert 94
Literatur im Zeichen von Pietismus und Aufklärung.
Franckeschen Stiftungen und Fridericiana in Halle
Hans-Joachim Kertscher 104

Das Palais Dietrich in Dessau. Vom Philanthropinum zur Landesbücherei
Michael Rohleder 114
Von Zerbst nach St. Petersburg. Katharina die Grosse – Russlands erste Memoirenschreiberin
Ingo Pfeifer 122
Dokumente der Freundschaft. Das Gleimhaus in Halberstadt
Ute Pott 128
Das Klopstockhaus in Quedlinburg
Brigitte Meixner 136
Das Wunder von Stendal. Johann Joachim Winckelmann
Jens-Fietje Dwars 144
Gottfried August Bürgers Geburtshaus in Molmerswende
Brunhild Neuland 150
Rousseausche Landschaft.
Goethe und Matthisson im Wörlitzer Garten
Ingo Pfeifer 156
Der Zauberberg. Literarische Harzwanderungen
Jens-Fietje Dwars 165
Gesellige Kunst als gelebter Alltag.
Reichadts gastlicher Garten in Giebichenstein
Angelika Reimann 176
Goethes Wirken als Theaterdirektor in Lauchstädt
Angelika Reimann 184
Der Spaziergänger aus Poserna. Johann Gottfried Seume
Jens-Fietje Dwars 192
Schloss Oberwiederstedt. Novalis' Geburtshaus
Jörg Kowalski 198
Ein Besuch im Weissenfelser Novalis-Haus
Gisela Kraft 208
Adolph Müllner. Das „Stachelschwein" in Weissenfels
Ingo Bach 218
Karl Leberecht Immermann. Ein Vergessener aus Magdeburg
Ernst Herbst 224
Des Turnvaters „Schwalbennest" unterm „Adlerhorst".

Friedrich Ludwig Jahn in seiner Freyburger Verbannung
Kai Agthe 228
„An der Saale hellem Strande". Fatale Burgenromantik in Bad Kösen
Kai Agthe, Jens-Fietje Dwars 234
Wilhelm von Kügelgen in Ballenstedt
Heidi Ritter 244
Der Traum vom Glück. Drei schreibende Frauen in Weissenfels
Ingo Bach, Jens-Fietje Dwars 250
Modellstadt für eine Novelle.
Theodor Fontanes Tangermünde
Axel Kahrs 260
Ein Königskind wird geboren.
Friedrich Nietzsche im Pfarrhaus zu Röcken
Jens-Fietje Dwars 270
Mutterhaus ohne Vaterstadt.
Friedrich Nietzsche in Naumburg
Kai Agthe 278
Der poetische Zeichner. Max Klingers Haus im Naumburger Blütengrund
Jochen Gericke 288
Der Dichter aus „Dingsda". Anfang und Ende der Lebensreise von Johannes Schlaf in Querfurt
Kai Agthe 294
Zwischen Spott und Frust.
Otto Reutters Villa „Waldschnibbe" in Gardelegen
Axel Kahrs 300
Ein Querfurter Ehrenbürger.
Der Afrika-Forscher Hans Schomburgk
Jens-Fietje Dwars 306
Stimmen aus dem Leuna-Werk.
Dichtung im mitteldeutschen Industrierevier
Jens-Fietje Dwars 312
Das Literaturhaus in Magdeburg.
Erinnerungen an Erich Weinert und Georg Kaiser
Gisela Zander 320

Chemiearbeiter, Poet und Bürgermeister.
Hans Lorbeer in Piesteritz
Jens-Fietje Dwars 330
„Brauche die Arbeit wie ein Rauschmittel ...“
Die Burger Jahre der Brigitte Reimann
Ulrich Kaufmann 336
Der Bitterfelder Weg. Nur ein bitterer Feldweg?
Dieter Strützel 342
Literarische Rückkehr in den Saalebogen.
Martin Gregor Dellin aus Weissenfels
Kai Agthe 350
Wo um Bücher gerungen wurde.
Der Mitteldeutsche Verlag in Halle
Dieter Strützel 356

Die literarischen Museen und Gedenkstätten
im Bundesland Sachsen-Anhalt 362

Die Autoren 364

Rechtsnachweise 367

Abbildungsnachweise 368

Vorbemerkung

Als 1996 der Band „Dichter-Häuser in Thüringen“ erschien, war man eher überrascht, daß es ein solches Buch nicht längst schon gab. Gilt Thüringen doch seit Jahrhunderten als traditionsreiches Land der Mitte, mit einst eigenem Landgrafenhof, und der Dichtung, mit Weimar als seiner heimlichen Hauptstadt.

Sachsen-Anhalt hingegen ist ein Kunstgebilde, ein Land, das vor seiner Neugründung 1990 ganze fünf Jahre existiert hat, bis es 1952 mit der Verwaltungsreform der DDR in die Bezirke Halle und Magdeburg zerfiel.

Trotzdem versteht es sich ebenso als ein mitteldeutsches Kernland, und dies vielleicht mit noch größerem Recht: Denn historisch gesehen, markiert die Verbindung des einstigen Herrschaftsbereichs der anhaltinischen Fürsten mit der preußischen Provinz Sachsen tatsächlich einen Raum vielfältiger Vermittlungen. Hier, an der Grenze des ottonischen Kaiserreichs zu den Siedlungen der Slawen, bekämpften und vermischten sich verschiedene Kulturen. Hier wurde aus innerkirchlichem Protest eine weltgestaltende Reformation und hier lagen die blutigsten Felder des Dreißigjährigen Krieges um Glaube und Macht. An Saale und Elbe besannen sich barocke Höfe auf die Pflege der deutschen Sprache und fand die Gegenbewegung zur höfischen Pracht in Franz von Dessau, dem Schöpfer des Wörlitzer Gartenreichs, ihren weitsichtigsten Vertreter.

Daß die Prinzessin von Anhalt-Zerbst für den russischen Thronfolger auserwählt wurde, war gewiß ein Zufall. Kaum aber, daß sie als Katharina die Große das Land in dem Geist regierte, der ihr anerzogen war. Auch wenn sie zum orthodoxen Glauben ihrer Untertanen übertrat, entsprach doch die Sorge der Zarin um Kultur und Wissenschaften eher einer lutherischen Pflichtenethik. Einer Arbeitsmoral, nach deren Prinzipien auch Friedrich von Hardenberg aufwuchs. Unter dem Namen Novalis gilt er vielen noch immer als Prototyp des „romantisch“-weltenfernen Dichters der „blauen Blume“. Dabei wird oft vergessen, daß gerade der Frühromantiker es war, der als Salineassessor mit der Erkundung der Braunkohlelagerstätten rechts und links der Saale den Untergang seiner Welt vorangetrieben hat.

Die Kohle und ihre zentrale Lage, fern der Fronten in Ost und West, gab inmitten des Ersten Weltkrieges den Ausschlag für den Bau des Leunawerks. Schlagartig trat der immer schwelende Gegensatz von Oben und Unten, von Arm und Reich, mit einer umstürzenden Arbeiterbewegung zutage, die hier, im „mitteldeutschen Industrierevier" zwischen Mansfeld und Merseburg, in den zwanziger Jahren verzweifelte Kämpfe ausfocht. Auch sie brachte Dichtung oder – nüchterner gesprochen – Literatur hervor, an die der „Bitterfelder Weg" im Namen eines ersten deutschen „Arbeiter- und Bauernstaates" anzuknüpfen versucht hat.

So erweist sich Sachsen-Anhalt als eine außerordentlich reiche literarische Landschaft: von mittelalterlichen Chronisten und Minnesängern über die poetischen Talente, die protestantischen Pfarrhäusern entstammten, bis hin zur Moderne, deren wortgewaltigster Prophet und Kritiker in diesem Raum mannigfacher Grenzüberschreitungen zur Welt kam – Friedrich Nietzsche, der Pfarrerssohn aus Röcken und Zögling des Bildungsklosters Schulpforta.

Diesen Reichtum auf unterhaltsame Weise zu erschließen, ist Anliegen der folgenden 48 Beiträge. Es sind Momentaufnahmen von Orten des Lebens und des Schreibens, die ein Land im Wandel zeigen: Spuren der Erinnerung, nicht wenige in letzter Zeit erst wiederentdeckt und mit viel Mühe instandgesetzt, manche hingegen noch immer vom Verfall bedroht und andere aufs neue vergessen. Sie laden ein, sich die Dinge näher zu betrachten – durch Reisen und Lesen.

Jens-Fietje Dwars — Jena im Dezember 1998.

Thietmar von Merseburg

geb. vermutl. 25. 7. 975
in Walbeck bei Helmstedt,
gest. 1. 12. 1018 vermutl. in Merseburg.

Thietmar in einer Darstellung aus dem 17. Jh. (erneuert im 19. Jh.) auf der Chorschranke im Dom.

Thietmar von Merseburg
Bischof und Geschichtsschreiber

Juliane Brandsch

Auf einer Anhöhe über dem linken Ufer der Saale erhob sich schon um die erste Jahrtausendwende eine befestigte Anlage mit einer Kirche, einem bischöflichen Wohnhaus und den Anlagen einer ehemals berühmten Kaiserpfalz. Den alten Merseburger Grafen, den sächsischen Kaisern und den Bischöfen folgten an diesem Platz im Laufe der Jahrhunderte wettinische Herzöge, preußische Beamte und regionale Behörden.

Im Jahre 1817, kurz nachdem Merseburg an Preußen gefallen war, amtierte hier Moritz Haubold von Schönberg als Regierungspräsident. Er ließ es sich nicht nehmen, die Familie von Kügelgen, die auf einer Reise von Dresden nach Ballenstedt Station machte, aufs Schloß zu bitten. Der fünfzehnjährige Wilhelm von Kügelgen entdeckte dort zufällig auf einer Fensterbank „ein derbes altes Buch", eine Chronik von Merseburg. „Es waren wunderliche Geschichten, für deren Wahrheit ich nicht einstehen möchte, dazumal aber glaubte ich alles, weil das Buch so ernst und fromm war."

Diese Chronik des Bischofs Thietmar von Merseburg, die Schreiber in den Jahren 1012 bis 1018 nach seinem Diktat oder Konzept aufzeichneten und die er selbst korrigierte und ergänzte, zog schon früh das Interesse von Historikern auf sich: Im Jahre 1580 war eine erste Ausgabe erschienen und bis zu Kügelgens Begegnung mit dem Buch gab es bereits vier weitere Editionen. Der Text, der aus Widukinds Sachsengeschichte (967), aus Heiligenviten und Totenbüchern, aus Urkunden und Synodenbeschlüssen ebenso schöpfte wie aus Thietmars eigenem Erleben und den Erzählungen von Familienangehörigen, vom kaiserlichen Hof und von geistlichen Mitbrüdern, wurde schon bald nach seinem Tod von anderen Geschichtsschreibern verwendet. Auch viel später, im 16. Jahrhundert, griffen sächsische Autoren auf die Chronik zurück wie Georg Spalatin in *Chronica und Herkommen der Churfürsten und Fürsten des löblichen Hauses Sachsen* (1541), Ernst Brotuff in *Chronica und Antiquitates des alten*

Der Dom zu Merseburg heute.

Keiserlichen Stiffts, der Römischen Burg, Colonia und Stadt Merseburg (1557) oder Georg Fabricius in seinem *Annalium urbis Misnae III* (1597).

Thietmar war durch Charakter und Ausbildung, durch Geburt und Amt, durch die politischen Ereignisse und die strategische Bedeutung seines Wirkungsortes geradezu prädestiniert, das Werden des Bistums Merseburg und zugleich die Geschichte der römisch-deutschen Kaiser aus dem Hause der Liudolfinger und ihrer Zeit niederzuschreiben. Er entstammte einer jener ostfälischen adeligen Familien im Grenzgebiet von Elbe und Saale, die vorzugsweise die Grafenämter versahen und die Bischofsstühle besetzten, die die Reichsgrenze gegen die Slawen verteidigten und sie mit Waffen wie mit christlicher Missionsarbeit weiter nach Osten vorschoben. Thietmars Vater, Graf Siegfried von Walbeck, hatte gegen die Piasten Mieszko I. von Polen und dessen Sohn Boleslaw Chrobry gekämpft. Die Stader Grafen, aus deren Familie die Mutter Thietmars, Kunigunde, stammte, hatten sich Meriten in Auseinandersetzungen mit den Wikingern an der Unterelbe und mit den Slawen erworben. Fünf Söhne und eine Tochter sind aus dieser um 972 geschlossenen Ehe bezeugt. Die beiden ältesten Brüder übernahmen weltliche Aufgaben: Heinrich erbte die Grafschaft Walbeck, Friedrich erhielt nach 1018 das Amt des Burggrafen von Magdeburg. Die übrigen Söhne waren für den geistlichen Stand bestimmt: Thietmar wurde 1009 Bischof von Merseburg, Siegfried starb 1032 als Bischof von Münster und Brun wurde 1034 zum Bischof von Verden geweiht. Einen unehelichen Sohn des Grafen Siegfried von Walbeck, Willigis, bestellte Thietmar im Jahre 1009 zu seinem Nachfolger als Propst des Klosters Walbeck. Die Schwester Oda heiratete den Grafen Gozwin von Valkenburg.

Thietmar war von kleiner Gestalt. Eine immer wieder eiternde Fistel entstellte sein linkes Kinn und die Wange, auch die in der Kindheit gebrochene Nase gereichte ihm äußerlich nicht zur Zierde. Doch er war ein leidenschaftlicher Mann mit großer Beobachtungsgabe und Urteilskraft, gebildet und dem sächsischen Kaiserhaus treu ergeben. Seine Erziehung erfuhr er zunächst bei seiner Großtante Emnilde im Stift Quedlinburg und ab 987 im Johanneskloster Berge bei Magdeburg. Weil aber dort in absehbarer Zeit keine Pfründe zu erlangen war, wechselte Thietmar 990 in das Magdeburger Domstift, dessen Schule sich mit der zentralen reichspolitischen Bedeutung Magdeburgs als „Hauptstadt des deutschen Ostens“ seit Kaiser Otto I. binnen kurzer Zeit zu einer der bedeutendsten Bildungsstätten des Reiches entwickelt hatte. Die Spuren dieser umfassenden klösterlichen Bildung und der steten Erziehung zu politischer Verantwortung im Reich, zur Königstreue und zur Unterstützung der Kolonisationspolitik im Osten sind überall in Thietmars Chronik spürbar.

Das Domkapitel in Magdeburg, in das er im Jahre 1000 aufgenommen worden war, blieb trotz seines Amtes als Propst des Klosters Walbeck auch nach Abschluß seiner Studien Thietmars Lebensmittelpunkt. Im Jahre 1004 war dort ein neuer Erzbischof geweiht worden, Tagino, ein Vertrauter Kaiser Heinrichs II. Dieser mochte den jungen Thietmar und wählte ihn zum Reisegefährten auf seinem Weg nach Augsburg. Ende des Jahres 1004 weihte er Thietmar im Beisein Heinrichs II. in Allstedt zum Priester. Und als fünf Jahre später der Bischofsstuhl in Merseburg vakant wurde, setzte sich Tagino abermals für seinen Schützling ein.

Es war nicht nur eine christlich-religiöse, sondern vor allem eine politische und militärisch-strategische Entscheidung, als Kaiser Otto I. im Jahre 955 am Vorabend der Schlacht auf dem Lechfeld, wo er gegen die Ungarn kämpfen mußte, schwor, im Falle seines Sieges in Merseburg ein Bistum zu errichten. Doch bereits nach 13 Jahren wurde die 968 gegründete Diözese aufgehoben, weil ihre Ausdehnung und die ökonomischen Ressourcen sich als nicht ausreichend für ihre Grenzlage und die sich daraus ergebenden Anforderungen erwiesen. Unter dem Einfluß der römischen Kurie jedoch, die die Einziehung des Bistums als Eingriff in ihre Rechte mißbilligte, stifteten Heinrich II. und seine Gemahlin Kunigunde im Jahre 1004 das Bistum Merseburg neu und überließen ihm die kaiserliche Pfalz mit allen Rechten und Freiheiten. Man gründete ein Kanonikerstift, in dessen Bibliothek im Jahre 1841 auf dem Vorsatzblatt eines Handschriftenbandes die berühmten Merseburger Zaubersprüche gefunden wurden, früheste Überlieferung germanischer Dichtung. Nach dem Tode des Merseburger Bischofs, des schon bei seiner Investitur kränkelnden königlichen Kaplans Wigbert, im Jahre 1009 wählte man auf die Fürsprache Taginos hin Thietmar zum Amtsnachfolger.

Der neue Bischof sah seine Aufgabe vorrangig in der vollständigen territorialen Wiederherstellung des Bistums. Bei der Rekonstruktion der alten Grenzen war man jedoch weitgehend auf Hörensagen angewiesen, und Thietmar war ehrgeizig genug, es extensiv auszulegen. Bis zu seinem Lebensende verhandelte er hartnäckig mit Kaiser Heinrich II. und den benachbarten Kirchenfürsten wegen jedes strittigen Gebietes. Gelegentlich schreckte er sogar vor bewaffneten Auseinandersetzungen und Urkundenfälschung nicht zurück. Die Chronik Thietmars, auch dies eine ihrer Zwecksetzungen, hielt die Gründe für all seine Forderungen und den aktuellen Stand ihrer Durchsetzung für die Nachfolger fest.

Besonders unter den Sachsenkaisern gehörte der Reichsdienst zu den bischöflichen Pflichten. Merseburg war die Pfalz, die Heinrich während seiner Amtszeit am häufigsten besuchte. Vor allem das Pfingstfest feierten er und seine Gemahlin am liebsten dort. Zudem war der Ort durch seine geografische Lage Ausgangs- und Endpunkt der Kriegszüge gegen den Polenkönig Boleslaw Chrobry und somit oft Residenz der Kaiserin Kunigunde, die von hier aus regierte, während Heinrich die westlichen Reichsgrenzen sichern mußte. So war auch Thietmar in die Reichspolitik eingebunden. Vor allem bezüglich Polens erwies er sich als ein überaus treuer Parteigänger des Kaisers. Im Gegensatz zum sächsischen Adel und Erzbischof Walthard von Magdeburg befürwortete er das Zweckbündnis Heinrichs mit den heidnischen Liutizen gegen Boleslaw. Dennoch findet man ihn nie aktiv an den Kriegszügen beteiligt oder in diplomatischen Missionen unterwegs. Offenbar entsprach es seinem Naturell eher, aufmerksam zu beobachten und klug zu werten als persönlich zu handeln.

Die Seelsorge war schon von Amts wegen Thietmars hauptsächliche Aufgabe. Er fühlte sich nicht zum Missionar berufen wie sein Großcousin, der berühmte Missionsbischof in Ungarn und Rußland, Brun von Querfurt, ein ehemaliger Magdeburger Domschüler, der 1009 bei den Pruzzen den Mätyrertod starb. Doch das Lesen der Messe, die Predigt, das Abnehmen der Beichte, das Spenden der Sakramente an die Gläubigen seiner Diözese füllten seine Tage aus. Der Ton der Chronik läßt vermuten, daß Thietmar ein guter Prediger war. Mit Geschichten und Beispielen vertiefte er die christliche Gesinnung und betonte ausdrücklich den Nutzen der Fürbitte für den Nachbarn in einer Zeit, da sich die Menschen oft von Dämonen und bösen Geistern gefährdet fühlten.

Sein Haus, das sollte der Dom zu Merseburg werden: Ein Neubau, der anstelle der bis dahin als Bischofskirche dienenden Johanniskirche Kaiser Heinrichs I. die Erneuerung des Bistums bezeugt. „Ich selbst legte am 18. Mai (1015) den Grundstein in Form eines heiligen Kreuzes." Der Kaiser unterstützte diesen Bau mit großzügigen Schenkungen. Doch als am 1. Oktober 1021 der Dom, von dem wohl die Grundmauern des heutigen südlichen Querhausflügels mit der Nebenapsis und den Westtürmen herrühren, in des Kaisers Gegenwart eingeweiht wurde, war Thietmar bereits tot. Sein Leichnam war wie der seiner Vorgänger Boso und Wigbert in der Johanniskirche beigesetzt worden, von wo man die drei Särge nun in die Bischofskapelle des neuen Domes überführte.

Auf der heute zertrümmerten Grabplatte stehen die Worte: „Reverendus dominus s. Ditmarus episcopus / Gratia Deum sum, quod sum / Quid sapiant, faciant, doceant, qui recta sequuntur / Corde, manu, lingua,

Ditmari gesta loquuntur.“ – „Der ehrwürdige Herr Bischof Thietmar. Ich bin, was ich bin, durch die Gnade Gottes. Was sie wissen, tun und lehren mögen, die dem Rechten folgen, die Lebensgeschichte Thietmars spricht mit Herz, Hand und Zunge.“

Und wirklich: So viele Veränderungen der Dom und das Schloß unter den geistlichen und weltlichen Herren der folgenden Jahrhunderte erfuhren, der Name Thietmars und seiner Chronik überdauerte die Zeiten.

Thietmars Grabplatte im Merseburger Dom; sie entstand im 13. Jh. als Gedächtnisgrabstein.

Thietmar von Merseburg:
Chronik

VI, 89: *Der König (Heinrich II.) kam indessen nach Merseburg, nachdem er Allstedt verlassen hatte, wo er noch das Fest Erscheinung des Herrn (6. Januar 1013) gefeiert hatte. Dort empfing er auch Gesandte des Herzogs Boleslaw, die um Frieden baten und versicherten, der Herzogssohn Miezko werde diesen garantieren. In Merseburg nun erfuhr er vom Tod des erwähnten Erzbischofs Liawizo, beklagte dessen Verlust für diese Zeit, beglückwünschte sich aber auch, da sich der Selige nun für ihn verwenden könne, so daß er dessen Gedächtnis besonders innig* *feierte. Dann brach er auf und feierte das Lichtmeßfest in Magdeburg. An diesem Tag erschien nun in Demut Otto, von Klerikern wie Weltlichen begleitet, und bat – wie schon vorher – durch treue Fürsprecher um die Gnade des Königs, damit dieser die Wahl endgültig mache. Der König schenkte ihnen aber keine Aufmerksamkeit, sondern verlieh das Erzbistum seinem Kapellan Unwan, was die Angereisten nicht ganz freiwillig mit Beifall bedachten. Otto nahm er in seinen Dienst und suchte ihn durch Versprechungen und Beweis seiner Gunst zu beschwichtigen. Dann wurde auf Verlangen und in Anwesenheit des Königs Unwan von Erzbischof Gero (von Magdeburg) zum Erzbischof (von Hamburg) gesalbt, wobei die Bischöfe Ekkehard (von Schleswig) und Thorgut (von Skara/Schweden) assistierten.*

VI, 90: *Wenige Tage später erschien Miezko, der Sohn Herzog Boleslaws, mit reichen Geschenken. Er huldigte ihm und bekräftigte seinen Treueeid. Er wurde bestens betreut und mit großen Ehren entlassen, damit er wiederkomme. In jenen Tagen überkam uns nach Sonnenuntergang ein fürchterliches Unwetter, das uns alle bestürzte. Es zerstörte nämlich die aus rotem Holz außerhalb der Stadt Magdeburg unter Otto I. erbaute Kirche. Blitzschlag vernichtete auch viele Güter des Erzbischofs. Inzwischen kam auch dem König zu Gehör, daß mein Vetter Werner mit Ekkehard, dem Bruder des Markgrafen Herrmann von Meißen, ohne königliche Erlaubnis zu Boleslaw gereist war und dort viel redete, wodurch die königliche Huld verwirkt wurde. Er erfuhr auch, daß dieser zudem wiederholt Geheimboten bei sich zu Hause empfangen hatte. Der König zeigte sich darüber sehr ungehalten und zitierte beide zu sich. Da sie es aber nicht wagten, dem nachzukommen, wurden ihre Güter konfisziert und sie selbst wegen Widerstand gegen die königliche Gewalt für schuldig befunden. Mein Vetter erkaufte sich dann doch wieder das Wohlwollen des Königs und sein Heimatrecht durch ein Eigengut und Geld. Der andere aber wurde erst viel später wieder durch Fürsprache treuer Freunde eingesetzt. Im gleichen Jahr verstarb am 18. März (1013) der Einsiedler Wonlef, ein wackerer Israelit.*

Heinrich von Veldeke

(niederl. Heinric van Veldeken)
geb. vor 1150 in der Nähe von Hasselt
(im heutigen Belgien),
gest. nach 1190 an einem unbek. Ort.

Heinrich von Veldeke (wie er mitten in Blumen und Vögeln sitzt), Darstellung in der Manessischen Handschrift, nach 1300.

Heinrich von Veldeke
Der Minnesänger auf der Neuenburg

Detlef Ignasiak

Mit Heinrich von Veldeke, dem aus dem Limburgischen stammenden Bahnbrecher der mittelhochdeutschen höfischen Epik, beginnt die Literaturpflege am Thüringer Landgrafenhof. Doch ist seinem mehrjährigen verbürgten Aufenthalt auf der Neuenburg ein merkwürdiges, aus heutigem Blickwinkel kriminell zu nennendes Ereignis vorausgegangen. Wir wissen darüber aus dem von ihm selbst (oder einem Zeitgenossen) verfaßten Epilog zu seiner *Eneit,* einer poetischen Verarbeitung des beliebten Stoffes von dem Trojanerhelden Äneas.

Bald nach 1170 wird der aus einem Ministerialengeschlecht stammende Dichter in seiner Heimat mit der Niederschrift der *Eneit* begonnen haben. Allerdings benutzt er als Vorlage nicht Vergils berühmtes Epos, sondern eine zeitgemäße französische Bearbeitung. Äneas mißbilligte, wie der Mythos überliefert, als einziger seines Geschlechts die Entführung der Helena durch Paris und konnte deshalb aus dem zum Untergang bestimmten Troja gerettet werden. Seine Nachfahren werden die Gründer Roms. Der westeuropäische Adel sah in dem antiken Helden den ersten Ritter des Abendlandes. Deshalb sind für Heinrich die Rittertugenden „minne" (dienende Verehrung einer adeligen Dame) und „maze" (Beherrschtheit) von ausschlaggebender Bedeutung. Wiederholt zeigt er in seinem Roman, wie Unbeherrschtheit die Menschen ins Verderben führt.

Das Interesse an der *Eneit* muß an Rhein und Maas groß gewesen sein. Schließlich lieh der Dichter das Manuskript seines zu zwei Dritteln fertigen Werkes „zum Lesen und zum Anschauen" der Gräfin Margarete von Kleve. Während der Feierlichkeiten zu ihrer Hochzeit mit dem thüringischen Landgrafen Ludwig III. wurde es gestohlen. Möglicherweise, als daraus vorgelesen wurde. „Deswegen wurde die Gräfin zornig auf den Grafen Heinrich, der das Buch wegnahm und es von dort in seine Heimat nach Thüringen schickte." Es wird mit einiger Sicherheit angenommen, daß es sich bei dem Dieb um Ludwigs jüngeren Bruder Heinrich

Die Neuenburg.

Raspe III. handelt. In Frage käme aber auch der auf dem Fest anwesende Graf Heinrich I. von Schwarzburg.

1183 befindet sich das Werk in den Händen von Pfalzgraf Hermann, dem jüngeren Bruder des Landgrafen. Dieser scheint an dem Roman Gefallen gefunden zu haben. Denn Hermann holt den unglücklichen Dichter nach Thüringen, gibt ihm sein Werk zurück und ermöglicht damit die Vollendung der *Eneit.* 1190 folgt Hermann seinem Bruder im Landgrafenamt. Unter seiner Ägide ist der Thüringer Hof eine herausragende Pflegestätte der Literatur. Wie dieses Beispiel zeigt, erwies sich Hermann schon in seinen jungen Jahren als Freund der Dichter und als Mäzen.

Was Heinrich empfand, als er nach erzwungener neunjähriger Schaffenspause sein Werk wieder in Händen halten konnte, wissen wir nicht, ebensowenig, wann er es abgeschlossen hat. Auf jeden Fall wird dies vor 1190 gewesen sein, spricht er doch im Epilog noch von Hermann als Pfalzgrafen. Ein Hinweis läßt die Fertigstellung sogar noch vor 1186 vermuten. Im Epilog huldigt der Dichter auch Margarete von Kleve. „Das war die freigebige und edle Gräfin von Kleve, voll hoher Gesinnung, die herrlich zu schenken wußte. Vorbildlich war ihre Lebensweise, wie es ei-

Dieses Tor gehört zum ältesten Teil der Burg.

ner Dame zukam." Die Ehe der Landgräfin wurde aber schon 1186 (wegen angeblich zu naher Verwandtschaft) geschieden. Es ist kaum vorstellbar, daß der Dichter seinen Lobpreis erst danach geschrieben hat. Heinrich hat auf der Neuenburg seine Dichtung nicht nur vollendet, sondern auch von seiner niederfränkischen Heimatmundart in ein Hochdeutsch ostmitteldeutscher Prägung umgesetzt. Die jetzt erst mögliche deutschlandweite Wirkung dürfte seinen literarischen Ruhm begründet haben.

Sein Refugium fand Heinrich von Veldeke auf der größten Landgrafenburg. Die oberhalb der Unstrutstadt Freyburg gelegene Neuenburg galt den Zeitgenossen als „Schwester der Wartburg", umgriffen doch beide Anlagen das damalige Thüringen von der Saale bis zur Werra. Daß die Burg von Bedeutung war, zeigt der Aufenthalt des Staufers Friedrich Barbarossa, Ludwigs Schwager, im Jahre 1172. Der Kaiser war von der Größe der Burg sehr angetan, nur die Mauern schienen ihm nicht stark genug gewesen zu sein. Der sagenhaften Überlieferung nach ließ der Landgraf daraufhin über Nacht alle Thüringer Ritter zur Neuenburg kommen und hieß sie, sich als menschliche Schutzschilde aufzustellen. Barbarossa war beeindruckt und sagte: „Fürwahr, eine festere Mauer als die aus treuen Mannen habe ich zeitlebens nicht gesehen."

Allerdings sah die Burg zu diesen Zeiten noch anders aus als heute. Bald nach Heinrichs Abschied von Thüringen hatten Umbauten begonnen, die der schon mächtigen Anlage eine noch größere Wucht verliehen. Auch der weithin sichtbare romanische Wohnturm ist erst 1220 gebaut worden, ebenso die berühmte (und jetzt wieder zugängliche) Doppelkapelle. Wo und wie Heinrich von Veldeke gelebt und an der *Eneit* gearbeitet hat, ist heute nur noch zu erahnen.

Daß das Interesse des Thüringer Hochadels an Literatur groß war, zeigt die spätere Entwicklung. So hat Herbort von Fritzlar, ein frühstadtbürgerlicher Dichter aus Hessen, am Eisenacher Hof nach einer französischen Vorlage sein *Lied von Troja* geschrieben; und zwischen 1210 und 1217 übertrug Albrecht von Halberstadt auf der Jechaburg bei Sondershausen Ovids *Metamorphosen* ins Deutsche. Auch er schuf dieses Werk für den Landgrafenhof. Wie es scheint, hatte Hermann I. eine Vorliebe für antike Stoffe. Die *Eneit* Heinrichs von Veldeke ging diesen Werken voraus.

Henrich von Veldeke
Minnelied

In der Jahreszeit,
da die Tage lang werden
und das Wetter wieder schön,
da lassen, jedem vernehmbar,
die Amseln ihren Gesang von neuem hören,
die uns liebe Kunde bringen.
Der mag Gott Dank dafür wissen,
der rechte Minne hat
ohne Schmerz und ohne Schwanken.

*Ich bin glücklich in der Verehrung derjenigen,
die bei mir erreicht hat,
daß ich mich von den Schmerzen abkehre,
die mich vorher sehr belästigten.*

*Jetzt ist es mir so ergangen:
Ich bin reich und sehr froh,
seit ich die umarmen durfte,
die mir rechte Minne schenkte,
ohne Schwanken und ohne Täuschung.*

*Wenn mich die Leute darum beneiden,
daß ich Liebe erfahren darf,
das kann ich ganz gut ertragen
und muß deswegen nicht auf meinen Frohsinn verzichten
und den Trübseligen nachlaufen,
da sie mich gern sieht,
die mich um der rechten Minne willen
lange Zeit Qualen erdulden ließ.*

Eike von Repgow

geb. um 1180, urkundlich erwähnt
zwischen 1209 und 1233,
vermutlich bald darauf gest.
Namensnennung
nach dem Dorf Reppichau
zwischen Köthen und Dessau.

Illustration aus einer Handschrift des „Sachsenspiegels" aus dem 14. Jahrhundert. Vor dem König, der Recht spricht, erscheinen ein Sachse (erkennbar am krummen Messer, dem Sachs), ein Franke (im Mantel mit Pelzkragen) und ein Thüringer (als Heringsesser gekennzeichnet).

Eike von Repgow
Der Spiegler auf Burg Falkenstein

Joachim Schymalla

Nu danket al gemene
deme van Valkenstene,
De greve Hoier is genant,
dat an dudisch is gewant
dit buk dorch sine bede:
Eike van Repchowe is dede.
Sachsenspiegel, Reimvorrede

Im östlichen Harz schlingt sich von den höher gelegenen Flächen bis zur Bodemündung das Band der Selke, umsäumt von grünen Hängen mit einer großen Vielfalt an Fauna und Flora. Doch die Natur bildet nur eine Seite dieses Landstriches. Im Laufe der Jahrhunderte wuchs um den Harz eine unverwechselbare Kulturlandschaft von regionaler und nationaler Bedeutung.

Eines ihrer Epizentren entstand um 1120 hoch über der Selke: die Burg Falkenstein. Hineingestellt in ein intaktes Siedlungsgebiet, rückte sie immer wieder ins Blickfeld des Umlandes. Schon die Romantiker sahen hier in rauschender Waldeinsamkeit ihr Ideal einer Ritterburg verwirklicht. Seit dem beginnenden 19. Jahrhundert stand die Anlage den Besuchern offen: gegen geringes Entgelt konnten Teile der Burg besichtigt werden, eine Gastwirtschaft lud zur Einkehr, selbst eine Übernachtung in den Kammern war möglich. Dieser touristische Strom hält erfreulicherweise bis zur Gegenwart an, stellt doch der Falkenstein mit seinem Museum im Umfeld des Harzes eine der wenigen Anlagen dar, die sich trotz späterer Veränderungen ihr mittelalterliches Gepräge bewahrten.

So nimmt es nicht wunder, daß sich gerade in der ersten Hälfte des 19. Jahrhunderts neben gekrönten Häuptern und ihrem Gefolge auch Dichter und Künstler mit dem Falkenstein verbunden fühlten. Friedrich Gott-

Blick zur Burg Falkenstein.

lieb Klopstock pflegte eine rege Korrespondenz mit den damaligen Herren des Gemäuers, den Asseburgern. Die Überlieferung kennt in den umliegenden Waldungen noch heute Felsen, „Klopstockklippen" genannt, auf denen der Dichter gesessen und im Angesicht der Burg seinen *Messias* entstehen ließ. Gottfried August Bürger brachte etliche Begebenheiten mit dem Junker August Friedrich II. von der Asseburg-Falkenstein in Zusammenhang und verarbeitete sie in seiner Ballade von *Des Pfarrers Tochter zu Taubenhain*. Von den zahlreichen Malern und Grafikern, die sich vom Falken inspirieren ließen, sei nur Ludwig Richter genannt, der zusammen mit Wilhelm von Kügelgen und anderen Freunden hier weilte und eine immer wieder kopierte Zeichnung der Burg anfertigte.

Etwa 600 Jahre vorher verband sich der Name der Falkensteiner mit einem Werk, das uns – wenn auch nicht immer bewußt – bis in die Gegenwart wie kaum ein anderes begleitet: dem *Sachsenspiegel* des Eike von Repgow. In seiner Wirkung kann sich Eikes Schöpfung mit allen berühmten Werken der Rechtsgeschichte und der Literatur messen. Territorial fand dieses Rechtsbuch von den niederländischen Gebieten bis in die

Ukraine Anwendung. Seine Gültigkeit reichte teilweise bis an den Beginn unseres Jahrhunderts; in Anhalt und Thüringen wurde es erst mit dem 1. Januar 1900 außer Kraft gesetzt. Noch im heute gültigen Gesetzeswerk und in der Rechtspraxis findet der *Sachsenspiegel* Anwendung.

Ist von der Burg Falkenstein die Rede, hat man in der Regel die heutige Anlage im Blick. Die Zeiten Eikes sahen ein anderes Bild. Zwischen 1115 und 1120 entstand die Burg. Die Herren von der Konradsburg, nicht weit von hier bei Ermsleben ansässig, ließen sich dieses Gemäuer auf steilem Felsen errichten. Bei aller heutigen Romantik – der Bau der Burg war sicher eine schweißtreibende Angelegenheit für die zur Arbeit verpflichteten Bauleute. Der Felsen war zu begradigen und vorzubereiten, zum Schutz der Mauern trieb man als Annäherungshindernis drei Halsgräben in das Gestein. Der Aushub diente gleichzeitig als Baumaterial. So entstand eine etwa dreieckige Kernburg mit einem Sporn gen Osten, der eigentlichen Zugangsseite, die es hauptsächlich zu verteidigen galt. Die anderen Hänge im Norden, Süden und Westen, im Mittelalter abgeholzt und völlig unromantisch, aber fortifikatorisch schlüssig von Vegetation frei gehalten, waren zu steil, um eine wirkliche Aufmarschbasis für den Gegner zu bieten. Eine gewaltige Schildmauer und der darüber thronende Bergfried verstärkten die Verteidigung an der östlichen Hauptangriffsseite zusätzlich. Spätestens im 13. Jahrhundert wird anstelle einer möglichen hölzernen Palisade vor die Kernburg eine steinerne Bastion gesetzt, die die Burg zusätzlich nach Osten und Norden schützte. Zwinger im Süden und Westen, dazu eine die Vorburg am westlichsten Punkt dominierende Bastion und insgesamt sieben Tore, um in den Hof der Kernburg zu gelangen, vervollständigen einen in seiner Wirkung fast übersteigerten Eindruck. Wer Zugang heischte, wurde durch einen spiralförmigen Umlauf gezwungen, alle diese Verteidigungspunkte zu passieren – welch den potentiellen Feind demoralisierende Anlage! So ist denn folgerichtig keine Einnahme des Falkenstein durch Feindeshand in den mittelalterlichen Quellen überliefert.

Doch auch auf Fernwirkung war man bedacht: die abgeholzten Hänge gestatteten wichtige Sichtachsen. Noch heute sieht man bei einer Fahrt von Ermsleben nach Meisdorf die Burg malerisch in die Hügellandschaft gebettet, ursprüngliche Machtdemonstration des Mittelalters! An diesem Ort herrschten die Herren, seit 1155 Grafen von Falkenstein. Um 1200

Blick in den Innenhof der Burg.

erlangten sie die Vogtei über das Reichsstift Quedlinburg. Mit Streubesitz bis nach Thüringen, ins Rheinische und nach Brandenburg, mit zahlreichen Rechten, darunter dem Münzregal und dem Markt ausgestattet, gehörte diese Abtei zu den mächtigsten des Reiches. Das Amt des Vogtes brachte somit nicht nur Ansehen, sondern zog auch etliche Einkünfte nach sich. Wohl um 1215 kam die Vogtei durch Erbgang an Hoyer II. von Falkenstein – es ist jener „Hoier", der in den eingangs zitierten Versen als der Adressat von Eikes Dank genannt wird.

Graf Hoyer, der über eine regionale Rolle nie hinauskam, gehörte in dieser Funktion jedoch zu den prägenden Gestalten seiner Zeit. Als Vogt des Stifts geriet er im staufisch-welfischen Konflikt um die Macht im Reich zwischen die Fronten und erwies sich schließlich mit der Parteinahme für die Staufer als politisch realer Kopf: seine wichtigste Umgebung, vor allem die Askanier, schlugen sich, wenn nicht ohnehin schon festgelegt, ebenfalls auf die staufische Seite, so daß dem Falkensteiner ohnehin keine

Alternative blieb. Allerdings beschwor Graf Hoyer mit dieser Wahl den Konflikt mit Äbtissin Sophie von Brehna aus wettinischem Haus herauf, die sich nun entschieden der welfischen Partei zuneigte. In jahrelangen Auseinandersetzungen, bis vor den König getragen, konnte sich Hoyer letztlich durchsetzen: 1225 wurde er durch die Äbtissin in allen seinen Vogteirechten bestätigt. Ironie des Siegers: zwischen 1225 und 1238 veräußerte Graf Hoyer die mühsam erkämpften Rechte an den Rat der Stadt von Quedlinburg bzw. an die Grafen von Blankenburg. Wie um seinen Sieg vollständig auszukosten, lancierte er 1231 seine Verwandte Osterlindis auf den Sitz der Reichsäbtissin ...

In diesem Umfeld tauchte nun Eike von Repgow auf. Die schriftlichen Quellen sind spärlich: zwischen 1209 und 1233 tritt er lediglich in sechs Urkunden als Zeuge auf. Das Territorium seines Wirkungskreises liest sich für damalige Verhältnisse gewaltig: vom Raum Halle-Delitzsch im Süden bis Magdeburg im Norden, vom Dessauer Gebiet im Osten bis zum Harz im Westen. Ein gefragter Mann, der stets im Zusammenhang mit Rechtshandlungen steht. Die Aussteller der Urkunden gehören zum hohen Adel der jeweiligen Territorien: Friedrich von Krosigk, Markgraf Dietrich von Meißen, Landgraf Ludwig IV. von Thüringen, die Markgrafen von Brandenburg und nicht zuletzt Graf Heinrich I. von Ascharien, Fürst zu Anhalt. In den beiden erhaltenen Urkunden des Askaniers taucht in der Zeugenreihe neben Eike auch Graf Hoyer von Falkenstein auf. Jüngere Forschungen verweisen auf die Zugehörigkeit des Falkensteiners zum Umfeld des askanischen Hofes. Resultiert hieraus die Bekanntschaft des Grafen Hoyer mit Eike von Repgow? Sie muß jedenfalls so intensiv gewesen sein, daß sich der Falkensteiner berufen fühlte, Eike zur Arbeit am *Sachsenspiegel* zu drängen, wobei dieser wiederum seinem „Mäzen" ein Denkmal in Versform setzte.

Abgesehen davon, daß die Zeit reif war für eine schriftliche Fixierung des geltenden Rechts: Hatte Graf Hoyer ein besonderes Interesse an der Niederschrift? Lag dieses in seinen Auseinandersetzungen mit der Äbtissin des Quedlinburger Reichsstifts? Womit ist die namentliche Aufnahme und Danksagung in Eikes Vorrede zu begründen? Erhielt Eike nicht nur ideelle, sondern auch materielle Unterstützung durch den Grafen? Fragen über Fragen, die von der Forschung auf Grund mangelnder Quellen nicht befriedigend zu beantworten sind.

Der König beschützt Pfaffen und Geistliche, Weiber und Mägde und Juden. – Wer irrtümlich fremde Sachen aus der Badstube trägt, kann nicht des Diebstahls bezichtigt werden. – Für die Untaten eines Toren haftet sein Vormund.

Tragen wir die bekannten und wahrscheinlichen Fakten zur Person Eikes zusammen, bleibt seine Biographie sehr lückenhaft. Schon 1156 werden ein gewisser Eyco und Arnolt de Rypechowe, Vorfahren des Spieglers, genannt. Eike selbst wurde um 1180 geboren; der weitere Lebensweg und seine Ausbildung liegen weitgehend im dunkeln. Sicher war er des Lesens kundig, vertraut mit der Bibel und dem kanonischen Recht. Welche Schulen er besuchte, muß ungeklärt bleiben, jedoch ist davon auszugehen, daß sein Bildungsgrad überdurchschnittlich hoch war. 1209 taucht Eike erstmals in den Quellen auf, nach 1233 verliert sich seine Spur. Möglicherweise ist er nicht lange nach diesem Datum verstorben. 1235 nehmen die Schöffen der Stadt Halle erstmals Bezug auf Eikes Schöpfung: damit beginnt der Siegeszug des Rechtsbuches.

Mit den rechtlichen Grundsätzen seiner Heimat war er natürlich vertraut, wie sonst könnte ein solch epochales Werk aus seiner Feder stammen. Aus seiner Feder? Es ist durchaus nicht erwiesen, daß Eike selbst schreiben konnte – Lesen und Schreiben bildeten im Mittelalter nicht zwangsläufig eine Einheit. Es wäre nicht ungewöhnlich, daß der *Sachsenspiegel*, zwar Eikes geistiges Werk, nach Diktat von einem oder mehreren Schreibern festgehalten wurde. Doch wo war der Ort dieser Niederschrift, des Dichters Ort?

Wie die Wartburg zu Luthers Bibelübersetzung gehört in der Legende der Falkenstein zum Spiegler – eine Legende, die durch nichts zu beweisen, aber auch nicht zu widerlegen ist. Am 8. März 1661 wandte sich Kurfürst Friedrich Wilhelm von Brandenburg in einem Schreiben an die Brüder Ludwig und Johann Bernhard von der Asseburg: „Wir haben vernommen, daß in eurer Bibliothec das erste Original des alten Sachsenrechts ... vorhanden" sei; unmißverständlich kommt die Forderung: „Gleich wie Wir nun solche gerne bey Unserer Bibliothek wissen möchten ... so gesinnen Wir an euch gnädigst, Unß solche zu überlassen..." Dem Wunsch ihres Landesherren mußten sich die Asseburger beugen.

Vor der Überlassung ließen sie jedoch auf der letzten Seite noch vermerken: „Dieses wahrhafte Autographum des Sachsenspiegelß, wie solches auf dem Hause Falkenstein zu allererst zusammengeschrieben, haben die Gebrüdern von der Asseburgh, Herr Ludwig und Herr Johann Berndt, Seiner Churfürstlichen Durchlaucht, meinem gnädigen Herrn, durch mich endesbemerkten ... präsentieren lassen ao. 1665. Otto Wilhelm von Berlepsch." Die Handschrift ist jedoch nicht der vermutete Autograph Eikes von Repgow, sondern stammt aus dem Jahre 1473.
Die Korrespondenz zwischen dem Brandenburger und den Asseburgern ist der erste greifbare Beleg der legendenhaften Verbindung zwischen Eikes Werk und der Burg Falkenstein als Entstehungsort. Sie zeigt die schon zu diesem Zeitpunkt tiefe Verwurzelung dieser Annahme nicht nur in Kreisen der Rechtsgelehrten.

So nimmt es nicht wunder, wenn der Besucher der Burg Falkenstein gerade hier den *Sachsenspiegel* sucht und den Tisch, an dem Eike bei seinen Studien saß. Doch leider: die Urschrift ist im Laufe der Jahrhunderte verloren – und einen Tintenfleck hat der Falkenstein auch nicht aufzuweisen. Doch den Wanderer erwartet wie seinerzeit die Romantiker ein idyllisches Tal, Waldesrauschen, eine „Ritterburg" und eine Gastwirtschaft – komme, wer sich geistige Frische und Neugier bewahrt hat.

Mechthild von Magdeburg

geb. um 1207 in der Gegend von Zerbst,
gest. um 1282 in Helfta bei Eisleben.

Erinnerungstafel in Helfta an die drei Mystikerinnen Mechthild von Hackeborn, Mechthild von Magdeburg und Gertrud von Helfta.

Mechthild von Magdeburg Frauenmystik im hohen Mittelalter

Michael Schilling

Zu Beginn des 12. Jahrhunderts traten in Frankreich und wenig später auch in Deutschland fromme Männer in Erscheinung, die nach dem Vorbild der Apostel barfuß, bärtig, mit schulterlangem Haar und in härenem Gewand umherzogen und das Ideal freiwilliger christlicher Armut lebten und predigten. Schnell wuchs ihre Anhängerschaft zu einer mächtigen Bewegung an, die von der Kirche teils als häretisch gebrandmarkt, teils integriert wurde und zur Gründung neuer Mönchsorden führte, von denen die der Dominikaner und Franziskaner die größte Bedeutung erlangten. Das apostolische Armutsideal traf besonders auch bei den Frauen auf eine breite Resonanz, die die Chance ergriffen, den oft bedrückenden familiären und ehelichen Zwängen zu entfliehen. In den Städten entstanden religiöse Frauengemeinschaften, deren Mitglieder in Askese und Armut ein geistliches Leben führten, das an Formen der Nonnenklöster gemahnte, jedoch ohne konkreten Anschluß an einen Orden praktiziert wurde. Man nannte diese in selbstgewählter Armut lebenden Frauen Beginen. Das wohl bekannteste Beispiel eines solchen religiös motivierten Ausbruchs aus den gesellschaftlich überkommenen Lebensformen bietet Elisabeth von Thüringen, die schon als Landgräfin sich der Armen und Kranken annahm und einer Wiederverheiratung mit Kaiser Friedrich II. das Leben in einer frommen Frauengemeinschaft und den Dienst in einem von ihr gegründeten Spital vorzog. Auch Mechthild von Magdeburg gehört in diese religiöse Frauenbewegung des hohen Mittelalters, und es verwundert nicht, daß sie die heilige Elisabeth als Gottesbotin feiert, die „den unglückseligen Edelfrauen, die in den Burgen lebten und mit der Unkeuschheit so sehr erfüllt, mit dem Hochmut so sehr angetan und mit eitler Nichtigkeit so fortwährend umgeben waren, mit ihrem Vorbild den Weg zu Gott gewiesen habe".

Aus den spärlichen Hinweisen, die sich in Mechthilds Buch *Das fließende Licht der Gottheit* finden, läßt sich ihre Vita in groben Zügen rekonstruieren: Die Einflüsse höfischer Literatursprache und die Kenntnis weltlichen Minnesangs verweisen auf eine adlige Herkunft der nachmaligen Mystikerin. Zu dieser Annahme fügt sich gut, daß nicht erzwungene, sondern freiwillig auf sich genommene Armut im *Fließenden Licht* als religiöser Wert herausgestellt wird. Darin spiegelt sich der Verzicht der Verfasserin auf die Annehmlichkeiten, die ihr ihre offenbar gut situierte Familie bieten konnte. Aufgrund sprachgeografischer Untersuchungen hat man als Herkunftsregion Mechthilds die Landschaft südöstlich von Magdeburg, als etwa die Gegend um Zerbst, bestimmt. Hier kam die spätere Begine um 1207 zur Welt. In ihrem zwölften Lebensjahr hatte sie ihre erste Vision: „Ich unwürdige Sünderin wurde vom heiligen Geist gegrüßt ... Dieser liebste Gruß widerfuhr mir alle Tage und machte mit seiner Lieblichkeit, daß ich die Süße der ganzen Welt verachtete." Diese Begegnungen mit Gott seien von ihr nicht forciert worden, sondern gingen allein auf die unvorhersehbare göttliche Gnade zurück. In der Folge dieses Erweckungserlebnisses verließ Mechthild den sicheren Schoß ihrer Familie. „Ich begeb mich um der Liebe Gottes willen an einen Ort, wo nur ein einziger Verwandter lebte." Bei diesem Ort, der bei Mechthild nirgends namentlich genannt wird, handelte es sich um Magdeburg, wie die Vertrautheit mit Personen und Institutionen dieser Stadt zu erkennen gibt. Dort dürfte sie einem Beginenhaus beigetreten sein und die folgenden Jahrzehnte verbracht haben. Auch wenn ein solches Beginenhaus urkundlich nicht belegt ist, wissen wir doch von der Existenz der Beginen in der Elbestadt aus einem Synodenbeschluß von 1261, in dem „die Frauen, die man Beginen nennt", der kirchlichen Aufsicht der städtischen Pfarrer unterstellt werden. Etwa seit der Jahrhundertmitte ließ Mechthild ihr *Fließendes Licht* aufzeichnen. Wohl durch die Vermittlung ihres dominikanischen Beichtvaters Heinrich von Halle und ihres Bruders Balduin, der als Subprior im hallischen Dominikanerkloster tätig war, gelangte Mechthild um 1270 in das Zisterzienserinnenkloster Helfta bei Eisleben, in dem schon die Mystikerinnen Mechthild von Hackeborn und Gertrud von Helfta (die Große) lebten. Erblindet und in geistiger Verwirrung starb Mechthild hier um 1282. Ihren Tod schilderte Gertrud in ihrem *Legatus divinae pietatis* und setzte ihrer Klosterschwester damit in hagiographischer Verklärung ein schriftlisches Denkmal.

Die aus der zweiten Hälfte des 13. Jh.s stammende Kirche des 1229 in Mansfeld gegründeten, 1258 nach Helfta verlegten und 1546 aufgehobenen Zisterzienserinnen-Klosters. Die Restaurierungsarbeiten waren 1999 noch nicht abgeschlossen. Es soll danach wieder von Zisterzienserinnen bezogen werden.

Das *Fließende Licht der Gottheit* gilt als Werk, dessen poetische Kraft und religiöse Intensität ihm eine herausragende Bedeutung innerhalb der mittelalterlichen Frauenmystik und darüber hinaus verleihen. Es enthält die Geschichte einer „liebenden Seele", die unter dem übermächtigen Eindruck ihrer Begegnungen und Vereinigungen mit Gott lebt und ihr Buch abfaßt. In Anreden, Klagen, Lobpreisungen, Dialogen und Wechselgesängen entfaltet der Text ein inniges Zwiegespräch zwischen der Seele und ihrem göttlichen Bräutigam, das Motive des Hohen Liedes, bernhardinischer Brautmystik und des Minnesangs aufgreift. Ein auffälliges Kennzeichen des Textes sind die fortwährenden Wechsel der Gattungen, Redeformen, Sprach- und Stilebenen, Sprechrollen, Bilder, Motive und Themen. In mehr oder minder kurzen Abschnitten folgen aufeinander ohne erkennbare Systematik allegorische, gebetshafte, belehrende, predigthafte, mahnende, meditative, dialogische, ekstatisch-lyrische oder memorative Passagen. Dadurch erweckt das Werk den Eindruck innerer Unruhe und Bewegung, wirkt als Spiegel geistlicher Fülle und seelischen Überschwangs und erhält geradezu experimentellen Charakter, der jedoch nicht als Ergebnis kalkulierten Kunstwollens, sondern als authentischer Ausdruck religiösen Erlebens erscheint. Immer wieder betont Mechthild, daß sie nur das Medium und Gott der eigentliche Autor des Buches sei: „Dieses Buch hat seine liebende Herkunft bei Gott, menschliche Sinne haben daran keinen Anteil." Auch der Entschluß, ihre Gottesbegegnungen und Erscheinungen schriftlich festhalten zu lassen, sei nicht von ihr selbst gefaßt worden, sondern erst auf nachdrückliche Aufforderung ihres Beichtvaters zustande gekommen.

Die Rolle der von Gott begnadeten Laiin erhob den Anspruch der Wahrhaftigkeit und Authentizität und bot der Autorin und ihren Aussagen Schutz gegenüber der Kritik und den Anfeindungen der orthodoxen Geistlichkeit. Mehrfach berichtet die Autorin nämlich von „unbekannten Leuten" und „Feinden", die Anstoß an den Schilderungen und Aussagen des Buches genommen hätten. Die Punkte, mit denen sich Mechthild das Mißtrauen und die Feindschaft des rechtgläubigen Klerus zugezogen haben mag, lagen in ihrem Status als Frau und Laiin, der theologische Aussagen zu machen verwehrt war, in der erotischen Bildsprache des *Fließenden Lichts*, in der irritierenden Spontaneität des Textes, in den geschilderten Gottesbegegnungen, die eine vermittelnde Rolle der Kirche verzichtbar erscheinen ließen, und nicht zuletzt in der unverblümten Kritik, die Mechthild an der Magdeburger Stadtgeistlichkeit übte. Das solche Auseinandersetzungen durchaus gefährlich waren, bezeugt die Magdeburger Begine selbst: Sie sei gewarnt worden, daß ihr Buch wegen seines häretischen Gehaltes ein Opfer der Flammen werden könnte. Nur wenige Jahrzehnte später, im Fall der französischen Mystikerin Marguerite Porete, gab man sich nicht mit der Verbrennung der inkriminierten Schriften zufrieden, sondern verurteilte auch die Verfasserin selbst zum Flammentod. Es dürfte dem Einwirken ihres Beichtvaters Heinrich von Halle zu verdanken sein, daß Mechthild und ihrem Buch ein ähnliches Schicksal erspart blieb. Ihm kam offenbar die Rolle eines geistlichen Beraters zu, der häresieverdächtige Passagen abmilderte und das Werk durch Kapitelüberschriften und Bucheinteilungen zu gliedern suchte. Ob der Klostereintritt der Magdeburger Mystikerin mit den Auseinandersetzungen um ihr Werk zusammenhing, entzieht sich unserer Kenntnis; immerhin bot dieser Schritt beiden Parteien Vorteile: Mechthild war dem Zugriff der Stadtgeistlichkeit entzogen, stand aber fortan unter dem Einfluß des disziplinierenden Klosterlebens. Unter diesem Einfluß reduzierte sich in dem in Helfta verfaßten siebten Buch des *Fließenden Lichtes* die Liebesthematik und machte stärker lehrhaften Passagen Platz. *Das Fließende Licht der Gottheit* ist in seiner originalen mittelniederdeutschen Sprachgestalt nicht erhalten. Es ist vollständig nur in einer oberdeutschen Übersetzung überliefert, die für mystisch interessierte Kreise der Basler Oberschicht angefertigt wurde. Die lockere Struktur des Textes erleichterte seine Verwendung als „Steinbruch", aus dem man einzelne Partien herauslösen und anderen Textzusammenhängen inkorporieren konnte. Daher existiert neben dem Einsiedeler Kodex, der als einziger das *Fließende Licht* vollständig bewahrt hat, eine breite Streuüberlieferung mit Exzerpten aus Mechthilds Werk. Unter wirkungsgeschichtlichen Aspekten ist eine Übersetzung der ersten sechs Bücher des *Fließenden Lichtes* ins Lateinische besonders interessant, die schon zu Lebzeiten der Begine begonnen wurde, die die einzelnen Abschnitte des Werks zu systematisch angelegten Büchern anordnet und inhaltlich wie auch sprachlich anstößige Passagen abschwächt, kürzt und korrigiert. Dieser Prozeß der Domestikation durch das Medium der Kirchensprache markiert noch einmal ex negativo das unbotmäßige, heterodoxe und verstörende Potential des *Fließenden Lichtes der Gotheit.*

Martin Luther

geb. 10. 11. 1483 in Eisleben,
gest. 18. 2. 1546 ebd.

Martin Luther als Augustinermönch, ältestes Bild des Reformators auf dem Titelblatt der von W. Stöckel in Leipzig gedruckten Predigt vom Peter- und Paulstag 1519 mit einer spiegelverkehrt geschnittenen Umschrift.

Die Luther-Häuser in Eisleben „Bethlehem" und „Jerusalem" zugleich

Detlef Ignasiak

Martin Luthers Geburts- und Sterbeort ist Eisleben. Deshalb ist die mansfeldische Stadt oft das „Bethlehem“ und das „Jerusalem“ unter den Luther-Orten genannt worden. Dennoch steht der Ruhm Eislebens, einen der wirkungsreichsten Deutschen hervorgebracht zu haben, auf wackeligen Füßen. Der spätere Reformator kam dort 1483 eher zufällig zur Welt. Auch sein Tod in Eisleben ist nicht zwingend gewesen. Einen geharnischten Rechtsstreit unter den Grafen von Mansfeld zu schlichten, war ihm aber wichtig genug, um die Reise gegen den Rat von Frau und Freunden anzutreten. Sein schon lange kränkelnder und in diesem strengen Winter besonders geschwächter Körper war den Strapazen nicht mehr gewachsen. So kehrte er im Februar 1546 bei stürmischem Wetter und Schneetreiben nur noch als Toter an seinen langjährigen Wirkungsort Wittenberg, den Ausgangspunkt der Reformation, zurück. Obwohl Luther fast vierzig Jahre in der kleinen ernestinischen Residenzstadt zugebracht hat, ist er dort nie recht heimisch geworden. Vor allem am Ende seines Lebens fühlte er sich wieder als „Mansfelder“. Deshalb wird Martin Luther mit seinem Gott nicht gehadert haben, als dieser ihn in Eisleben sterben ließ.

Seine eigentliche Heimatstadt, Luthers „guter, harter Kindheitsort“, ist das 12 Kilometer von Eisleben entfernte Mansfeld, wohin die Eltern wenige Monate nach der Geburt ihres Sohnes übersiedelten. Eisleben war nur eine kurze Station auf dem Weg des jungen Paares von Thüringen ins Mansfelder Kupferrevier. Warum Hans Luder, wie sich die Familie damals noch schrieb, sein thüringisches Heimatdorf Möhra, gelegen in der Nähe von Salzungen, verlassen hat, ist ungewiß. In vielen Darstellungen ist davon die Rede, daß er als der älteste von vier Knaben nicht erbberechtigt gewesen sei und deshalb dem Jungvermählten nichts weiter übrig blieb, als mit seiner Angetrauten und einem ersten Kind (vermutlich Martins älterem Bruder Jakob) die Heimatgemeinde zu verlassen; zudem soll auch der Bergbau, wo Hans als Junggeselle noch Arbeit gefunden

Das 1882 auf dem Markt von Eisleben aufgestellte Luther-Denkmal von R. Siemering; im Hintergrund die St.-Andreas-Kirche.

hatte, in der Möhraer Gegend nur noch wenig abgeworfen haben und bald zum Erliegen gekommen sein. Da die Luders aber zu den reichsten Bauern im Ort gehörten, leuchtet dieses Argument nicht recht ein. Wenigstens wird die Übersiedlung ins Mansfeldische, wo der florierende Bergbau tatsächlich tüchtige Leute benötigte, mit den Möglichkeiten zusammenhängen, die ihm die einflußreichen Eisenacher Verwandten seiner Ehefrau boten. Ob Hans Luder aus Möhra floh, weil er – wie der Luther-Gegner Georg Witzel 1535 polemisch mitteilte – im Zorn einen Nachbarn mit dem Pferdegeschirr erschlagen habe, wird wohl heute nicht mehr geklärt werden können. Doch brachte ihn seine heftige, jähzornige Wesensart auch in Mansfeld öfter mit der Justiz in Berührung.

Doch zurück nach Eisleben, wo Luthers Geburts- und Sterbehaus heute noch gezeigt werden und der Stadt im Reformationstourismus einen festen Platz sichern.

Das im Kern spätgotische, doch mehrfach umgebaute Geburtshaus steht in der heutigen Lutherstraße Nr. 15 und ist eines der ältesten Bürgerhäuser Eislebens. Am 19. Juli 1689 brannte es ab, doch sollen die Wohnräume von Luthers Eltern im Erdgeschoß, mithin das Geburtszimmer, verschont geblieben sein. Der untere Teil der Treppe und die Balkendecke in der Eingangshalle scheinen dies zu bestätigen. Das sandsteinerne Lutherbild mit Wappen und Lutherrose über dem Eingang, wurde schon 1693, als man das Obergeschoß neu aufrichtete, angebracht. Die Umschrift lautet: „Gottes Wort ist Luthers Lehr, darum vergeht sie nimmer mehr." Luthers Geburtshaus – wie auch die Lutherstube auf der Wartburg und das Wittenberger Wohnhaus – fanden schon früh die Aufmerksamkeit von Fremden. Seit 1817, dem 300. Jahrestag des Thesenanschlags, ist das schlichte Haus auch öffentlich zugänglich. Es gehört zu den ältesten deutschen Museen überhaupt. Aus dieser Zeit stammt auch die im Hof aufgestellte Lutherbüste von Gottfried Schadow.

Das Eingangsportal zu Luthers Geburtshaus.

Ganz in der Nähe von Luther Geburtshaus, doch schon jenseits der Stadtbefestigung in der alten Südvorstadt, befindet sich die Petrikirche, in der der spätere Reformator getauft und ihm der Name des Tagesheiligen gegeben wurde. Doch hat das Gotteshaus seither sein Äußeres sehr verändert; auch der Taufstein von 1483 ist nicht mehr vorhanden. Als Luther zur Welt kam, stand zwar schon der Turm, nicht aber das wuchtige Kirchenschiff. Über dem Chorportal wird das Ende der Bauzeit mit 1513 angegeben. Deshalb wird der Taufort wohl die damals schon existierende Turmkapelle gewesen sein.

Luthers Sterbehaus steht am Andreaskirchplatz Nr. 7, also in unmittelbarer Nähe des Marktes. In der Andreaskirche, einem spätgotischen, in wesentlichen Teilen erst nach dem großen Stadtbrand von 1498 errichteten stattlichen Bau, hat der Reformator noch am 15. Februar 1546, also drei Tage vor seinem Tod, gepredigt. Auch das Lutherhaus wurde nach dem Stadtbrand gebaut, doch ist es später mehrmals verändert worden,

Luthers Sterbehaus.

1865/67, anläßlich des kleinen Reformationsjubiläums, wurde es, zumindest soweit man es damals wußte, in seinen ursprünglichen Zustand zurückversetzt.

Als Luther am 29. Januar 1546 darin abstieg, gehörte es dem Stadtschreiber Albrecht. Luther hat in einer Stube im Obergeschoß gewohnt, wohin noch heute eine enge und steile Wendeltreppe führt. Sie emporzusteigen, wird dem Kranken schwergefallen sein, plagte ihn doch mächtige Atemnot. Luther ahnte, wie einer Mitteilung an Justus Jonas zu entnehmen ist, daß er wohl in Eisleben bleiben würde. Schon auf der Reise hatte ihn eine Ohnmacht gepackt, und seine letzte Predigt mußte er abbrechen, weil er kein Wort mehr hervorbringen konnte. Heute würden die Ärzte Luthers Krankheit mit Angina pectoris bezeichnen. Am 17. Februar war er bereits vom Tode gezeichnet und konnte das Haus nicht mehr verlassen, nachmittags streckten ihn Herzanfälle auf ein Sofa, nach Mitternacht wurden Ärzte gerufen, die dem völlig geschwächten Körper aber keine Linderung mehr verschaffen konnten. Ein Dutzend Freunde kamen und die Mansfelder Grafen. Als der Apotheker mit einer herzstärkenden Mixtur eintraf, nachts gegen drei Viertel drei, war Luther bereits tot. Justus Jonas hat seine letzte Stunde beschrieben: „Er wandte sich auf die rechte Seite und fing an zu schlafen, fast eine Viertelstunde, so daß man auf Besserung hoffte. Aber die Ärzte und wir sagten, dem Schlaf wäre nicht zu trauen, und leuchteten ihm mit Licht fleißig unter das Angesicht ... Er tat einen tiefen, doch sanften Atemzug, mit dem er seinen Geist aufgab, mit Stille und großer Geduld."

In den Morgenstunden brachte man den Leichnam in die Andreaskirche, wo ihn der aus Halle herbeigerufene Maler Lucas Furttenagel am nächsten Tag zeichnete und die Totenmaske abnahm. Die Grafen von Mansfeld wollten Luther dort auch beisetzen lassen. Allein der Kurfürst von Sachsen bestand auf eine Überführung nach Wittenberg. So mußte Dr. Martinus am 20. Februar doch noch sein irdisches „Jerusalem" verlassen.

Martin Luther

Holzschnitt von Lucas Cranach d.Ä., 1546.

Das Wittenberger Lutherhaus

Christiane Hennen

Auf dem Gelände eines ehemaligen Siechenspitals, nahe dem östlichen Stadtausgang, dem Elstertor, beginnen die Augustinereremiten 1503 mit dem Bau ihres Klosters. Die Mönche richten an der im Jahr zuvor von Kurfürst Friedrich dem Weisen gegründeten Wittenberger Universität ihr Studium generale ein und besetzen einige Lehrstühle.

Offenbar schon nach kurzer Bauzeit gibt man den ursprünglichen Plan einer Vierflügelanlage auf und stellt ein großes, dreigeschossiges Gebäude fertig, das sowohl Wohn- als auch Unterrichtszwecken dient. Man benutzt weiter die kleine hölzerne Kapelle des Spitals, bis die Reformation den Bau einer im Norden des Grundstücks geplanten Kirche verhindert und das Kloster Anfang der zwanziger Jahre aufgehoben wird.

Die Lutherhalle.

Martin Luther tritt 1508 in das Augustineremitenkloster ein, das nach der Farbe der Kutten seiner Bewohner auch als Schwarzes Kloster bezeichnet wird. Zwei Jahre später verläßt er Wittenberg ein letztes Mal für eine längere Zeit, zunächst um an seinen Studienort Erfurt zurückzukehren. Von dort aus reist er nach Rom. Ab 1511 hält er sich fast ausnahmslos in Wittenberg auf, wird das heutige Lutherhaus zu seinem Lebensmittelpunkt. 1512 übernimmt er die Bibelprofessur an der Universität, 1514 das Predigtamt an der Stadtkirche St. Marien. Im Schwarzen Kloster formuliert er die 95 Thesen gegen den Mißbrauch des Ablaßhandels, die zum Auslöser der Reformation werden. Die reformatorische Erkenntnis von der Rechtfertigung des Menschen allein aus dem Glauben an Gott erlangt Luther laut eigener Angaben in einem Turmstübchen des Klosters. Dieser Turm ist nicht mehr erhalten, vermutlich erhob er sich an der Südwestecke des Hauses, wo 1982 in einem Raum des ersten Obergeschosses ein Portal gefunden wurde.

Die ihm 1520 zugestellte päpstliche Bannandrohungsbulle verbrennt Luther gemeinsam mit Philipp Melanchthon und anderen Universitätsangehörigen im Herbst 1520 vor dem Elstertor. Im Jahr darauf wird er auf den Reichstag nach Worms zitiert, wo er seine Kritik an den Mißständen der alten Kirche nicht widerruft. „Hier stehe ich und kann nicht anders. Gott helfe mir.“ Friedrich der Weise läßt den als Ketzer Geächteten auf der Rückreise zum Schein entführen und auf die Wartburg bringen. Innerhalb weniger Wochen verdeutscht Luther dort das Neue Testament. Im Frühjahr 1522 kehrt er schließlich mit dem Bart des Junker Jörg nach Wittenberg zurück, wo die Lage zu eskalieren droht.

Die Bannbulle gegen Luther, 1520.

Zwei Jahre später legt er seine Mönchskutte ab und heiratet im Sommer 1525 in Gegenwart von Lucas Cranach d.Ä. und Johannes Bugenhagen die ehemalige Nonne Katharina von Bora. Kurfürst Johann der Beständige überläßt Luther und seiner Familie das frühere Klostergebäude als Wohnhaus. Die Familie nutzt vor allem einige Räume im westlichen Teil des ersten Obergeschosses. Andere Gebäudeteile werden wie bisher für Lehrveranstaltungen verwandt sowie etliche Kammern an Studenten vermietet. In Pestzeiten eröffnet Katharina ein Spital.

Um 1535, etwa gleichzeitig mit dem Bau des Melanchthonhauses, richtet sich Luther eine komfortablere, holzgetäfelte Wohnstube ein. Hier dürften die berühmten Tischgespräche stattgefunden haben. Ein Sitz am Fenster diente wohl als Platz zur Lektüre. Der stimmungsvolle Raum ist bis heute weitgehend im Originalzustand erhalten. Nach Luthers Tod Gedenkstätte, wird er 1602 zum 100. Gründungsjubiläum der Universität durch einen prunkvollen Kachelofen und Wandmalereien verschönert. Spätere Restaurierungen bewahren diesen Zustand. Nur der Tisch fiel Lutherverehrern, die sich kleine Holzspäne mitnahmen, fast vollständig zum Opfer und mußte im 19. Jahrhundert rekonstriert werden.

Das Katharinenportal, 1540.

1540 schenkt die Lutherin ihrem Ehemann das sogenannte Katharinenportal zum Geburtstag, bis heute der Haupteingang des Lutherhauses. Die Besonderheit dieses spätgotischen Sitznischenportals besteht in den beiden Reliefs in den Baldachinen über den Sitzen. Hier befinden sich ein Porträt Luthers und sein Sigel, die Lutherrose. Der Sandstein für diese Ehrenpforte wurde aus Pirna per Schiff nach Wittenberg geliefert, die Qualität der Steinmetzarbeit verweist auf den sächsischen Hof.

Ein Jahr später erwirbt Luther das vor dem Schwarzen Kloster an der Collgienstraße stehende Haus Bruno. Katharina – Martin Luther nennt sie seinen „Herrn Käthe“ – erweist sich als geschäftstüchtige Hausfrau, der es gelingt, weitere Immobilien hinzuzukaufen. Zur Versorgung der Familie und der zahlreichen Hausgäste betreibt sie Landwirtschaft in großem Stil.

Nach Luthers Tod nutzt die Familie das Anwesen zunächst weiter. 1564 verkaufen es die in Finanznöten steckenden Erben an die Universität. Fortan dient das Gebäude als Hörsaalbau, Mensa und Burse für Stipendiaten. Die oberen Stockwerke werden durch einen hofseitig errichteten Wendelstein erschlossen und das ehemalige Refektorium erhält ein spätgotisches Netzgewölbe, dessen Schlußsteine leider Anfang des 20. Jahrhunderts zerstört werden. Gut fünfzehn Jahre später komplettiert Kurfürst August von Sachsen die Anlage durch einen Nord- und einen Westflügel. Im Nordflügel wird u.a. über zwei Etagen ein prächtiger Festsaal eingerichtet. Das Erdgeschoß nimmt später neben der Universitätsbibliothek das Anatomische Theater der Medizinischen Fakultät auf.

Ab dem 17. Jahrhundert muß die Leucorea, wie die Wittenberger Hochschule genannt wird, einen Rückgang der Studentenzahlen verzeichnen. Das „rückwärtige Gebäude des Augusteums“ wird nun als Getreidespeicher der Universität genutzt, es verkommt mehr und mehr. Im Hof existiert bis ins 18. Jahrhundert der Botanische Garten der Universität.
Mit dem Wiener Kongreß fällt Wittenberg an Preußen. Die neuen Landesherren vereinigen die hiesige Universität mit der Hallenser. Im Vorderhaus des Augusteums wird 1816 auch als Ersatz für die alte Universität das königliche Predigerseminar eingerichtet. Die theologischen und philosophischen Bestände der Universitätsbibliothek bleiben in Wittenberg, die anderen kommen nach Halle. Das Lutherhaus wird Jahrzehnte lang nur sporadisch genutzt.

1842 feiert man das 25jährige Bestehen des Predigerseminars. Der miserable Zustand des Lutherhauses führt den Festgästen die negativen Auswirkungen der Aufgabe des Wittenberger Universitätsstandorts nachdrücklich vor Augen. Die glaslosen Fensterhöhlen sind mit Brettern notdürftig verschlossen, der endgültige Verfall droht. Noch 1842 erfolgt die Beauftragung Friedrich August Stülers. Im Laufe von vierzig Jahren werden das Gebäude statisch gesichert und Pläne für den Ausbau der Gedenkstätte zum Museum entwickelt: Preußen stellt sich in die Tradition der Reformation und rettet die Wittenberger Geschichtszeugen. 1856 wird das in Bronze gegossene Thesenportal an der Schloßkirche enthüllt, zwanzig Jahre später der Entschluß zur Errichtung einer reformationsgeschichtlichen Sammlung im Lutherhaus publik gemacht. 1883 eröffnet der Kronprinz das Museum „Lutherhalle". 1892 erfolgt in Gegenwart von Kaiser Wilhelm II. die Einweihung der Schloßkirche, die den Höhepunkt der preußischen Baumaßnahmen in Wittenberg markiert.

Die Stülersche Gestaltung des Lutherhauses stößt bereits Anfang der dreißiger Jahre nicht mehr auf Gegenliebe. Zwar wird Luther ab 1933 ganz besonders zum deutschen Helden stilisiert, mit der romantisierenden Umgestaltung seiner ehemaligen Wohn- und Wirkungsstätte hat man

Luthers Schutzzeichen (mit Lutherrose) für seine Bibelübersetzung, 1524.

freilich nicht mehr viel im Sinn. Der seit 1930 hauptamtliche Lutherhallendirektor Oskar Thulin betreibt die Rückführung des Hauses in den Renaissancezustand, scheitert aber an den Zeitumständen und der soliden Bausubstanz des 19. Jahrhunderts. Der Zweite Weltkrieg verhindert den geplanten östlichen Erweiterungsbau. Das Werk des preußischen Hofarchitekten erweist sich als komplexer und widerstandfähiger als gedacht. 1960 wird die bauliche „Bereinigung" auch vor dem Hintergrund des die DDR kennzeichnenden Mangels an Baumaterial definitiv aufgegeben.

Mit dem Lutherjahr 1983 erfolgt die Rehabilitierung des bis dahin weitgehend als „Fürstenknecht" gebrandmarkten Dr. Martin Luther in der DDR. Sein Haus wird als Museum neu gestaltet, die unter Thulin im Großen Hörsaal beseitigten Stukkaturen des 19. Jahrhunderts werden akribisch rekonstruiert, die anderen Ausstattungsteile dieser Epoche jedoch durch bräunlich graue Farbanstriche unterdrückt. Die Ausstellung gibt sich modern und hat tatsächlich auch inhaltlich bis zum Ende des 20. Jahrhunderts Bestand.

Seit 1997 ist die Lutherhalle Teil der Stiftung Luthergedenkstätten in Sachsen-Anhalt, zu der auch das Melanchthonhaus und die beiden Eislebener Lutherhäuser gehören.

Der Wittenberger Marktplatz mit der Stadtkirche und dem Rathaus, davor die Standbilder für Martin Luther (1821) und Philipp Melanchthon (1865) von Gottfried Schadow und Friedrich Drake.

Martin Luther
Ein feste Burg (1529)

Ein feste Burg ist unser Gott,
Ein gute Wehr und Waffen,
Er hilft uns frei aus aller Not,
Die uns itzt hat betroffen.
Der alt böse Feind
Mit Ernst er's itzt meint,
Groß Macht und viel List
Sein grausam Rüstung ist.
Auf Erd ist nicht seinsgleichen.

Der 23. Psalm in der Übertragung Martin Luthers

Der Herr ist mein Hirte; mir wird nichts mangeln. Er weidet mich auf einer grünen Auen und führet mich zum frischen Wasser. Er erquicket meine Seele. Er führet mich auf rechter Straße um seines Namens willen.
Und ob ich schon wandert im finstern Tal, fürchte ich kein Unglück; denn du bist bei mir. Dein Stecken und Stab trösten mich.
Du bereitest vor mir einen Tisch gegen meine Feinde. Du salbest mein Haupt mit Öle und schenkest mir voll ein. Gutes und Barmherzigkeit werden mir folgen mein Leben lang, und ich werde bleiben im Hause des Herrn immerdar.

Philipp Melanchthon

eigentlich Philipp Schwarzerdt,
geb. 16. 2. 1497 in Bretten in der Kurpfalz,
gest. 19. 4. 1560 in Wittenberg.

Philipp Melanchthon, Holzschnitt von Albrecht Dürer, 1526.

Das Melanchthonhaus in Wittenberg
Wohnstätte eines Universalgelehrten

Christiane Hennen

Kurfürst Johann Friedrich von Sachsen erteilt 1535 den Auftrag zum Bau des heutigen Melanchthonhauses in der Collegienstraße Nr. 60. Die bis dahin von Philipp Melanchthon und seiner Familie bewohnte „Bude“, also ein kleines, nicht aus Stein gebautes Fachwerk-Haus, ist zu diesem Zeitpunkt stark baufällig.

Das Wittenberger Melanchthonhaus.

500 Gulden, gut die Hälfte der Bausumme, bestreitet die kurfürstliche Kasse. Die Wittenberger Universität beteiligt sich mit 250 Gulden. Aus der städtischen Ziegelscheune wird Baumaterial geliefert. In der kursächsischen Residenz unternimmt man alles, um für den „Star“ der Uni-

versität und unentbehrlichen Diplomaten der Reformation ein würdiges Domizil zu schaffen. Sein Professorengehalt wird gleichzeitig vom Kurfürsten auf 300 Gulden jährlich erhöht.

Der Eingang (Collegienstraße) ins Melanchthonhaus mit Durchblick zum Garten.

Philipp Melanchthon, seit 1518 Griechischprofessor an der Leucorea, hat durch mehrere Universitätsreformen die junge kursächsische Hochschule zu einer der modernsten ihrer Zeit gemacht. Die Studenten erhalten Unterricht in den alten Sprachen, bekommen naturwissenschaftliche Grundkenntnisse vermittelt und beschäftigen sich mit Geschichte. Mit der Magisterprüfung dürfen sie die Artistenfakultät verlassen und an eine der drei höheren Fakultäten wechseln, um Theologie, Jura oder Medizin zu studieren. Wie Luther genießt Melanchthon völlige Lehrfreiheit. Mitte der dreißiger Jahre erreichen ihn attraktive Angebote anderer Universitäten, darunter auch französische und englische. Der für die Protestanten entscheidende Augsburger Reichstag liegt fünf Jahre zurück, die Reformation scheint sich zu konsolidieren. Melanchthon entwickelt seine Theologie weiter und gerät deshalb auch mit Luther in Auseinandersetzungen. Hauptsächlicher Streitpunkt ist die Abendmahlsfrage. Melanchthon, der

Der Steintisch in Melanchthons Garten.

gewitzte Lateiner, gebraucht seit 1530 die Formulierung „cum pane" (mit dem Brot), die seiner Meinung nach die streng lutherische Auffassung von der realen Präsenz Christi in den Abendmahlselementen ebenso einschließt wie die der Reformierten, die eine symbolische Gegenwärtigkeit annehmen. Einen innerprotestantischen Streit will er vermeiden, während Luther auf die Reinheit der Lehre und Eindeutigkeit bedacht ist.

Seit 1520 ist Melanchthon mit Katharina Krapp, der Tochter eines wohlhabenden Gewandschneiders, verheiratet. In seinen beiden ersten Wittenberger Jahren wohnt er vermutlich auf dem Universitätsgelände. Es heißt, Luther habe ihn zur Heirat gedrängt, um der drohenden Verwahrlosung des in einer Art Wohngemeinschaft hausenden Freundes entgegenzuwirken.

Augustin Schurff, Medizinprofessor, und Hieronymus Krapp, der Schwager Melanchthons, ebenfalls Angehöriger der Leucorea, übernehmen 1536 die Leitung der Bauarbeiten. Schon im Herbst kann die Familie Melanchthon provisorisch einziehen. Der Innenausbau ist drei Jahre später fertig. In einem Brief ermahnt Melanchthon seinen Schwager zur

Sparsamkeit. Gleichwohl gerät dieses frühe deutsche Gelehrtenhaus sehr komfortabel und für die damalige Zeit äußerst modern.

Der planende Baumeister konnte bislang nicht identifiziert werden, Zeichnungen sind ebensowenig überliefert. Die Bauformen orientieren sich an italienischen Vorbildern. Ähnliche rundbogige Giebelaufsätze und halbrund geschlossene Portale entstehen wenig früher oder gleichzeitig in Dessau, Halle, Torgau und Meißen. Dabei handelt es sich ausnahmslos um Sakral- oder Schloßbauten. Auffällig ist die streng durchgehaltene, regelmäßige Dreigliedrigkeit des Aufrisses wie der Grundrisse. Die harmonischen Raumproportionen bewirken eine ausgeglichene, ruhige Atmosphäre, so daß Melanchthons Mahnung, Maß zu halten, vielleicht in diesem Sinne gemeint war.

Gebaut als Wohnung eines berühmten Gelehrten und seiner Familie, verfügte das Melanchthonhaus über eine geräumige Empfangshalle im Erdgeschoß und großzügig geschnittene Zimmer in den beiden Etagen. Die Küche befand sich im mittleren Raum des Erdgeschosses. Die Nutzung der anderen Räume während des 16. Jahrhunderts ist nicht eindeutig überliefert. Das große, zur Straße gelegene Zimmer im ersten Obergeschoß dürfte Melanchthons hauptsächlicher Wohn- und Arbeitsraum gewesen sein. Die Wappen im sogenannten Scholarenzimmer legen die Vermutung nahe, daß hier Hausgäste der Familie wohnten. Die Inhaber der Wappen lassen sich mit zwei Ausnahmen identifizieren; sie studierten alle bei Melanchthon. Der Famulus Johannes Koch wird eine eigene Kammer gehabt haben, die sich jedoch auch in einem der nicht überkommenen Nebengebäude befunden haben könnte.

1556 erhält das Haus einen Anschluß an das Alte Jungfernröhrwasser. Die sieben Erbauer dieser Wasserleitung aus Holzröhren, allesamt angesehene Bürger der Stadt, darunter Lucas Cranach d.J., machen Melanchthon die „Portion“ zum Geschenk. Vorher ist er wie die anderen Einwohner auf öffentliche Brunnen und Bäche angewiesen. Die erste Wittenberger Röhrwasserleitung war 1542/43 in kurfürstlichem Auftrag zur Versorgung des Schlosses und der Universität entstanden. Melanchthons Wasserleitung funktioniert noch heute.

Ein Jahr später wird ein Brauhaus errichtet. Wie die anderen Professoren verfügen Melanchthon und sein seit 1550 auf dem selben Grundstück wohnender Schwiegersohn über das Braurecht. Ob der Reformator je selbst gebraut hat, ist nicht bekannt. Verzehrt wurde das Bier möglicherweise auch an dem im Garten erhaltenen Steintisch, der angeblich von 1551 herrührt.

Im April 1560 stirbt Philipp Melanchthon in seinem Wittenberger Haus, das seine jüngere Tochter und der Schwiegersohn Kaspar Peucer erben. Dieser wird in den achtziger Jahren calvinistischer Sympathien verdächtigt und zehn Jahre lang interniert. Nach seiner Freilassung verläßt er Kursachsen und geht ins benachbarte Anhalt. Das Melanchthonhaus wird nun von den Enkeln, später von anderen Universitätsangehörigen bewohnt.

Um 1620 wird der Torweg hinzugekauft und an der Straßenseite überbaut. Etwa um die Wende vom 17. zum 18. Jahrhundert wird das Treppenhaus an die heutige Stelle verlegt und der Kellerabgang überwölbt. Sonst gibt es bis heute keine größeren Veränderungen im Inneren des Gebäudes.

Am Ende des 18. Jahrhunderts kommt das Haus in den Besitz einer Handwerkerfamilie, die auf dem Hof Werkstatträume und eine Brennerei einrichtet. Zeitweilig befindet sich im Erdgeschoß ein Branntweinausschank. 1810 bringt der offenbar geschichtsbewußte Schornsteinfegermeister Sichler im straßenseitigen Zimmer des ersten Obergeschosses eine Gedenktafel für Melanchthon an. 1845 erwirbt der preußische Staat den Gebäudekomplex. Im Scholarenzimmer werden die Wappenmalereien freigelegt und restauriert. Das Haus wird nun als Gedenkstätte und Dienstwohnung für einen Lehrer genutzt. Die westliche Grundstückshälfte wird 1860 an den Nachbarn verkauft.

1898/99, nach dem 400. Geburtsjubiläum, erfolgt die historisierende Einrichtung des sogenannten Studier- und Sterbezimmers. Bei der Möblierung hält man sich an die Ergebnisse einer Putzuntersuchung und vor allem an den „Bericht der Universitätsprofessoren" von 1560 über die letzten Tage Melanchthons. Hier sind etliche Möbel erwähnt, jedoch keine Aussagen zu deren Aussehen enthalten. Als Vorbilder dienen deshalb die Lutherstube, zeitgenössische Graphiken sowie Gegenstände im Berliner Kunstgewerbemuseum.

Bis 1954 bleibt es bewohnt, dann wird das nun „volkseigene" Haus Heimatmuseum und 1967 Melanchthon-Gedenkstätte. Zum 500. Geburtstag des Gelehrten wurde es 1997 baulich saniert und als Museum neu eingerichtet.

Thomas Müntzer

geb. um 1490 in Stolberg/Harz,
hinger. 27. 5. 1525 vor Mühlhausen.

Dieser Prophet sihet dem Thomas Munzer gleich.

Thomas Müntzer, Holzschnitt, 1527. Dieses Bild könnte die einzige zeitgenössische Müntzer-Darstellung sein. Alle anderen Müntzer-Porträts sind Jahrzehnte später entstanden und nicht authentisch.

Thomas Müntzer in Allstedt

Detlef Ignasiak

Das am Ostausläufer der Goldenen Aue gelegene und im frühen 16. Jahrhundert kaum mehr als 800 Seelen zählende Ackerbürgerstädtchen war eine kursächsische Exklave, die von Besitzungen der Mansfelder Grafen, Herzog Georgs von Sachsen und des Magdeburger Erzbischofs umschlossen war. Verwaltet wurde das kleine Gebiet, zu dem neben Allstedt noch sechs Amtsdörfer gehörten, von einem Amtmann, der auf dem oberhalb der Stadt gelegenen Schloß, eine ehemalige Kaiserpfalz, saß, in dem sich auch eine Kapelle befand. Die Gottesdienste für die Bürger fanden aber in der St. Johanneskirche unten im Ort statt. Seit Ostern 1523 war Thomas Müntzer dort Pfarrer. Eine wenige Monate zuvor geknüpfte Beziehung zu der jetzt in Halle lebenden Allstedter Schösserswitwe Felicitas von Selmenitz, die auch über gute Kontakte zum kurfürstlichen Hof in Wittenberg verfügte, hatte ihm zu diesem Amt verholfen. Obwohl Kurfürst Friedrich der Weise, der Beschützer Martin Luthers, die

Blick zum hochgelegenen Allstedter Schloß, in dessen Kapelle Müntzer seine berühmte „Fürstenpredigt" hielt.

Patronatsrechte über das Allstedter Gotteshaus hatte, wurde seine Zustimmung bei der Besetzung der Pfarre nicht eingeholt. Möglicherweise wurde Müntzer deshalb vom Rat nur auf Probe eingestellt.

Obwohl sich Allstedt mit Halle oder Braunschweig, mit Zwickau oder Prag, Müntzers bisherigen Wirkungsorten, in keiner Weise vergleichen ließ, dürfte der bisher kaum Seßhafte erwartungsvoll in seine neue Pfarre gekommen sein. Stellte sie ihm doch neben einem festen Einkommen auch eine gewisse Ruhezeit in Aussicht. Daß Müntzer diese Umstände zu nutzen wußte, zeigt der immense theologische und literarische Ertrag seines Allstedter Jahres. Der dortige Aufenthalt war zweifellos seine produktivste Zeit, zugleich auch der einzige Abschnitt seines Lebens über den wir genauer unterrichtet sind. Müntzer wird in den knapp anderthalb Jahren, die er „parochus Alstedtensis" ist, erst wirklich bedeutend. Da er aber auch die großen politischen Ereignisse in die kleine Stadt holt, ist die Zeit von April 1523 bis August 1524 zugleich auch ein Höhepunkt in der Geschichte des Ortes. Müntzer verlieh dem kleinen Allstedt eine Bedeutung, die es in die Nähe der großen Reformationszentren rückte; zudem ist das Städtchen in dieser Zeit auch ein Mittelpunkt des literarischen Lebens der Reformation. Von den neun bekannten Druckschriften

Das Allstedter Rathaus, ein im Kern spätgotischer Bau aus der zweiten Hälfte des 15. Jh.s, der Renaissance-Staffelgiebel stammt aus dem 16. Jh. Im Juni 1524 sollen Mitglieder des Allstedter Bundes im Ratskeller getagt haben. Im Gebäude befindet sich eine Müntzer-Büste (1975) von Ulrich Zeiner.

Müntzers sind die Hälfte in Allstedt entstanden oder doch wenigstens hier konzipiert worden. Müntzer sorgte auch dafür, daß in Allstedt erstmals ein Drucker tätig werden konnte.

Wenige Tage vor Ostern soll Thomas Müntzer in Allstedt eingetroffen sein, und zwar zusammen mit der entlaufenen Nonne Ottilie von Gersen, die er unmittelbar darauf heiratete, vermutlich in der Wigbertikirche, wo Simon Haferitz seit Anfang 1522 Pfarrer war. Dieser ehemalige Karmeliter muß auch der Geistliche gewesen, dem der städtische Rat am 14. Oktober 1522 15 Groschen zur Hochzeit schenkte. In Allstedt standen also die ersten evangelischen Pfarrhäuser, leider wissen wir über sie so gut wie nichts, auch nicht über Müntzers Familienleben.

Da Haferitz schon mit der Neuordnung des Gottesdienstes begonnen hatte, als Müntzer in Allstedt eintraf, wird er in ihm von Anfang an einen Mitstreiter gehabt haben. Auch der Schösser Hans Zeiß war Müntzer zunächst gewogen, hatte er doch gerade den Mönchen im nahegelegenen Kloster Naundorf die für sie vorgesehene Roggenspende um die Hälfte gekürzt und das Getreide der Armenversorgung zur Verfügung gestellt. Allstedt ist also für Müntzer ein günstiger Wirkungsort gewesen.

So wie Müntzer durch seine Hochzeit Luther im scheinbar privaten Bereich vorangegangen war, tat er dies in Allstedt auch auf liturgischem Gebiet. Er reformierte als einer der ersten Evangelischen den Gottesdienst und erläuterte seine Vorgehensweise in drei umfänglichen theologisch-liturgischen Werken: beigegeben sind dem *Deutsche(n) Kirchenamt*, der *Deutsch-Evangelische(n) Messe* und der *Ordnung und Berechnung des Deutschen Amts* (alle 1524) auch originäre Psalmenübersetzungen und eigene Liedschöpfungen, die sich in ihrer literarischen Qualität jedoch in keiner Weise mit den Kirchenliedern Luthers vergleichen lassen. Im Unterschied zu seinem großen Kontrahenten war Müntzer kein Poet. Doch sind seine Gottesdienstordnungen so eindrücklich gewesen, daß sie sich im Amt Allstedt (und in Teilen wohl auch anderswo, wie Johann Langs *Erfurter Kirchenamt* von 1525 zeigt) über den Bauernkrieg hinaus benutzt wurden.

Müntzer hielt in Allstedt – und zwar lange vor Luther (der diesen dann 1525 nachahmte, ohne sich jedoch auf ihn zu berufen), doch etwa zeitgleich mit Karlstadt – die deutsche Messe, erstmals am 5. April 1523, „denn es wird sich nicht länger leiden, daß man den lateinischen Worten will eine Kraft zuschreiben, wie die Zauberer es tun, und das arme Volk viel ungelehrter aus der Kirche gehen lassen als hinein".

In der Liturgie ist Müntzer der große Neuerer, Musik und Hymnus ließ er aber unangetastet. Dennoch soll die Wirkung von Müntzers Messen gewaltig gewesen sein, und das nicht nur bei den Allstedtern. Auch aus dem Mansfeldischen kamen allsonntäglich Gottesdienstbesucher, was Graf Ernst schon im Sommer 1523 gegen Müntzer aufbrachte. Unter Androhung strengster Strafen verbot er seinen Untertanen den Besuch der Allstedter Gottesdienste. Darauf wandte sich Müntzer am 4. Oktober selbstbewußt an seinen Landesherrn. Weil sich der Graf von Mansfeld über Gott erhoben habe, müsse es, so Müntzer warnend an Friedrich den Weisen, über kurz oder lang zu einem „unfüglichen Aufruhr" kommen, der nur zu verhindern sei, wenn sich die Fürsten auf die Seite des Volkes stellten. Mit solchem Vorpreschen hat Müntzer die Aufmerksamkeit des Fürsten erlangt.

Als sich Friedrich im November 1523 auf der Reise zum Nürnberger Reichstag eine Woche lang auf dem Allstedter Schloß aufhielt, schickte er prompt seinen umtriebigen Sekretär Georg Spalatin zu Müntzer. In den Gesprächen, die beide miteinander führten, muß deutlich geworden sein, daß sich Müntzer bei seiner Gottesdienstreform anfänglich noch um eine Verständigung mit Luther bemüht hatte, nun aber – niedergelegt in der bald darauf entstandenen Schrift *Von dem gedichteten Glauben* (1524) – dem allein auf die Gnade Gottes bauenden Glauben Luthers seine Auffassung von einem in der Verfolgung bewährten Glauben gegenüberstellte. Damit schloß Müntzer – also anders als der politisch bedachtere und diplomatisch geschickt vorgehende Luther – ein Bündnis mit den Fürsten aus und setzte allein auf den gemeinen Mann.

Müntzers Anhänger – anfangs kaum mehr als 30 – haben sich Anfang 1524 zum Allstedter Bund zusammengeschlossen. Schon bald stießen einige Dutzend unzufriedener und gewaltbereiter Mansfelder Bergknappen hinzu. Als einige von ihnen am 24. März 1524 die Mallerbacher Wallfahrtskapelle des Klosters Naundorf plünderten und zerstörten, solidarisierte sich Müntzer mit den Gewalttätern, da, so Müntzer, diese nur den Teufel vertrieben hätten. Da sich die Schuldigen nicht finden ließen, blieb Müntzer zunächst noch unbehelligt. Friedrich der Weise mied den Konflikt. Luther dagegen forderte seinen Fürsten zum Handeln auf und warnte vor dem „aufrührerischen Geist“ von Allstedt, wußte er doch allzu gut, daß sich der theologische Ertrag der Reformation nur bei der Beibehaltung des sozialen Friedens würde sichern lassen. Müntzer schien diesen jedenfalls zu stören. Als Luther eine Verständigung mit Müntzer ausschloß, wollten sich die sächsischen Fürsten selbst ein Bild von dem Allstedter machen, in dem sie bislang hauptsächlich den theologischen Widerpart Luthers gesehen hatten, in beider Streit nichts weiter als Theologengezänk. So bestellten Friedrichs Bruder Johann und dessen Sohn Johann Friedrich, beide leidenschaftliche Verteidiger Luthers, anläßlich eines Aufenthaltes in Allstedt bei Müntzer eine Predigt. Diese sogenannte *Fürstenpredigt* hielt Müntzer am 13. Juli 1524 – so ist mit einiger Sicherheit anzunehmen – in der Schloßkapelle. Neben den beiden Fürsten und ihren Räten sollen auch einige Allstedter Bürger zugegen gewesen sein.

Ins Zentrum seiner wortgewaltigen Anklage hatte Müntzer das alttestamentliche, weitgehend apokalyptische Buch Daniel gestellt. Die Vision Nebukadnezars vom Ende der bestehenden Weltherrschaft und dem baldigen Anbruch des Messianischen Reiches diente Müntzer dazu, eigene Zukunftsvorstellungen von einem Reich Gottes auf Erden zu entwikkeln.

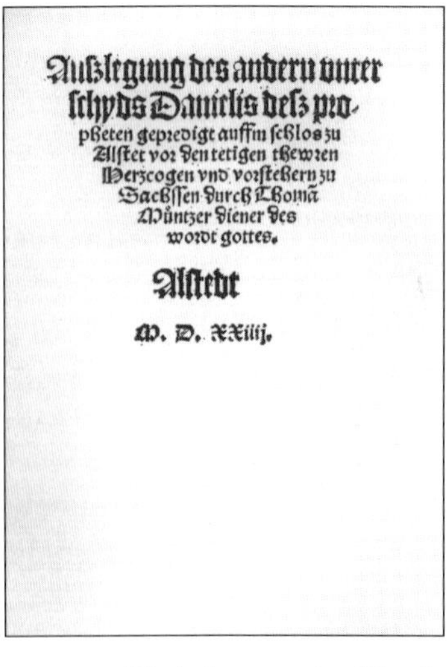
Außlegung des andern unter
schyds Danielis deß pro-
pheten gepredigt auffm schlos zu
Allstet vor den tetigen thewren
Herzcogen und vorstehern zu
Sachssen durch Thomā
Müntzer diener des
wordt gottes.

Alstedt

M. D. XXiiij.

Deutsch Euangelisch Messze etwann
durch die Bepstischē pfaffen im latein zu grossem
nachteyl des Christen glaubens vor ein opffer
gehandelt / und itzdt verordent in dieser
ferlichē zeyt zu entdecken den grewel
aller abgötterey durch solche
mißbreuche der Messen
lange zeit getriben.

Thomas Müntzer

Alstedt

M. D. XXiiij.

Titelseiten von in Allstedt gedruckten Müntzer-Schriften.

Wie die Fürsten auf Müntzers Worte reagierten, ist nicht überliefert. Als sie aber erfuhren, daß die Predigt – entgegen der Versicherung Müntzers – schon wenige Tage später unter dem Titel *Auslegung des anderen Unterschied Danielis* gedruckt wurde, fühlten sie sich hintergangen und riefen Müntzer für den 1. August zu einem Verhör nach Weimar. Erst jetzt machten sie ihn für den Sturm auf die Mallerbacher Kapelle verantwortlich, verboten ihm weitere „aufrührerische" Predigten und befahlen die Schließung der Druckerei, ansonsten aber blieb Müntzer ein freier Mann. Da er aber bei weiterem Aufruhr mit seiner Verhaftung rechnete, verließ er in der Nacht vom 7. zum 8. August Allstedt in Richtung der Reichsstadt Mühlhausen – zu einer Zeit also, als in Südwestdeutschland der Bauernkrieg schon begonnen hatte.

Von Müntzers eigentlichem Allstedter Wirkungsort, der St. Johanneskirche, hat sich nichts erhalten. Das heute an ihrer Stelle stehende gleichnamige Gotteshaus wurde erst 1775 erbaut. Nur der Taufstein stammt noch aus dem bescheideneren Vorgängerbau und könnte von Müntzer benutzt worden sein. Von der Wigbertikirche steht nur noch der rechteckige Westturm mit spätgotischem Walmdach. Ob Müntzer in einem ihrer Türme gewohnt hat, wie nach Johannes Agricola, der von einer „Kammer (Müntzers) zu Allstedt im Turm" sprach, lange angenommen wurde, ist nicht gewiß. Da er spätestens ab 1524 mit dem Famulus Ambrosius Emmen und vermutlich auch mit seinem alten Vater in Allstedt lebte, wird er wohl in einem größeren, nicht näher bekannten Quartier gewohnt haben. Ostern 1524 wurde dem Ehepaar dann auch noch ein Sohn geboren, von dessen weiterem Schicksal nichts bekannt ist.

Da die bauliche Überlieferung so spärlich ist, hat sich die Allstedter Müntzer-Pflege vor allem auf das Schloß und dessen Kapelle konzentriert. Anläßlich des Bauernkriegsjubiläums 1975 wurde in den Räumen neben der Kapelle eine Thomas-Müntzer-Gedenkstätte eingerichtet. Die heutige, noch immer sehenswerte Ausstellung stammt aus dem in der DDR mit großem Aufwand begangenen Müntzer-Jahr 1989.

Thomas Müntzer

Die Fürstenpredigt, 1524
(Auszug)

Dann der erbärmlich Schaden der heil,gen Christenheit ist so groß worden, daß ihn noch zur Zeit kein Zunge kann aussprechen. Drum muß ein neuer Daniel aufstehn und euch eure Offenbarung ausleben, und derselbige muß vorn, wie Moses lehret, an der Spitzen gehn. Er muß den Zorn der Fürsten und des ergrimmten Volks versühnen. Dann so ihr werdet recht erfahren den Schaden der Christenheit und Betrügerei der falschen Geistlichen und der heillosen Bösewicht, so werdet ihr also auf sie ergrimmen, daß es niemand ausdenken kann. Es wird euch ohn Zweifel verdrießen und sehr zu Herzen gehn, daß ihr also gütig gewesen seid, nachdem sie euch mit den allersüßesten Worten zu den allerschändlichsten Urteiln verleitet haben wider alle aufgerichtete Wahrheit. Dann sie haben euch genarret, als ein jeder zum Heil'gen schwur, die Fürsten sein heidnische Leute ihres Amts halber, sie sollen nicht anders dann bürgerliche Einigkeit erhalten. Auch, Lieber, ja da fällt und streicht der große Stein bald drauf und schmeißt solche vernünftige Anschläge zu Boden, da er saget: „Ich bin nicht kommen, Fried zu senden, sondern das Schwert."

Schulpforta

Schulpforta
Das „Bildungskloster" an der Saale

Karl Büchsenschütz

Angelehnt an einen bewaldeten Berghang rechts der Saale zwischen Naumburg und Bad Kösen liegt der Ort Schulpforte. An ihm führt die Bundesstraße Nr. 87 vorbei. Eine dicke, die Gebäude abschirmende Mauer und die herausragende Spitze eines Dachreiters inmitten dieses ummauerten Areals von 18 Hektar lassen ein ehemaliges Kloster vermuten. Von Westen kommend sieht man sich vor einem imposanten Bauwerk im Neorenaissance-Stil mit großem Eingangstor, flankiert von zwei Skulpturen, Graf Bruno vom Pleißegau und Moritz von Sachsen, den Gründern. Auf einer seitlich angebrachten Steinplatte der Hinweis: Landesschule Pforta. Da wäre also beides: Kloster und Schule.

Märchen fangen mit „Es war einmal" an. Und so könnte auch die Geschichte dieses Ortes und der Lehranstalt beginnen. Es waren Zisterzienser, die sich 1137 in der sumpfigen Niederung ansiedelten und die Abtei „Sanctae Mariae ad Portam" gründeten. Die kultivierende, aber auch wirtschaftliche Macht erheischende Arbeit des Ordens ist bekannt. Hier verband sich seine Tätigkeit mit einem extensiven Weinanbau, der die Grundlage für den heute so beliebten Saale-Unstrut-Wein legte. Die schnelle Herausbildung einer feudalen Grundherrschaft und verschiedene wirtschaftliche Unternehmungen führten zu einem beachtlichen Reichtum in den Händen der Mönche. Und, um es vorweg zu nehmen: Ohne diese reiche Hinterlassenschaft gäbe es keine Schule! Obwohl katholisch und ein Feind der Reformation, läutete der albertinische Herzog Georg der Bärtige die Totenglocke auch für das Kloster Pforte. Er wollte vor allem die großen Besitzungen der Klöster nicht im Strudel ihres Untergangs versinken sehen. Herzog Heinrich, sein Nachfolger, zog 1540 mit der Säkularisation den Schlußstrich unter die vierhundertjährige Geschichte der Abtei. Um dem protestantisch gewordenen Staat eine personelle Grundlage zu schaffen, bedurfte es im lutherischen Glauben erzogener Kirchen- und Staatsdiener, Lehrer, Juristen und Wissenschaftler.

Der zweischiffige Südteil des Kreuzgangs.

Die Zeit war also reif für ein neues Bildungssystem. Welch ein Glück für Deutschland, einen Philipp Melanchthon gehabt zu haben, der mit seinen neuen Formen der Bildung, seinen Lehrplänen und Schulbüchern den Weg für humanistische Lehranstalten ebnete. Zwar wirkte der „praeceptor Germaniae“ anfangs nur im ernestinischen Sachsen und in

Süddeutschland, doch sein Vorbild strahlte auch in die Dresdener Residenz, wo der von Melanchthon vorgedachte Beschluß gefaßt wurde, staatlich gelenkte Lehranstalten ins Leben zu rufen. Sie sollten an die Stelle der Artistenfakultäten treten und die Mühen der Propädeutik von den Schultern der Universitäten nehmen. Als Standorte der neuen Bildungseinrichtungen wollte man säkularisierte Klöster wählen, wenn sich Landstände und Herzog über ihre Nutzung einigten; denn ohne dauerhafte materielle Sicherheit war an die geplanten Schulen nicht zu denken. Der Herzog gewann den Kampf mit der Zusage, daß jedermann freien Zugang zu den neuen Anstalten haben werde. Dafür war Moritz der Dank der Nachwelt gewiß.

Das Siegel des Klosters St. Marien ad Portam und der Landesschule Pforta heute.

Am 21. Mai 1543 wurde ein neues Blatt in der Schulgeschichte Deutschlands mit der „Neuen Landesordnung" des Herzogs aufgeschlagen. In Pforte, nunmehr „Landschulen zu der Pforten" geheißen, in St. Afra in Meißen und etwas später in St. Augustin in Grimma zogen Knaben, nicht unter 12 und nicht über 15 Jahre alt, in die zum Teil verfallenden Gemäuer der enteigneten Mönche. Sechs Jahre sollten sie hier verbringen, abgeschirmt, unter strengster Observanz, bei eingeschränkter Freizeit und ohne Ferien. Fürwahr ein hoher Preis für die Ausbildung. Es versteht sich, daß auch die Lehrer nicht ungeschoren davon kamen. Ihnen wurde der Zölibat auferlegt. Das Leben, vor allem das der Schüler, blieb noch über zweihundert Jahre klösterlich geprägt. Daran änderten auch nichts die Humaniora, und das, was unter dem Begriff Renaissance-Humanismus

Gedenkstein für den Alumnus Friedrich Gottlieb Klopstock.

am Ende des 16. Jahrhundert verstanden wurde.

Im Vordergrund der Bildung stand die Eloquenz, die Beredsamkeit in perfektem Latein, geschult an den antiken Rhetoren. Demokratische Inhalte waren dabei nicht gefragt. Pforte wurde nach und nach zu einem abgeschirmten Schulstaat mit einer eigenartigen Struktur und hohen geistigen Anforderungen. Davon zeugen unter anderem die seit 1602 in Latein oder Griechisch geschriebenen Valediktionen am Ende der Ausbildung, die ein akribisches Studium beweisen. Sie werden übrigens im Archiv der Schule noch heute aufbewahrt. Eine andere Einrichtung war die hierarchische Ordnung unter den Alumnen. Der ältere Schüler, der „Obere", war dem „Unteren" vorgesetzt; er hatte die Verantwortung für die korrekte Erledigung der Aufgaben, aber auch Strafbefugnisse. Letztere nicht immer zum Segen des Untergebenen. Die teilweise erniedrigenden Schulstrafen wie das Essen vom Fußboden oder das Einschließen von Hals und Händen in ein Holz wirkten dagegen auf den Delinquenten weniger schrecklich. Im 19. Jahrhundert war der Karzer sogar „Ehrensache" für die oberen Klassen, wie ein belustigendes Karzerbuch im Schularchiv offenbart.

Ein Vorkommnis in den siebziger Jahren des 18. Jahrhunderts illustriert die damalige Situation. Johann Gottlieb Fichte, Schüler in Pforte von 1774 bis 1780, konnte die handgreiflichen Erziehungsmethoden seiner „Oberen" nicht mehr ertragen und floh aus der Schule, kehrte aber bald wieder reumütig zurück. Die bösen Erfahrungen hinderten ihn nicht, übungshalber Schlagtechniken an unschuldigen Büchern zu erproben, indem er sie ohrfeigenähnlich vom Tisch fegte. Selbst „Oberer" geworden, tat er dann etwas Mutigeres und Besseres. Er verfaßte mit einigen anderen eine ausführliche Petition an den Rektor, in der die Zustände unter den Alumnen dargestellt und um deren Veränderung gebeten wurde. Es half! Doch an die Wurzeln gelangte auch der Rektor nicht. Verhaltensweisen in Schülergemeinschaften sind zählebig.

Die Entwicklung Schulpfortes verlief nicht geradlinig. Theologische Streitereien und Kriege gefährdeten die Anstalt. Seuchen wie die Pest und andere Übel machten nicht halt vor den Mauern. Trotzdem: Es wurde gelernt! Gegen Ende des 18. Jahrhunderts waren Reformen dringend geboten, sowohl bei den noch fast mittelalterlichen Lebensbedingungen der Schüler als auch bei den Lehrinhalten. Die Rezeption römischer und griechischer Kulturwerte beschränkte sich bis dahin auf die Sprachen und auf das vollendete „Nachmachen" antiker Versdichtung. Die Mathematik war nach wie vor Stiefkind, trotz eines fest angestellten Fachlehres, der aber so viel Zeit hatte, daß er sieben handgeschriebene Folianten der Geschichte seiner Schule der Nachwelt hinterlassen konnte. Auch das Übermaß an religiösen Übungen zwang zur Beschränkung. Grundlagen für Reformen boten die neuen sächsischen Schulordnungen des weit bekannten Johann August Ernesti aus Leipzig, ehemals Zögling Pfortes, Hochschullehrer und früher Neuhumanist. Leider verhinderten die napoleonischen Kriege die Durchsetzung seiner Pläne.

Der Wiener Kongreß brachte für Sachsen große Gebietsabtretungen an Preußen, auch die Landesschule Pforte war dabei. Die neuen Herren gingen behutsam mit der Anstalt um. Wilhelm von Humboldt, der ein Faible für Pforte hatte, führte sie als Minister in den Neuhumanismus, und nach und nach gestaltete sie sich, den Anforderungen der Zeit entsprechend, moderner und offener.

Vielleicht gehörten die Jahrzehnte bis zur Jahrhundertwende zu den „goldenen". Ein hervorragender Lehrkörper sorgte für tiefgründige Bildung. Er lehrte die Schüler das Lernen! Nur, um mit einem ihrer berühmten Zöglinge zu sprechen, dem großen Gräzisten Ulrich von Wilamowitz-Moellendorff: „... sie lernten nicht Sehen im großen Buch der Natur!" Ohne Zweifel bewirkte das Zusammenspiel zwischen hoch-

Das 1881 erbaute Hauptgebäude der Schule mit Aula und Bibliothek.

gebildeten Lehrern und motivierten, sich als geistige Elite empfindenden Alumnen, beruhend auf bedingungsloser Ein- und Unterordnung in ihren Schulstaat, die hervorragende Ausbildung. Nicht von ungefähr entließ die Anstalt zahlreiche Schüler, die später exponierte Stellungen in Politik, Wissenschaft und Wirtschaft bekleideten.

Kritiker verglichen die Landesschule spöttisch mit einer Kadettenanstalt. Nein, deren langweiligen Opportunismus besaß sie nicht, und die Vielfalt des Schülerlebens innerhalb wie außerhalb der Mauern, ohne Dirigismus der Lehrer, der freie Disput im Unterricht sowie die Selbstbildung in Form wöchentlicher Privatlektüre sprechen eindeutig dagegen. Soweit der Geist nicht gefesselt wird, kann sich Jugend auch unter selbstgewählter strenger Observanz entfalten. Nach den Worten eines Literaturhistorikers waren die drei Landesschulen der „Schlüssel zu den europäischen Wissenschaften" geworden. Es mag dahingestellt bleiben, ob Schulpforte nach der Jahrhundertwende den Zenit ihrer Existenz als „Gelehrtenschule" überschritt. Die sich anbahnende Götterdämmerung des deutschen Kaiserreiches und die weniger von der griechischen Geisteswelt berührte bürgerlich-adelige Gesellschaft mit ihrer Neigung zum Kriegsgott Mars stellte auch Schulpforte vor die Frage, ob man neue Inhalte in der Bildung und Erziehung brauche? Welchen Aphorismus Friedrich Nietzsches, auch einer der Großen Pfortes, legen wir unseren Aufgaben für die neue Zeit zugrunde? Genügt uns die Antike weiterhin als Vorbild?

Der Erste Weltkrieg enthob sie der Antwort. Er fragte nicht nach klassischer Bildung, er holte sich seine zahllosen Opfer unter den Schülern so oder so. Aber nach dem furchtbaren Blutzoll mußte die Frage erneut gestellt und beantwortet werden. Demzufolge wurde die Schule in den zwanziger Jahren von Auseinandersetzungen bewegt, die das Für und Wider moderner Erziehungsformen und Bildungsinhalte zum Gegenstand hatten. Die „Combattanten" schlossen einige Kompromisse zugunsten konservativer Kräfte. Nach Glättung der Wogen unterwanderte und konfrontierte Anfang der Dreißiger die NS-Ideologie Lehrer- und Schülerschaft. Politische Intrigen der NSDAP zwangen den Rektor, das Feld zu räumen. 1935 war die Metamorphose der Schule beendet. Eine Nationalpolitische Erziehungsanstalt (NAPOLA) etablierte sich in den ehrwürdigen Gebäuden. Das Ende des Zweiten Weltkrieges war auch ihr Ende.

Diese Zäsur in der Geschichte der Anstalt läßt uns nach den Quellen umschauen, aus denen wir die bisherige Entwicklung erfahren konnten. Die Schule ist in der glücklichen Lage, sachkundige Lehrer gehabt zu haben, die zum Teil einmalige Sammlungen von Archivalien anlegten. Die Hinterlassenschaft enthält die Stammbücher der Schüler, beginnend mit der Gründung der Anstalt, meist versehen mit kurzen Lebensläufen, und ab 1820 Nekrologe, die ergiebige Biografien darstellen. Zeugnisse, Testimonia, Stundenpläne, Strafbücher, Memoiren und nicht zuletzt die schon erwähnten Abschlußarbeiten (Valediktionen) seit 1602 bis in die zwanziger Jahre unseres Jahrhunderts, mit einigen Lücken in der neueren Zeit, weil nicht mehr obligatorisch ab 1820. Über die historische Bibliothek mit ihren „libri rarissimi", ihren Unikaten sowie mittelalterlichen Handschriften müßte mehr gesagt werden, als an dieser Stelle möglich ist. Das Jahr 1945 stellte das Weiterbestehen der Schule infolge der NS-Vergangenheit infrage. Doch der Kelch ging glücklicherweise an ihr vorüber. Die bis 1946 nicht eindeutig zu erkennende politische Zukunft Deutschlands ließ sowohl bei denen, die Schulpforte noch trugen, als auch bei den staatlichen Ämtern hoffen, daß die Schule zurückfinden könne zu der gymnasialen Form der Weimarer Republik. Zwar tolerierte die Besatzungsmacht die Schule, doch bahnte sich in den nächsten Jahren eine mehr oder weniger antibürgerliche Strategie an, die allerdings nie an der Strenge und Konsequenz ihres noch altphilologisch geprägten Status rüttelte. Ein anfangs skeptisch von den Jungen betrachtetes Novum war der Einzug der Mädchen durch die Schulreform im Osten Deutschlands. Und siehe da, das weibliche Geschlecht trug bald zur Verbesserung des rauhen Jungenklimas bei, bis auf den heutigen Tag, da zwei Drittel aller Alumnen Mädchen sind. Nach Gründung der DDR ging der Weg in Richtung einer nur noch vierjährigen Ausbildung zum Abitur, aber mit einem altsprachlichen Zweig und verbindlichem Lateinunterricht für alle bis 1967. Daß die einstige Eliteschule jetzt vorwiegend Arbeiter- und Bauernkindern offenstand, war ein Gewinn an Bildungschancen, den zugleich ideologische Vorgaben einschränkten. 1959 wurde sie zur „Erweiterten Oberschule" und 1981/82 erfolgte die Einrichtung eines Neusprachen- und eines Musikzweiges. Nach wie vor hatte Schulpforte das Ansehen einer leistungsfordernden Lehranstalt, die auch keinen Abbruch durch die oftmals lästige Kontrolle und Einmischung politischer Organe erlitt.

Die Übernahme in die direkte Trägerschaft des neuen Bundeslandes Sachsen-Anhalt und die Einbeziehung in das bundesdeutsche Schulsystem 1990 brachte, von den neuen Lehrgegenständen abgesehen, Freizügigkeiten für Schüler und Lehrer, die vorher nicht möglich waren. Dazu gehörten wahlweise Unterweisung in religiösen oder ethischen Fragen und ein weltoffenes Bildungskonzept. Das vierstufige Ausbildungssystem wurde beibehalten, ebenso für alle 320 Schülerinnen und Schüler das Leben im Internat. Besondere Schwerpunkte über die Allgemeine Hochschulreife hinaus liegen in der Musik, den Fremdsprachen und Naturwissenschaften.

Es wurde einmal ein Kloster gegründet – angelehnt an den bewaldeten Berghang rechts der Saale. Und noch heute kommen viele Besucher, um den romantischen Winkel mit der eindrucksvollen Zisterzienserkirche zu besuchen, und lassen sich von der Geschichte des einstigen Schulstaates berichten. Sie erleben junge Menschen, die in den alten Mauern gern für ihre Zukunft lernen.

Namen von bedeutenden Portenser Literaten

Johann Hermann Schein (1586-1630)
Komponist, Thomas-Kantor und Liederdichter

Johann Elias Schlegel (1719-1749)
Dramatiker und Literaturtheoretiker

Friedrich Gottlieb Klopstock (1724-1803)
Dichter

Johann Gottlieb Fichte (1762-1814)
Philosoph

Leopold von Ranke (1795-1886)
Historiker

Richard Lepsius (1810-1884)
Ägyptologe

Friedrich Nietzsche (1844-1900)
Philosoph

Ulrich von Wilamowitz-Moellendorff (1848-1931)
Altphilologe

Erich Schmidt (1853-1913)
Germanist

Karl Lamprecht (1856-1915)
Historiker

Georg Groddeck (1866-1934)
Arzt und Schriftsteller

Wolf von Niebelschütz (1913-1960)
Schriftsteller

Ludwig I.
Fürst von Anhalt-Köthen

geb. 17. 6. 1579 in Dessau,
gest. 7. 1. 1650 in Köthen.

Tobias Hübner

geb. 5. 4. 1578 in Halle,
gest. 5. 5. 1636 in Dessau.

Diederich von dem Werder

geb. 17. 1584 in Werdershausen
bei Gröbzig,
gest. 18. 12. 1657 Reinsdorf bei Köthen.

Das Anhalt-Köthener Schloss als deutscher Musenhof

Günther Hoppe

Bei der Trauerfeier für die sachsen-weimarische Herzogin Dorothea Maria am 29. August 1617, die Schwester der regierenden anhaltischen Fürsten, kam der Vorschlag unter den Anwesenden – den Herzögen Friedrich, Wilhelm IV. und Johann Ernst von Sachsen-Weimar, dem Fürsten Ludwig von Anhalt-Köthen und dessen Sohn sowie drei Hofleuten – auf, eine Akademie zu gründen, wie man sie auf Reisen in Italien, als „Rednerkammern" in den Niederlanden angetroffen hatte.
In würdigen Akademiesälen befaßten sich dort im „Welschland" die Mitglieder – keine (Universitäts-)Gelehrte, sondern wissenschaftlich interessierte Bürger, Hofleute, Landadlige – mit Fragen wie: Welches ist die wahre italienische Volkssprache: Die der „drei Kronen" (Dante, Petrarca, Boccaccio), oder die, die man „heute" auf den Straßen hörte? Kann man über Philosophie in dieser Volkssprache (italienisch: Volgare) schreiben, oder muß man dies den lateinisch schreibenden Gelehrten überlassen? Können sich die Himmelskörper um die Sonne drehen? Und: Wenn es die „Verwandlung der Metalle" gibt – warum gibt es noch immer so wenig Gold?

In Rom trieb die Akademie der „Luchsäugigen" – Galileo Galilei gehörte dazu – Astronomie. In Florenz trieb die Accademia della Crusca Sprachpflege, begann ein Lexikon, welches alle je auftauchenden italienischen Wörter (mit Belegstellen) aufführte!

Die Volkssprache war in Deutschland seit Luther noch lange nicht die der Dichter und Denker und schon gar nicht der Gelehrten geworden. Universitäten und Kirchen kultivierten das Latein. Es gab mehr Dichter in Neulatein als in Deutsch.

In Italien sah Prinz Ludwig von Anhalt-Köthen anno 1600 diesbezüglich schon Verhältnisse, die er an seinem Köthener Hof und darüber hinaus einzupflanzen versuchte: mit Gründung der Fruchtbringenden Gesellschaft im Jahre 1617. Ihr Zentralort wurde bis 1650 Köthen – gleichsam ein „Weimar an der Ziethe". In die Fruchtbringende Gesellschaft traten Fürsten, Hofleute, Beamte und Dichter ein, die an der deutschen Sprache etwas zu verbessern suchten, z.B. durch Übersetzung nützlicher Werke aus dem Italienischen, Französischen und Latein. Indessen tobte der Dreißigjährige Krieg. Bis zum Tod Ludwigs von Anhalt traten 527 Mitglieder ein: aus Schlesien und Niederösterreich, aus dem Elsaß und Danzig, aus der Wetterau und Thüringen; die meisten aber aus Anhalt. Neben Staatsmännern traten Schulgründer und Gründer von Laboratorien und Glashütten ein. „Alles zum Nutzen!" hieß das Motto der Gesellschaft.

Fürst Ludwig von Anhalt-Köthen.

Das in Köthen behaltene Mitgliedsbuch war ein „Who is Who" des gebildeten protestantischen Deutschland. Fürst Ludwig von Anhalt selber konnte sehr gut Hebräisch und übersetzte das Buch Hiob aus dem Alten Testament neu ins Deutsche. Er zeigte außerdem ein profundes Interesse an

Botanik und Pharmazie. Der Köthener Schloßgarten wurde durch ihn, Orlando Felici und Heinrich Kitschius ein berühmter Renaissancegarten, in welchem Ludwig mittelmeerländische Kulturen und Heilpflanzen zu verwurzeln suchte. Sogar mit Zypresse, Oliven- und Maulbeerbaum, mit Sandbeere, Quittenbirne versuchte es der Nutzgärtner zu Köthen, der in allen berühmten Kräuterbüchern jener Zeit wie zuhause war, auch nach dem harten Winter von 1616/17 erneut. Seine Schloßapotheke, an die heute wieder der Name Apothekengewölbe erinnert, war die zweite ihresgleichen in Köthen. Und sie versorgte Arme, die kaum Geld für Arznei hatten.

Aus seinen botanischen Kenntnissen „versorgte" der Köthener Fürst jedes in die Fruchtbringende Gesellschaft aufzunehmende Mitglied mit einer Symbolpflanze, einem Gesellschaftsnamen und einem Motto, die sie zu führen hatten wie sonst ihre Wappen oder Devisen, die sie in Stammbücher eintrugen. Dieser Brauch richtete sich eben gegen den Wappenkult des Adels. Als Mitglied der Fruchtbringenden Gesellschaft sollte ein Dichter einem Fürsten gleichberechtigt gegenübertreten können: Unter dem Motto „Vera nobilitas!" wollte Fürst Ludwig das humanistische Gelehrtenideal mit der Erziehung des Adels und der künftigen Regenten, der Prinzen, verbinden. Ritterakademien wurden im Umkreis regierender Mitglieder der Fruchtbringenden Gesellschaft gegründet, u.a. in Kassel, Wolfenbüttel und Berlin.

Der berühmteste deutsche Dichter des 17. Jahrhunderts, Martin Opitz, wurde als 200. Mitglied und unter dem besonders ehrenden Namen „Der Gekrönte" in die Fruchtbringende Gesellschaft aufgenommen. Opitz' poetische Reform, die die natürliche Betonung im Versmaß wiederkehren ließ, hat dem Deutschen als Literatursprache sehr geholfen, um sich von öder, gekünstelter Reimerei ein Stück weit zu entfernen und zu klangvollen, geschmeidigen Versformen zu finden. Opitz hatte in dem Dessauer Rat Tobias Hübner zunächst einen Widersacher, der für sich in Anspruch nahm, die Versform des Hexameter im Deutschen erstmals literarisch erprobt zu haben. Aber die Waagschale neigte sich 1626/29 zugunsten des Schlesiers, dem man sogar nicht einmal verargte, zum Brotdienst in die Umgebung des Fürsten Karl Hannibal von Dohna eingetreten zu sein, der in dem umkämpften Schlesien als kaiserlicher Statthalter die Rekatholisierung begann.

Ein anderer wichtiger Fruchtbringer saß ganz in der Nähe: der in Staats- und militärischen Dingen versierte Diederich von dem Werder war Herr über Reinsdorf, wohin er sich aus dem Dienst eines weiteren Fruchtbringers, des Landgrafen Moritz von Hessen-Kassel zurückgezogen hatte, um nun der Oeconomia und der Literatur zu frönen. Seit längerem saß von dem Werder an der Übersetzung eines epochal bedeutsamen Werkes des italienischen Zeitgenossen Torquato Tasso: *Das befreite Jerusalem*. Mit schönen Kupfern des Matthäus Merian kam es 1626 heraus. Über 30 Drucke sind von Köthen im Zeichen der Palme, des Symbolbaumes der Köthener Academia, ausgegangen. Zählt man die Ratichiana hinzu, so ist Köthen als bedeutender Druckort des 17. Jahrhunderts zu nennen.

Mitglieder der Fruchtbringenden Gesellschaft wurde jedoch auch so mancher General oder Staatsmann der kriegführenden Seiten – denn wie gesagt: es tobte der Dreißigjährige Krieg. So wurde von den Kaiserlichen Octavio Piccolomini aufgenommen, jedoch nicht der wüste Landesverheerer Gallas; es wurden schwedische und französische Generäle aufgenommen wie Banér und Königsmarck bzw. die Brüder Mercy; nicht jedoch der eitle und dumme Sohn des schwedischen Reichskanzlers Oxenstierna, der bei den Friedensverhandlungen in Osnabrück durch Hoffart und Unberechenbarkeit auffiel; der Zerstörer Magdeburgs auf katholisch-ligistischer Seite, Tilly, wäre wohl auch nicht in Betracht gekommen.

Der Sinn der Aufnahme solcher „Kriegsgäste" lag darin, der Fruchtbringenden Gesellschaft nicht das Ansehen einer „deutschen Verschwörung" gegenüber den ausländischen Truppenführern und Politikern zu geben. Auch war die Absicht, die Generäle milder gegen das Land zu stimmen und sie zu Salvaguardien (Schutzbriefen) zu bewegen. Dank derer blieb es nur bei geregelten Abgaben (Kontributionen), und es kam nicht zu wilden Schatzungen.

Erst in zweiter Linie war die Fruchtbringende Gesellschaft Hort für Andersdenkende, wie für Anhänger der Alchemie und des Rosenkreuzertums. Zu beiden gehörte Fürst August von Anhalt und dessen zeitweiser Leibarzt, der Italiener Angelo Sala. Fürst August hatte zu denjenigen gehört, die begeistert auf die Fama von der vermeintlichen Bruderschaft der Rosenkreuzer reagierten. Und er suchte die Verbindung zu ihr: Im Zeichen des Rosenkreuzes sollte eine Generalreformation der Welt stattfinden, die alle Mißstände bezwang! Zu den Begeisterten gehörte der berühmte Johann Valentin Andreae aus Tübingen, einst Mit-Verfasser des ältesten der ab 1610 kursierenden C.F.R.-Manifeste, inzwischen wohlbestallter württembergischer Superintendent. Theologen wurden in der Regel sonst abgewiesen, ihrer rabiaten Streitlust wegen.

Zum „allgemeinen Nutzen" gegründet, konnte die Fruchtbringende Gesellschaft noch keine reine Gelehrtengesellschaft sein. Aber sie bedeutete, wie die ihr folgenden Sprachgesellschaften in Nürnberg, Hamburg und Straßburg, ein Bindeglied zwischen höfischem Wesen und humanistischem Denken, und den erneuten Aufbruch zu einer Nationalkultur, wie Italiener und Franzosen sie beispielhaft schon hatten. Die konfessionelle Friedfertigkeit, die im Rahmen dieses ersten deutschen Akademieversuchs bereits galt, sollte auch bei den Westfälischen Friedensverhandlungen mitwirken.

Die Druckerei, die Fürst Ludwig von Anhalt und Herzog Johann Ernst von Sachsen-Weimar gemeinsam finanzierten und die auch der Fruchtbringenden Gesellschaft nützte, war eigentlich für das Projekt Wolfgang Ratkes gegründet worden, um dessen Didactica umfassend zu verbreiten. Dessen erste Schulbücher wurden dann auch gedruckt und kamen auf die Frankfurter und Leipziger Messen: *Die AllUnterweisung*, die *WesenKündigung*, die *NaturKündigung*, eine *Allgemeine Grammatik* und eine solche der fünf Hauptsprachen, ein für den Unterricht herausgegebener Terenz waren einige Früchte des ersten deutschen Schulbuchverlages.

In dem von Ratke geplanten Schulversuch wurden seine volkssprachliche Basis, der Abschied vom einpaukenden Memorieren deutlich, wurden Prinzipien wie „Alles durch Erfahrung und stückliche Untersuchung" und „Alles ohne Zwang" praktiziert. Weiterer Eröffnung seines Methodus versagte sich Ratke, als der einstige Freund Gualther „Schulmängel" beim Fürsten Ludwig anschwärzte. Das zu allem auch konfessionelle Zerwürfnis war nicht mehr aufzuhalten, als Ratke eine lutherische Bekenntnisschrift in den Unterricht einbezog.

Ratke, der 1612 mit seinem Franfurter *Memorial* in ganz Deutschland Aufsehen gemacht hatte – ein Widerschein der „Reformation in allem", schied von Köthen wie von seinen meisten Wirkungsorten in tiefem Unfrieden. Selbst August von Anhalt, der ihn aus Rosenkreuzertagen in Augs-

Das Köthener Schloß.

burg kannte, hatte vor Ratke gewarnt. Der Köthener Gelehrtenkreis löste sich ohne seinen Inspirator 1622 auf.

Fürst Ludwig von Anhalt war keineswegs in den Gefilden des reinen Geistes allein zuhause. Er hatte als Jüngling seine Kavalierstouren ernsthaft als „Bildungstourist“ betrieben. Sie führten ihn durch die Niederlande, England, Frankreich und Italien. Hauptquartiere waren Blois in Frankreich, Florenz in Italien; Hauptanliegen waren: Staatsverfassungen kennen lernen, Kunstschätze, Bibliotheken; an Lebensorten großer antiker und neuerer Geister verweilen und sich in den Genius loci vertiefen: Petrarca in Vaucluse, und Rabelais in Meudon und Cicero in Molo; aus Heilpflanzengärten und Destillierkünsten in Montpellier und Florenz lernen; an Höfen die Kommunikationsformen studieren; und erfahren, wie man eine Kammer leitet und kontrolliert; und nicht zuletzt, die Akademien aufsuchen.

Sein europäischer Horizont befähigte Ludwig, in dem kleinen Fürstentum die Lehren aus Reisen und Studien umzusetzen und seinem Land „Hausvater“ zu sein. Als Reformierter viel mit dem Alten Testament umgehend, hegte der außerdem gute Hebraist keinerlei Vorurteile gegen Juden. Abraham Heli war einer seiner „Finanzer“.

Voraussetzung des 1598 begonnenen Köthener Schloßbau war, daß hier einmal residiert und regiert werden sollte. Namhafte Baumeister und Steinmetzen wurden engagiert: die Brüder (Neffen?) Francesco und Pietro Niuron, die vom piastischen Fürstenhof in Brieg/Niederschlesien hergekommen waren; Melchior Brenner aus Dresden, der die Arkaden, Türgewände und Treppenspindeln edel ausführte. Ludwig bestimmte dann, ab 1603, über den Innenausbau. Prachtvoll farbig gefaßt wurden jedenfalls Äußeres und Inneres, wie der Zeitgenosse Christian Brombei leider nur pauschal vermerkte.

Die fürstliche Wohnung lag im ersten Geschoß, dort, wo der Ludwigsbau auf den Alten Bau stieß, unter den Bibliotheksräumen. Sie war mit „schwarzem Boi" (Leinwand) ausgeschlagen – ein Memento mori des streng gläubigen Reformierten. Auf den Wänden des achtfenstrigen großen Saales prangte eine in den Farben des askanischen Stammlandes Ballenstedt schwarzgold geprägte Ledertapete, darüber die Wappenstickereien aller Fruchtbringer; im Bunten Gemach ein großes allegorisches Deckengemälde, das den Landbau symbolisierte. Die Welschen Hauben der beiden Türme, der steinerne Gang über den Arkaden erinnerten den florentinischen Gesandten 1609 ebenso an die Heimat wie der mediterrane Schloßgarten und die Italiener, die am Hofe arbeiteten, voran der Kammermeister Giovanmaria Francesco Bisini. Italienisch war auch die Sprache der Kammerrechnungen, und mancher geheimer Korrespondenz. Vom Garten- und Landbaueifer kündeten auch der Welsche (d.h. Italienische) Busch und die Welsche Breite, die die Stadt im Westen grün einfaßten.

Ludwig von Anhalt Köthen
Kurtzer Bericht der Fruchtbringenden Gesellschaft
Zweck und Vorhaben (1622).

Ist also zu wissen / daß im Jahr 1617. bey einer vornehmen / wie wol traurigen Fürstlicher und Adelicher Personen zusammenkunfft / zu ergetzung vorgangenen Leids / und anreitzung der löblichen Tugend / zu allerley hohen Tugenden / unterschiedener Academien, die in frembden Landen / beydes zu erhaltung guten vertrawens / erbawung wolanstendiger Sitten / als nützlicher außübung jedes Volcks LandsSprachen / auffgerichtet / erwehnung geschehen / darbey aber ferner erwogen worden / weil unsere weitgeehrte hochdetsche Muttersprache / so wol an alter / schönen und zierlichen Reden / als auch an überfluß eigentlicher und wolbedeutlicher Wort / so jede Sachen besser als die Frembden recht zu verstehen geben können / einen nicht geringen vorzug hat / daß ebener gestalt darauff möchte gedacht werden / wie eine sothane Gesellschafft zu erwecken und anzustellen / darinnen man in gut rein deutsch reden / schreiben / auch anders so bey dergleichen zusammensetzung und erhebung der Muttersprache (darzu jeder von Natur verpflichtet) gebräuchlich und dienlich / vornehmen möchte.
(...)
Der Name Fruchtbringende darumb / damit ein jedweder / so sich hinein begiebet oder zubegeben gewillet / anders auch nicht als was fruchtmessig zu Früchten / Bäwmen / Blumen / Kräutern oder dergleichen gehörig / und aus der Erde wachsende / und darvon entstehend / jhme erwehlen könne / und darneben überall frucht zuschaffen geflissen sein solle.

Diederich von dem Werder

Krieg und Sieg Christi
in seinen Wunderwerken
Das 66. Sonett (1633)

Es kriegt und siegt der Herr in allen Wunderwerken,
Er kriegt und siegt, wann er die Winde Flügel lähmt,
Er kriegt und siegt, wann er der Feinde List beschämt,
Er kriegt und siegt, wann er kann ihre Falschheit merken,
Er kriegt und siegt, wann er kann die Kraftlosen stärken,
Er kriegt und siegt, wann er den tröstet, der sich grämt,
Er kriegt und siegt, wann er den Satan selber zähmt,
Er kriegt und siegt, wann er ihm frei gibt Säu und Ferken.

Er kriegt und siegt, wann er das Wasser macht zu Wein,
Er kriegt und siegt, wann er kann Heilen im Abwesen,
Er kriegt und siegt, wann er oft Teufel treibet aus,
Er kriegt und siegt, wann er den Aussatz machet rein,
Er kriegt und siegt, wann er die Siechen macht genesen,
Ach kriege-sieg, o Herr, den Krieg zum Land hinaus.

Johann Beer

Pseudonyme u.a.
Jan Rebhu,
Wolffgang von Willenhag
geb. 28. 2. 1655
in St. Georgen/Oberösterreich
gest. 6. 8. 1700 in Weißenfels

Der geheime Erzähler
Johann Beer und die barocke Hofkultur zu Weissenfels

Jens-Fietje Dwars

Wer heute, auf der neuen Umgehungsstraße von Halle kommend, an Weißenfels vorbeifährt, sieht nur kurz in der Ferne ein imposantes Schloß aufblitzen. Doch je mehr man sich ihm nähert, desto trauriger erscheint sein Massiv, das noch immer, halb stolz, halb elend das Gesicht der Stadt prägt. Nur wenig läßt den Abglanz vergangener Feste ahnen, als hier oben, auf dem „weißen Felsen", ein kulturelles Zentrum des frühen Barock gedieh.

Blick zu dem hochgelegenen Schloß Neu-Augustusburg.

Umgekehrt wird der Spaziergänger, der sich auf dem Weg zwischen Bahnhof und Markt in die Große Kalandstraße verirrt, kaum glauben, was eine Tafel am Haus Nummer 10 behauptet: daß sich hinter der glitzernden Fassade einer jetzigen Eisenwarenhandlung vor 300 Jahren die Wohnräume des Schriftstellers und Komponisten Johann Beer befanden.

Der hatte 1680 mit Frau und Kind einen ganzen Tag gebraucht, um von Halle in die Saalestadt zu gelangen. Sein Brotgeber, Herzog Johann Adolf I., zog zur gleichen Zeit in das Schloß ein, das dessen soeben verstorbener Vater, Herzog August, seit 1660 bauen ließ. Mit der Aufteilung des Landes unter die vier Söhne des sächsischen Kurfürsten Johann Georg I. war August bereits 1656 zum Souverän des Kleinstaates Sachsen-Weißenfels ernannt worden. Doch als Administrator des erzbischöflichen Throns von Magdeburg residierte er bis zu seinem Tod in Halle. Die dortige Hofkapelle genoß unter Johann Philipp Krieger einen ausgezeichneten Ruf. Und so bewarb sich der 1655 als Sohn eines Gastwirts im oberösterreichischen St. Georgen geborene Beer lieber mit seiner seltenen Altstimme am Hallenser Hof, statt in Leipzig ein gerade aufgenommenes Theologiestudium durchzuhalten.

In Weißenfels wurde er 1685, nach neun Jahren treuer Dienste, zum Konzertmeister erhoben. Noch weitere sechs mußten vergehen, bis er sich und seiner Familie nach mehrfachem Quartierwechsel den Umzug in die „Khale Gasse", die heutige Kalandstraße, leisten konnte. In ein Haus von bescheidenem Wohlstand, vergleicht man es mit denen der Hofbeamten am Klingenberg oder dem Anwesen des Hofmarschalls von Brühl in der Nikolaistraße 39, dessen Sohn später in Dresden zu Macht und Reichtum aufsteigen wird.

Beers Wohnhaus heute.

Gleichfalls 1685 lud der Komödiensaal im Schloß zur ersten Vorstellung ein. In der dreigliedrigen Anlage genau der Kapelle gegenüberliegend, als seien Gebet und Spiel, Gottesdienst und Weltgenuß zwei vollkommen gleichwertige Seiten des Lebens, die der Herzogsthron im mittleren Flügel vereint, erlebte das „Große Theatrum" fortan immer prachtvollere Aufführungen bis hin zu Festspielen, die über Tage und Wochen andauerten. Vor allem die Oper, die höfische Kunstform schlechthin, wurde hier gepflegt.

Schon August hatte in Halle, als letztes Oberhaupt der „Fruchtbringenden Gesellschaft" erstmals deutsche statt italienische Opern spielen lassen. Auch dem „Gymnasium Augusteum illustre", seiner 1664 im einstigen St. Klaren-Kloster zu Weißenfels eröffneten „Ritterakademie", gebot er, in Deutsch statt Latein zu lesen. Allerdings waren die Herzöge weniger an den zeitkritischen Texten der Lehrer interessiert, wie an den drei Romanen und kleineren Dramen, die Christian Weise von 1670 bis 1678 hier schrieb, oder den Stücken, die Johann Riemer 1673 bis 1687 verfaßt hat. Vielmehr erfreuten sie sich am Herrscherlob mittelmäßiger Schüler und wußten weder ihren Hofsekretär von 1692 bis 1697, August Bohse, der später unter dem Namen Talander berühmt wurde, auf längere Zeit zu halten, noch Erdmann Neumeister, den Hofdiakon von 1704 bis 1706, der sein satirisches „Loblied eines Bauernhundes" anonym veröffentlichte.

Das „Gymnasium Augusteum illustre" heute.

Ihr Augenmerk galt der Oper, und da Beer sie sang und selbst komponierte, stand er in der Gunst seiner Herzöge. Vor allem der dritte, Johann Georg, der mit neunzehn Jahren den Thron bestieg, noch buntere Feste erfand und sich gar einen Lusthafen an der Saale bauen ließ, erwählte ihn zum Reisebegleiter, wenn er zur Jagd nach Freyburg und weiter ins Thüringische ritt. Man schätzte Beer als humorvollen Unterhalter, der pointiert zu erzählen vermochte, als geistreichen Epigrammatiker und streitbaren Publizisten, der die höfische Kunst vor pietistischen Angriffen verteidigte, sowie als Verfasser musiktheoretischer und geistlicher Schriften. Hinzu kamen Gelegenheitsgedichte, von denen eines 1694 zur Einweihung des Turmkopfes über der Schloßkapelle verlesen wurde. Als Freund und Kenner der Literatur erhielt er drei Jahre später noch das Amt des Inspektors über die Herzogliche Buchsammlung und gab aus deren Manuskripten die Geschichte Ludwig des Springers heraus, zu der er selber die Holzschnitte schuf.

Daß er zugleich seit 1690 an einer Autobiographie schrieb und sie mit Zeichnungen versah, wußten die Herren wohl nicht. Noch weniger ahnten sie das Geheimnis, das der vielseitig Begabte mit ins Grab nahm, als ihm 1700 die verirrte Kugel eines Musikerkollegen beim Schützenfest den Hals durchbohrte. Denn selbst seine eigene Lebensbeschreibung verrät mit keinem Wort, was die Barockforschung erst 232 Jahre danach entdeckt hat: daß Johann Beer der Verfasser von gut zwanzig Erzählungen und teils mehrbändigen Romanen war, die zwischen 1677 und 1685 unter wechselnden Pseudonymen erschienen.

Am häufigsten wählte er die Maske des „Jan Rebhu“ – ein Anagramm seines Namens. Solch Verkleidung war vonnöten, denn die Eigenart der Beerschen Texte, die im Gegensatz zu den meisten seiner Zeit noch heute lebendig wirken, hätte den Verfasser damals um seine Stellung gebracht: Das Übermaß an Phantasie, die Lust an sinnlich derben Späßen, all die prallen Geschichten, an denen sich die hohen Herrn auf Reisen, bei der Jagd, in trauter Runde am Kamin erfreuten, galten nach den Regeln der Schicklichkeit doch als gemein. Nicht nur erzählt, sondern aufgeschrieben und gedruckt, fielen sie in die Gattung des Picaro- oder Schelmenromans, in eine niedere Kunstform, die am Hofe nichts zu suchen hatte.

So war es wohl kein Zufall, daß Beer in demselben Jahr, da er das Amt eines Konzertmeisters annahm, seinen Lesern im Vorwort des „Deutschen

Kleider-Affen" erklärte, dies sei sein letzter Roman. Und so wurde die deutsche Literaturgeschichte gleich doppelt um die vielleicht besten Barocktexte betrogen – durch den frühen Tod und die Selbstzensur eines ihrer größten Talente. Was hätte er uns noch alles erzählen können von dem Leben an einem Hof, der die Größen Europas von August dem Starken über den Erzherzog von Österreich und späteren Kaiser Karl VI. bis zum Zaren Peter I. anzog, der 1719 bankrott ging und dessen Prachtbau bis heute auf den Bürgern der Stadt lastet?

Johann Beer

Kapitel-Sprüche
(aus: Zendorii a Zendoriis. Teutsche Winter=Nächte, 1682)

Brand, Schwefel, Pech, das quälet sehr,
Die Liebe aber noch viel mehr.

Das Unglück liebt den Widersinn,
Kommt oft, wo es nicht solle, hin.

Wer andre fäht, wird selbst befleckt,
Die Untreu seinen Meister schlägt.

Wer alles neu will richten ein,
Ist töricht, wenn er klug soll sein.

Wo man mit Worten nichts tun kann,
Das greift die Welt mit Listen an.

Oft manchen Menschen würgt die Gnad,
Ein Käfer stirbt am Rosenblatt.

Die Welt ist stolz, hochtrabend, keck,
Ihr Wesen ist beschmiert mit Dreck.

Johann Gottfried Schnabel

geb. 7. 11. 1692 in Sandersdorf
bei Bitterfeld,
gest. zwischen 1744 und 1760
an einem unbek. Ort.

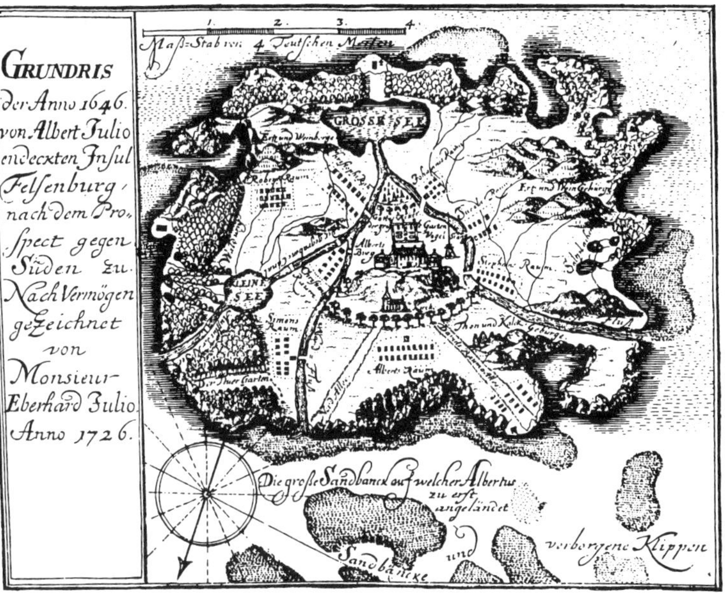

Karte der Insel Felsenburg. Aus: (Johann Gottfried Schnabel), Wunderliche FATA einiger Seefahrer, Nordhausen 1731.

Nicht einmal auf der Insel Felsenburg eine sichere Bleibe – Johann Gottfried Schnabels Wohnungen in Stolberg

Gerd Schubert

Als Johann Gottfried Schnabel 1724 nach Stolberg am Harz kam, war er ein angesehener Balbier und Wundarzt. Er hatte bereits Karriere gemacht! Dabei hatte sein Lebensweg nicht gerade glücklich begonnen: 1692 als Sohn eines Pfarrers geboren, wurde er vor seinem zweiten Lebensjahre Vollwaise. Verwandte nahmen sich seiner an, ermöglichten ihm den Besuch der Latina an den Franckeschen Stiftungen in Halle und eine Ausbildung zum Balbier und Wundarzt. Seine Gesellenzeit absolvierte er als Feldscher. 1719 ließ er sich als Meister seiner Profession in Querfurt nieder und wurde dort Mitbegründer einer Balbier- und

Das Haus am Schloßberg, wo Johann Gottfried Schnabel beim Hofbuchdrucker Johann Christoph Ehrhart Logis fand.

Wundarztinnung. 1721 heiratete er gar als Hof-Chirurg die Tochter eines Gasthofbesitzers, Ratsherrn und Kirchenvorstehers.

Warum er die gesicherte Existenz in Querfurt plötzlich aufgab und Bürger des Harzstädtchens Stolberg wurde, weshalb es ihn ausgerechnet dorthin zog, ist bis heute rätselhaft. Vielleicht gab es alte Familienbande. Johann Arnold Zeitfuchs verzeichnet 1717 in seiner „Stolbergische(n) Kirchen und Stadt-Historie" einen David Schnabel, der dort im 16. Jahrhundert Weinmeister und Kämmerer gewesen ist, sowie einen Baumeister Daniel Schnabel. Vielleicht hatte es sich aber auch bis Querfurt herumgesprochen, daß sich in dem kleinen Harzstädtchen einiges tat, was Schnabels Interesse geweckt und ihn dorthin gelockt haben könnte. – Schnabel ist in Stolberg nicht reich geworden. Ob er glücklich war, wissen wir nicht. Nur eins ist sicher: Er wurde dort zum Schriftsteller!

Stolberg am Harz, um 1490 der Geburtsort Thomas Müntzers, war durch seine exklusive geographische Lage und durch seine lange Geschichte ein außergewöhnliches soziales Biotop. Als 1704 Graf Christoph Friedrich die Regierung antrat, begann für Stolberg zudem eine bewegte und aufregende Epoche.

Die 1992 am Haus Am Schloßberg Nr. 5 angebrachte Gedenktafel.

Außer Schnabel waren noch eine Reihe weiterer interessanter Persönlichkeiten in dem kleinen Ort versammelt. Neben dem bereits erwähnten Diakon und Chronisten Johann Arnold Zeitfuchs, von 1707 bis 1740 in Stolberg tätig, sei hier nur der Geodät und Kartograph Johann Friedrich Penther genannt, der seit 1720 in gräflich Stolbergischem Bergdienst war: 1732 erschien sein Standardwerk „Praxis Geometriae"; 1736 wurde er an der in Gründung begriffenen Universität Göttingen Professor für Mathematik und Ökonomie. Die kleine Harzresidenz bot für den späteren Schriftsteller Schnabel also ein höchst anregendes Umfeld.

Schnabels Umzug nach Stolberg dürfte für ihn zunächst keine Verbesserung bedeutet haben. Es war ein Neuanfang. Zwar wird er am 4. August 1724 im Stolberger Bürgereidbuch als „hiesiger Hofbalbier" eingetragen, doch ist dieser Titel nicht überzubewerten. Im Stolberger Taufregister wird er bei der Geburt seiner Söhne 1725 und 1727 schlicht als „Balbier" geführt, und die Taufpaten waren Bürgerliche. Im Stolberger Innungsbuch der Chirurgen und Bader ist er nicht eingetragen, was bedeuten dürfte, daß er die anspruchsvollen Tätigkeiten seines erlernten Berufes dort nicht ausüben konnte bzw. durfte.

Doch bezeugen die Taufeintragungen für seine Töchter in den Jahren 1729 und 1731, daß sich seine Position rasch besserte. Nun wird er als „Herschaftl." bzw. „Gräffl. Cammerdiener" bezeichnet. Die gräfliche Familie steht Pate. Was aber für Tätigkeiten für ihn mit diesen wohlklingenden Bezeichnungen verbunden waren, ist ungewiß, seine Haupttätigkeit wird jedenfalls in diesen Jahren das Schreiben.

1731 erscheint im thüringischen Nordhausen der erste Band seiner „Wunderlichen FATA einiger See-Fahrer", die unter dem späteren populären Kurztitel „Insel Felsenburg" in die Literaturgeschichte eingehen werden. Für Schnabels Wiederentdecker Arno Schmidt ist diese deutsche Robinsonade „eines der wichtigsten Werke unserer Literatur". Im gleichen Jahr beginnt Schnabel mit der Redaktion und Herausgabe seiner bis 1744 erscheinenden Zeitung „Stolbergische Sammlung neuer und merckwürdiger Welt-Geschichte". Dies alles bedeutet allerdings nicht, daß Schnabel und seine Familie in Stolberg eine sichere Existenz und Bleibe gefunden haben.

Nach den bisher bekanntgewordenen und durchgesehenen Stolberger Archivalien ist er nie zum Hausbesitzer geworden, vielmehr scheinen er

Wunderliche

FATA

einiger

See-Fahrer,

absonderlich

ALBERTI JULII,

eines gebohrnen Sachsens,

Welcher in seinem 18den Jahre zu Schiffe gegangen, durch Schiff-Bruch selb 4te an eine grausame Klippe geworffen worden, nach deren Übersteigung das schönste Land entdeckt, sich daselbst mit seiner Gefährtin verheyrathet, aus solcher Ehe eine Familie von mehr als 300. Seelen erzeuget, das Land vortrefflich angebauet, durch besondere Zufälle erstaunens-würdige Schätze gesammlet, seine in Teutschland ausgekundschafften Freunde glücklich gemacht, am Ende des 1728sten Jahres, als in seinem Hunderten Jahre, annoch frisch und gesund gelebt, und vermuthlich noch zu dato lebt,

entworffen

Von dessen Bruders-Sohnes-Sohnes-Sohne,

Monſ. Eberhard Julio,

Curieusen Lesern aber zum vermuthlichen Gemüths-Vergnügen ausgefertiget, auch par Commission dem Drucke übergeben

Von

GISANDERN.

NORDHAUSEN,

Bey Johann Heinrich Groß, Buchhändlern.

Anno 1731.

Titelseite der erstmals in Nordhausen erschienenen „Insel Felsenburg“.

und seine Familie in den über zwei Jahrzehnten ihres Aufenthaltes dort immer nur irgendwie irgendwo untergekommen zu sein. Die früheste Nachricht über eine dieser Unterkünfte – vermutlich die erste – bezeugt der Schnabel-Forscher Selmar Kleemann in seinem Aufsatz von 1891, ohne seine Quelle zu nennen, die heute verschollen ist: „Im Jahre 1727 am 10. Februar illuminiert zur Feier der Vermählung einer stolbergischen Gräfin Luise Friederike der in der Nähe des Marktes wohnende ‚Chirurgus' Schnabel drei Fenster und schmückt sie mit sinnigen Emblemen ..." Das ist immerhin beste Stolberger Wohnlage. Schnabel ist in einem größeren Haus untergekommen, wo ihm und seiner Familie wenigstens drei Zimmer zur Verfügung standen. Seit wann und wie lange er dort Unterkunft fand, ist ebenso unbekannt wie die genaue Lokalisierung bzw. Identifizierung dieses Hauses.

Anders verhält es sich bei einer weiteren – vermutlich der folgenden – Unterkunft Schnabels beim Stolberger Hofbuchdrucker Johann Christoph Ehrhart (zuweilen auch „Ehrhardt" oder „Erhardt" geschrieben), der in einem großen Haus – Am Schloßberg Nr. 5 – seine Wohnung und Drukkerei hatte. Wahrscheinlich hängt Schnabels Umzug dorthin mit seiner 1731 beginnenden Herausgebertätigkeit und Redaktion der Stolberger Zeitung zusammen, vielleicht auch mit dem Tod seiner Frau im Jahre 1733. Bezeugt ist dieser Wohnort wiederum durch einen Bericht über eine Stolberger gräfliche Hochzeit, diesmal von Schnabel selbst verfaßt. 1737 lieferte er einen ausführlichen Bericht über die Feierlichkeiten zur Hochzeit des Stolberger Grafen Christoph Ludwig, den ab 1738 regierenden Grafen Christoph Ludwig II., mit der Stolberg-Roßlaischen Gräfin Luise Charlotte. Schnabel gibt in seiner Schrift „Das höchst-erfreute Stolberg" (1737) von jedem in Stolberg zu diesem Anlaß geschmückten und illuminierten Fenster eine detailierte Beschreibung, auch von seinen eigenen: „Der Hof-Agent Schnabel, hatte in jetzt – gemeldeten Hause der Buchdruckerey am Schloß- Berge, als seinem Logis, 6 Fenster (...) illuminiert. (...)"

An diesem Hause, das augenscheinlich in den vergangenen Jahrhunderten einige bauliche Veränderungen erfahren hat, wurde 1992 anläßlich Schnabels 300. Geburtstages eine Gedenktafel angebracht, die an den bedeutenden Schriftsteller und Stolberger Bürger erinnern soll. Wie lange er dort „Logis" fand und warum er von dort wieder weggezogen ist, bleibt im dunkeln. Jedenfalls wohnte er wenig später beim Stolberger Postmeister und Advokaten Johann George Messerschmidt, der in der Stubengasse sein Haus hatte. Vermutlich aus finanziellen und vertriebstechnischen Gründen war der Postmeister Messerschmidt Schnabels Kompagnon bei seiner Zeitungsproduktion geworden. Im Jahre 1744 kam es zu einem schweren Zerwürfnis zwischen den beiden. Offensichtlich war es Messerschmidts Bestreben, Schnabel auszubooten und ihm seine Zeitungskonzession zu entreißen, was ihm schließlich auch gelang. Auskunft darüber gibt ein dramatischer Brief Schnabels von 1744 an seinen Grafen, der von Günther Deneke aufgefunden und 1939 in der „Zeitschrift des Harz-Vereins für Geschichte und Altertumskunde" publiziert wurde und der das letzte bekannte Zeugnis für Schnabels Aufenthalt in Stolberg ist.

Der Ausgang des Streits ist ebensowenig bekannt wie der Verbleib Schnabels nach diesem Datum. Sein Sterbeort und -datum sind bis heute unbekannt. – Trotz all der wohlklingenden Titel, trotz seines schriftstellerischen Erfolges, trotz seiner Buch- und Zeitungsproduktion, seines zusätzlich betriebenen Kommissionsbuchhandels und seiner gelegentlichen Geschäfte als Lotterieeinnehmer hatte Schnabel es in den vergangenen nunmehr zwanzig Jahren in Stolberg nicht zu einem eigenen Dach über dem Kopf gebracht. Schlimmer noch, wir finden ihn nun völlig hilf- und mittellos in Stolberg ‚auf die Straße gesetzt'; seine bürgerliche Existenz ist gänzlich zusammengebrochen. Trotz seiner vielfältigen Talente war ihm kein geschäftliches oder haushälterisches Geschick gegeben. Er scheint allein mit Gottvertrauen und im Vertrauen auf seinen Grafen in Stolberg gewirkt und gearbeitet zu haben. Daß dies nicht mehr lange gutgehen konnte, hat er möglicherweise schon vor dem Jahr 1744 geahnt, denn nicht zuletzt seine persönlichen Erfahrungen dürften dazu beigetragen haben, daß er seine „Insel-Felsenburg"-Utopie im vierten und letzten Band der „Wunderlichen FATA", 1743 in Nordhausen erschienen, wegen äußerer Angriffe letztlich scheitern läßt.

Weitere Schnabel-Spuren in Sachsen-Anhalt
Sandersdorf – Altjeßnitz – Halle

Der vorstehende Beitrag, der mangels eines Dichter-Hauses für den Autor der *Insel Felsenburg* dessen Umzüge am Ort seines Schaffens nachzeichnet, findet sich ebenfalls im vorher erschienenen Band über *Dichter-Häuser in Thüringen* (1996). Dies ist berechtigt, da Schnabel insofern auch zur thüringischen Literaturgeschichte gehört, als sein Hauptwerk zuerst im thüringischen Nordhausen erschien. In diesem Band nun, der speziell Schnabels sachsen-anhaltinischer Heimat gewidmet ist, können wir uns noch auf eine weitere Suche nach Schnabels Spuren begeben. Dies gestaltet sich aber nicht eben leichter als in Stolberg. Es zeigt sich aber, daß schon Schnabels Kindheit durch häufige Ortswechsel – Umzüge – geprägt wurde.

Sein Geburtshaus, das alte Pfarrhaus in Sandersdorf bei Bitterfeld, existiert nicht mehr. Es verbrannte im Jahre 1718, als der größte Teil des Ortes ein Opfer der Flammen wurde. Am heutigen Pfarrhaus der evangelischen Kirche in Sandersdorf, Kirchplatz Nr. 2, wurde 1955 eine Gedenktafel angebracht, die an den Ort erinnert, an dem der „Dichter der ‚Insel Felsenburg'" am „7. Nov. 1692" geboren wurde. Durch einen Hinweis von Günter Dammann haben wir jüngst erfahren, daß dieses Datum im Taufeintrag des Sandersdorfer Kirchenbuches wohl nach dem damals im Kurfürstentum Sachsen noch geltenden Julianischen Kalender angegeben worden ist, während es für `den Rest der Welt' nach dem neuen Gregorianischen Kalender der 17. November 1692 gewesen ist, an dem Johann Gottfried Schnabel geboren wurde. Besucht werden kann aber die neben dem Pfarrhaus gelegene alte evangelische Kirche, in der Johann Gottfried Schnabels Vater, Johann Georg Schnabel (1668-1694), seit 1691 bis zu seinem frühen Tod als Pastor tätig war. Außerdem findet sich im Ort die bisher einzige Schule, die mit ihrem Namen an Schnabel erinnert. Am 7. November 1997 erhielt die Sekundarschule in Sandersdorf, Platz der Deutschen Einheit Nr. 7, bei einer festlichen Veranstaltung den Namen „Sekundarschule Gisander", nach dem Pseudonym, das Schnabel als Schriftsteller benutzt hat.

Die alte evangelische Kirche in Sandersdorf bei Bitterfeld, Kunstpostkarte eines nicht genannten Künstlers.

Die 1955 am Pfarrhaus in Sandersdorf, Kirchplatz Nr. 2, angebrachte Gedenktafel.

Über den Verbleib des noch nicht zweijährigen Johann Gottfried nach dem frühen Tode seiner Eltern im Jahre 1694 gibt es bisher keine Quellen. Naheliegend dürfte aber sein, daß er unter der Obhut seines Großvaters Georg Schnabel gestanden hat, der seit 1697 bis zu seinem Tod im Jahre 1704 Pastor im keine zehn Kilometer Luftlinie von Sandersdorf entfernten Altjeßnitz gewesen ist. Zu finden war dort bisher immer noch der alte kunstvolle, aber sehr verwitterte Grabstein für Georg Schnabel, während die von ihm geführten Kirchenbücher, die auch weiteren Aufschluß über seine Familie hätten geben können, offenbar verschollen sind. Die Vermutung, daß Johann Gottfried Schnabel bei seinem Großvater in Altjeßnitz unterkam, liegt nahe, weil Georg Schnabel drei seiner Söhne, die alle Pastoren geworden sind, zur Erziehung und Berufsvorbereitung an die Latina der Franckeschen Stiftungen nach Halle geschickt hat, und er dann auch dafür gesorgt haben dürfte, daß sein Enkel von seinem ältesten Sohn ebenfalls an der Latina in Halle seine Schulausbildung bekam. Das Schülerverzeichnis der Latina nennt Schnabels Eintritt für den 9. Januar 1702. Über seinen Abgang bzw. Abschluß ist nichts verzeichnet. Die Fürsorge um seine Ausbildung dürfte mit dem Tod Georg Schnabels im Jahre 1704 ihr Ende gefunden haben. Dies könnte auch erklären, warum Johann Gottfried Schnabel nach der Latina kein Theologiestudium absolvieren konnte oder, falls er entsprechende andere Interessen gehabt haben sollte, warum kein Medizinstudium für ihn möglich gewesen ist, sondern er sich nur mit einer einfachen Balbier-Ausbildung bescheiden mußte.

G. Sch., 1999.

August Hermann Francke

geb. 12. (22.) 3. 1663 in Lübeck,
gest. 8. 6. 1727 in Halle/Saale.

Samuel Gotthold Lange

geb. 22. 3. 1711 in Halle/Saale,
gest. 25. 6. 1781 in (Beesen-)Laublingen
bei Bernburg.

Immanuel Jacob Pyra

geb. 25. 7. 1715 in Cottbus,
gest. 14. 7. 1744 in Berlin.

Das Francke-Denkmal (1829) von Christian Daniel Rauch.

Literatur im Zeichen von Pietismus und Aufklärung
Die Franckeschen Stiftungen und die Fridericiana in Halle

Hans-Joachim Kertscher

Auf den ersten Blick mag es befremdlich anmuten, wenn die Anstalten August Hermann Franckes unter dem Stichwort Dichterhäuser firmieren. Genau dies sollten sie nach dem Willen ihres Gründers wohl zu allerletzt sein.

Die Adiaphora, die sogenannten Mitteldinge, die im biblischen Sinne weder als tugend- noch als lasterhaft galten, wie der Tanz, die Komödie, der Spaziergang oder das Lesen von Romanen, waren dem Waisenvater und Theologen höchst widerwärtige Angelegenheiten, die tunlichst zu meiden seien. So berichtet er in seiner Verteidigungsschrift *Verantwortung Gegen die so genandte Beschreibung des Unfugs der Pietisten* von 1694, daß die wahren Anhänger der Lehre Christi „nach der einmahl geschmeckten Liebe Gottes keine wahrhafftige Freude mehr im tantzen und springen / in Karten und Würffelspielen / in Com'dien und andern dergleichen Dingen / darinnen die Welt ihre Lustbarkeit setzet / zusuchen wissen / und vielmehr einen rechten Eckel und Verdruß gegen alle solche Dinge in ihrem Hertzen verspüren".

Die Bemühungen Franckes um verwahrloste Waisenkinder im halleschen Vorort Glaucha, der 1698 beginnende Bau der „zur Beßerung in allen Ständen, fundirten Anstalten" des Waisenhauses mit Pädagogium und „erwerbenden Einrichtungen", die insgesamt später als Franckesche Stiftungen in die Kulturgeschichte eingegangen sind, dienten letztlich einem Ziel: der Wiederherstellung der durch den Sündenfall verlorengegangenen Gottebenbildlichkeit des Menschen. Durch nützliche Tätigkeiten, durch eine systematische Disziplinierung seiner gesamten Lebensführung sollte der Mensch sich als Werkzeug Gottes in der Welt bewähren.

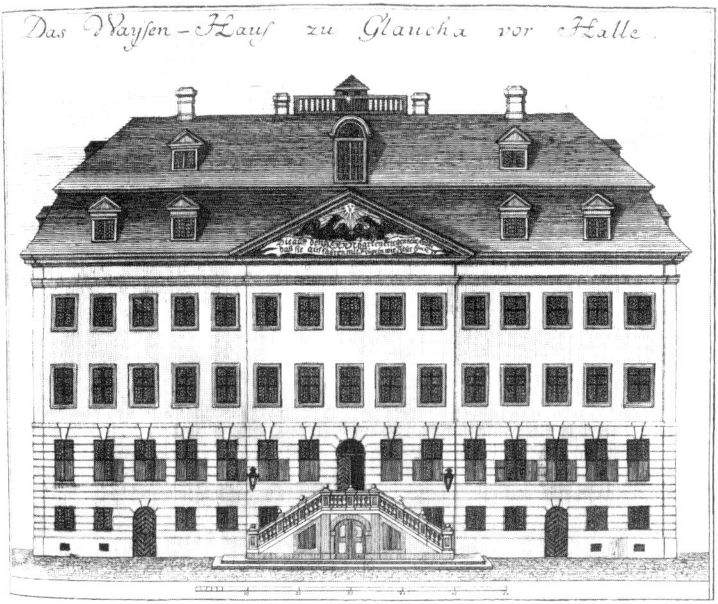

Die Franckeschen Stiftungen in einem Stich aus dem Buch „Pagus neletici et nudzici, oder ausführliche diplomatisch-historische Beschreibung des (...) Saal-Creyses, und (...) insonderheit der Städte Halle (...), 2. Teil, Nr. XVII., Halle 1751, von Johann Christoph von Dreyhaupt.

Das restaurierte Hauptgebäude der Franckeschen Stiftungen.

„Vier Thaler und sechzehn Groschen" waren der Grundstock für den Bau dieser einmaligen Anstalt, die zu Franckes Tod etwa 3000 Lernende und Lehrende in ihren Mauern beherbergte. In den Augen des preußischen Landesherrn galten die Stiftungen als „Annexum" der vier Jahre zuvor in Halle gegründeten Universität. Pietismus und Frühaufklärung verschmolzen hier zu einer widerspruchsvollen Einheit. Die Theologische Fakultät der Fridericiana, zu deren Mitgliedern Francke zählte, stellte gleichsam das Versuchsfeld für den pietistischen Erneuerungswillen in der protestantischen Kirche dar. Ihre Studenten waren zu einem beträchtlichen Teil als Informatoren in den Anstalten beschäftigt, Studenten der Medizin konnten sich im Klinikum des Waisenhauses bewähren und dessen Wirtschaftseinrichtungen versorgten auch die Bevölkerung Halles mit Lebensmitteln.

Nicht zu vergessen: die Öffentlichkeitsarbeit der Stiftungen. Der finanzielle Erfolg einer Predigt Franckes über *Die Pflicht gegen die Armen*, die sein Weggefährte Heinrich Julius Elers 1697 drucken ließ, führte zur Gründung von Verlag und Buchhandlung des Waisenhauses. 1699 kam eine eigene Druckerei hinzu. Bereits im Juli 1703 erhielt Francke das königliche Privileg zur Herausgabe einer Zeitung. Die sog. *Correspondentz* erschien ab 1704 monatlich, zunächst in 40 handgeschriebenen Exemplaren. Ihr folgten ab Juni 1708, nunmehr gedruckt und dreimal in der Woche, die *Hällischen Zeitungen*.

Man sieht: Die Stiftungen verzichteten von vornherein auf klösterliche Abgeschiedenheit. Damit waren sie allerdings auch jenen Einflüssen ausgesetzt, die sie bekämpfen wollten. Unabhängig davon bedeutete Franckes negative Haltung zu den Mitteldingen nicht eine generelle Absage an Kunst überhaupt. So wurde im Waisenhaus 1704 mit dem *Geist=reichen Gesang=Buch* von Johann Anastasius Freylinghausen ein wesentliches Dokument der deutschen sakralen Liedkultur verlegt. Es enthielt neben traditionellen Texten neue Lieder, vornehmlich aus der Feder von Freylinghausen und dem Waisenhausarzt Christian Friedrich Richter, in denen sich die subjektive Erfahrungswelt des inspirierten Individuums auf neue Weise aussprach. Substantivierte Verben mit besonderem Richtungscharakter, wie „Rührung", „Eindruck", „Einkehr", oder Abstrakta wie „Innigkeit" und „Gelassenheit" erzielten eine eigenartige

Samuel Gotthold Lange, Ölbild von Johann Ignatius Span (1758).

poetische Wirkung, die von späteren Lyrikern, aber auch in der Prosa des 18. Jahrhunderts, häufig und gern genutzt wurde.

Damit waren erste literarische Wege eröffnet, denen dichterische Unternehmungen im engeren Sinne folgen konnten. Der Sohn des halleschen Theologen und streitbaren Pietisten Joachim Lange, Samuel Gotthold Lange, gehörte als Theologiestudent zu den Gründungsmitgliedern der um 1733 in Halle entstandenen „Gesellschaft zur Beförderung der deutschen Sprache, Poesie und Beredsamkeit". Nach dem Muster der in Leipzig 1727 von Johann Christoph Gottsched ins Leben gerufenen „Deutschen Gesellschaft" beschäftigte sie sich mit Fragen der Sprachpflege, diskutierte Manuskripte ihrer Mitglieder und stritt im Rahmen des von Gottsched 1730 publizierten *Versuchs einer Critischen Dichtkunst vor die Deutschen*.

Mit der Aufnahme Immanuel Jacob Pyras um 1735 erfuhr das Unternehmen eine Belebung, die für die deutsche Literaturgeschichte des 18. Jahrhunderts nachhaltige Folgen hatte: Der „Erste Hallesche Dichterkreis" konstituierte sich. Der aus Cottbus stammende Pyra war am Ende des

Jahres 1734 als Student der Theologie an der Fridericiana immatrikuliert worden und wohnte ab 1736 im Waisenhaus, wo er als Informator tätig war. Offenbar konnte er sich in das Regime der Anstalten nicht fügen. In seiner Beurteilung heißt es, er sei „ein sehr böser, tückischer Mensch" gewesen und „1737 m. Sept. removiert" worden. Dies harte Urteil ist wohl zu einem nicht geringen Teil auf Pyras Neigung zur Dichtkunst zurückzuführen, denn auch in einer ähnlichen Einschätzung der Theologischen Fakultät tauchen im gleichen Jahr derlei Vorwürfe auf, worin dem Studenten zudem noch das Stigma eines Philosophen der neuen Schule verliehen wird.

Damit waren die Anhänger des von den Pietisten 1723 aus Halle vertriebenen Philosophen Christian Wolff gemeint. Insbesondere ging es um Alexander Gottlieb Baumgarten, bei dem Pyra nichtöffentliche Vorlesungen besuchte. Baumgarten, der zeitweise Lehrer am Waisenhaus war, hatte 1735 in seiner Dissertation *Philosophische Betrachtungen über einige Bedingungen des Gedichts* den Namen einer neuen Disziplin eingeführt: der Ästhetik als Empfindungslehre, als Wissenschaft von den unteren Erkenntnisvermögen des Menschen. Ein Gedicht nannte er eine „vollkommene sinnliche Rede" und fragte nach der theoretischen Begründbarkeit von Schönheit, die sich rationalen Schlüssen entzieht.

Als Muster nutzte Baumgarten in seinen Lehrveranstaltungen das Gedicht *Der Tempel der wahren Dichtkunst*, das Pyra seinem Freund und Kommilitonen Lange zum Amtsantritt als Pastor in Laublingen, dem heutigen Beesenlaublingen nahe Bernburg, gewidmet hatte. Es begründet die Poetologie der beiden Dichterfreunde, ihren Verzicht auf den Reim, der als „Fessel" bezeichnet wird, und die Forderung nach religiösen Inhalten. All dies entsprach durchaus noch den Maßgaben pietistischer Frömmigkeit.

Der Weggang Langes und Pyras von Halle führte zur Auflösung der „Deutschen Gesellschaft". Während ihres gemeinsamen Aufenthalts in Laublingen wurde ein neues Geselligkeits-Ideal praktiziert und dichterisch repräsentiert. Aus der Beschäftigung mit den Oden des Horaz entstanden *Thirsis und Damons freundschaftliche Lieder*, an denen sich auch Langes Frau Dorothea beteiligt hat. Der Schweizer Literaturkritiker Johann Jacob Bodmer publizierte die Texte 1745 zu einem Zeitpunkt, da Pyra bereits seinem Lungenleiden erlegen war, und Lange gab sie 1749 in

Pyra, Immanuel Jacob:

Thirsis und Damons

Freundschaftliche

Lieder.

Heraus gegeben

von

M. Samuel Gotthold Langen,

Predigern zu Laublingen, der Kayserl. Acad. nat. curios. wie auch der Königl. Greiffswaldischer und Jenaischen Deutschen Gesellschafften Mitglied.

Zweyte vielvermehrte Auflage

HALLE, im Magdeburgischen

Verlegt von Carl Hermann Hemmerde.

(1749.)

einer erweiterten Auflage heraus. Hier fanden sich neue Töne lyrischen Schreibens. Sie feiern die Freundschaft, empfinden Naturerlebnisse nach und stellen damit der in Deutschland dominierenden rationalistischen Dichtung neue Akzente entgegen.

In Laublingen trafen bedeutende Zeitgenossen aufeinander. Neben den Schweizer Naturforschern Johann Georg Sulzer und Hans Caspar Hirzel kamen die Dichter Ewald Christian von Kleist und Johann Wilhelm Ludwig Gleim, der kunstsinnige preußische General Christoph Ludwig von Stille und der hallesche Philosoph und Baumgartenschüler Georg Friedrich Meier, um nur einige zu nennen. Noch 1779 schrieb Hirzel emphatisch: „Laublingen war der Ort, wo sich die meisten dieser schönen Geister vereinigten, und mit einander in dem Eifer für die Verbesserung des

Geschmacks und in der Wärme der Freundschaft in die Wette stritten, und aus welchem sich der gute Geschmack über ganz Deutschland ausbreiten sollte."

1742 erhielt Pyra einen Ruf als Gymnasiallehrer nach Berlin. Im gleichen Jahr griff er aktiv in den Literaturstreit zwischen Gottsched und den Schweizern Bodmer und Breitinger ein, wobei er eine eigenständige — „hallesche" — Position vertrat. „... daß die Deutschen mehr auf die Ehre ihres Urteils, ja auf die Exempel und Urteile ihrer Nachbarn sehen; und der so nötige gute Geschmack, ohne welchen im ganzen Leben nichts wohl und geschickt geschieht, endlich siegen möge" – dazu hat Pyra mit seinem lyrischen und literaturtheoretischen Schaffen in erheblichem Maße beigetragen. Nachhaltige Wirkungen seiner Bemühungen lassen sich von Klopstock bis Hölderlin nachweisen.

Pyras Polemik wurde 1745 von Georg Friedrich Meier mit der glänzend geschriebenen *Abbildung eines Kunstrichters* fortgesetzt. Der 1718 in Ammendorf bei Halle geborene Pfarrerssohn übernahm auf Wunsch der Studenten die Vorlesungen Baumgartens, der nach Frankfurt an der Oder an die Viadrina berufen worden war. Er popularisierte die Ästhetik auch in Moralischen Wochenschriften, die er zum Teil mit Lange herausgab. Zudem ward er der entscheidende Anreger des sich Ende der dreißiger Jahre an der Fridericiana herausbildenden „Zweiten Halleschen Dichterkreises" – des anakreontischen. Zu dessen Vertretern zählten neben dem bereits genannten Gleim auch Johann Peter Uz, Johann Nikolaus Götz und Paul Jacob Rudnick. Deren Poetologie war nun deutlich unterschieden von der ihrer Vorgänger, ja man kann sogar sagen, daß sie aus einer doppelten Auseinandersetzung mit pietistischen Vorbehalten gegenüber der Kunst und mit der starren rationalistischen Regelpoetik geboren wurde.

In den anakreontischen Gedichten dominiert der spontane Einfall, der ermunternde Scherz. Dem pietistischen Adiaphora-Verdikt begegnen die Anakreontiker herausfordernd mit dem Verweis auf Schönheit, Anmut und Liebe. So etwa Uz in dem Gedicht *Ein Traum*, das eine sich zum Bade entkleidende Schöne mit all ihren Reizen beschreibt. Ihr Universitätslehrer Meier ermunterte sie zu derlei Ausflügen und gab ihnen auch gleich eine theoretische Grundlegung mit seiner Schrift *Gedancken von Schertzen* (1744). „Der Schertz", heißt es da, „muß das Gemüth auf eine angenehme Art erschüttern, und die verwirrte Bewegung verursachen, die wir das Lachen nennen". Er sei „eine sinnliche Vorstellung und Rede" und gehöre deshalb „in das Feld der Aesthetik".

Ohne die Vorleistungen der Anakreontiker wären die Jugenddichtungen von Gotthold Ephraim Lessing und Gottfried August Bürger, einem Absolventen des Pädagogiums am Waisenhaus und späteren Studenten der Hallenser Universität, so wenig möglich gewesen wie noch die Anfänge von Goethe und Schiller.

In diesem Sinne können Franckes Stiftungen und die Fridericiana durchaus als Dichterhäuser des 18. Jahrhunderts gelten.

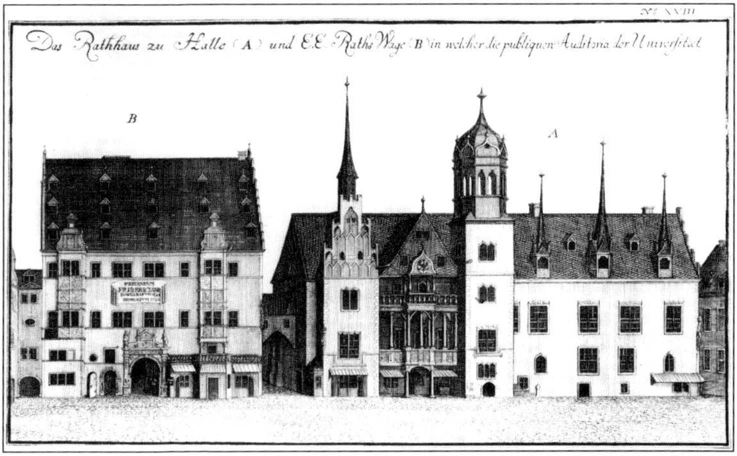

Rathaus und Ratswaage (genutzt als Vorlesungsstätte der Fridericiana) zu Halle.

Johann Peter Uz

Ein Traum

O Traum, der mich entzücket!
Was hab ich nicht erblicket!
Ich warf die müden Glieder
In einem Tale nieder,
Wo einen Teich, der silbern floß,
Ein schattiges Gebüsch umschloß.

Da sah ich durch die Sträuche
Mein Mädchen bei dem Teiche.
Das hatte sich, zum Baden,
Der Kleider meist entladen,
Bis auf ein untreu weiß Gewand,
Das keinem Lüftchen widerstand.

Der freie Busen lachte,
Den Jugend reizend machte.
Mein Blick blieb lüstern stehen
Bei diesen regen Höhen,
Wo Zephyr unter Lilien blies,
Und sich die Wollust fühlen ließ.

Sie fing nun an, o Freuden!
Sich vollends auszukleiden:
Doch ach! indems geschiehet,
Erwach ich und sie fliehet.
O schlief ich doch von neuem ein!
Nun wird sie wohl im Wasser sein.

Johann Bernhard Basedow

geb. 11. 9. 1723 in Hamburg,
gest. 25. 7. 1790 in Magdeburg.

Friedrich von Matthisson

geb. 23. 1. 1761 in Hohendodeleben
bei Magdeburg,
gest 12. 3. 1831 in Wörlitz bei Dessau.

Wilhelm Müller

geb. 7. 10. 1794 in Dessau,
gest. 30. 9. 1827 ebd.

Hermann Conradi

geb. 12. 7. 1862 in Jeßnitz
gest. 8. 3. 1890 in Würzburg

Werner Steinberg

geb. 18. 4. 1913
in Neurode/Niederschlesien,
gest. 25. 4. 1992 in Dessau.

Das Palais Dietrich in Dessau Vom Philanthropinum zur Landesbücherei

Michael Rohleder

Von Dichtern im strengen Wortsinn war das Palais in der Zerbster Straße nie bewohnt. Doch wurde es zum ersten Mal literarisch berühmt, als 1777 das Philanthropinum in das Haus des acht Jahre zuvor verstorbenen Fürsten Dietrich zog.

Johann Bernhard Basedow hatte seine Lehranstalt ursprünglich Ende Dezember 1774 am Neumarkt eröffnet. Leopold Friedrich Franz von Anhalt-Dessau war auf den Verfasser der *Vorstellung an Menschenfreunde* und des *Methodenbuches für Väter und Mütter der Familien und Völker* aufmerksam gemacht worden. Für den von der Orthodoxie und Polizei

Johann Bernhard Basedow, Kupferstich von Daniel Chodowiecki (1774).

Das Palais Dietrich in der Zerbster Straße.

verfolgten Aufklärer Rousseauschen Geistes, der sich in Hamburg mit dem Lessing-Gegner Götze angelegt hatte, kam der Ruf an den Reformhof gerade recht.

Der Fürst ließ ihn zunächst sein „Elementarwerk" vollenden, das den gesamten Stoff der Einzelwissenschaften, Methoden der Wissensvermittlung und erzieherische Grundsätze vereinigen sollte. Danach ging er an die Verwirklichung seiner pädagogischen Ideen. Die Anfänge der neuen Schule waren allerdings bescheiden. Neben Basedow, seinem Mitarbeiter Christian Heinrich Wolke und einem Unterlehrer gab es drei Zöglinge im Alter von vier bis sechs Jahren, davon zwei Kinder Basedows. Erst ab 1776 gelang ein Durchbruch, als der vor allem durch seine didaktische Bearbeitung des *Robinson Crusoe* bekannte Joachim Heinrich Campe hinzukam.

Mit dem Umzug ins Palais wuchs die Schüler- und Lehrerzahl. Das Neue zeigte sich vor allem in den auf Nützlichkeit im bürgerlichen Leben ausgerichteten Fächern. Naturwissenschaftliche und technologische Disziplinen wurden auf dem aktuellsten Stand anschaulich vermittelt, ergänzt durch Handwerksunterricht bei städtischen Meistern. Ein Teil des Parks diente als Schulgarten, in dem jeder Schüler ein Beet zur Pflege zugewiesen bekam. Viel Wert wurde auf den Schulsport gelegt. So gingen

Friedrich von Matthisson, Ölbild von Hartmann (1794).

die entscheidenden Impulse für die Entwicklung der neueren Turnkunst in Deutschland und Europa vom Philanthropin aus. Zudem wurde die musische Erziehung durch ein Kindertheater komplettiert, dessen Stücke die Lehrer verfaßten.

Von Weimar aus warf man freilich kritische Blicke auf dieses Schultheater, war es doch weit von den Kunstauffassungen eines Goethe entfernt. Überhaupt geriet das Unternehmen zwischen die Fronten der Wolff-Gottschedschen Aufklärung und des Sturm und Drangs. So gab es nicht nur lobende Stimmen von Kant, Mendelssohn und Lessing, sondern auch herbe Kritik, die sich zu derbem Spott steigern konnte. Jakob Reinhold Michael Lenz etwa trug sich mit dem Gedanken, ans Philanthropin zu gehen, wollte sich dann aber doch nicht mit den „Tugendschwärmern" gemein machen, die Menschen in „Drahtmaschinen" verwandelten. Der Konflikt machte auch vor der Lehrerschaft nicht halt. Verschärft durch persönliche Unzulänglichkeiten des cholerischen Basedow, trug er zum Untergang der Anstalt bei, die 1793 geschlossen wurde.

Nach dem Zweiten Weltkrieg gab es hier noch einmal ein „Philanthropinum", das später als Erweiterte Oberschule und nunmehriges Gymnasium in anderen Räumlichkeiten fortbesteht.

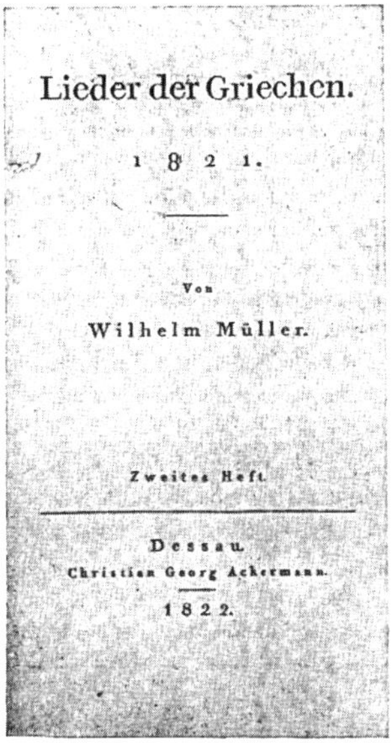
Lieder der Griechen.

1 8 2 1.

Von

Wilhelm Müller.

Zweites Heft.

Dessau.
Christian Georg Ackermann.

1 8 2 2.

Wilhelm Müller und die Erstausgabe seiner „Lieder der Griechen" (1822).

Seit 1991 hat die Wissenschaftliche Bibliothek der Anhaltischen Landesbücherei im Palais Dietrich ihr Domizil. Es beherbergt nicht nur ein Buchmuseum mit wechselnden Ausstellungen, sondern auch Sondersammlungen und Nachlässe von Dichtern, deren Wohnhäuser in Dessau den Bomben des Krieges oder dem Zahn der Zeit zum Opfer fielen.

Einer von ihnen war Friedrich von Matthisson, der drei Jahre am ersten Philanthropin gelehrt hat. Dauerhafte Verdienste um die deutsche Dichtung erwarb er sich mit der Herausgabe einer *Lyrischen Anthologie* seit dem 17. Jahrhundert, die 1803 bis 1807 in zwanzig Bänden erschien. Seine eigenen Gedichte wurden einst viel gelesen, aber schnell vergessen. Einige leben als Lieder fort, vertont von Schubert und Beethoven, der die Melodie zur *Adelaide* schrieb.

Auch mit den Texten eines anderen Dichters haben sich Sänger profiliert. *Das Wandern ist des Müllers Lust* und *Am Brunnen vor dem Tore* sind so verbreitet, daß sein Name oft nur als Beiwerk erscheint: Wilhelm Müller. Und daß dieser Autor mit dem „Griechen-Müller" identisch ist, sorgt bisweilen noch immer für einen „Aha-Effekt". In der Tat ist es erstaunlich, wie vielfältig sein Werk und seine Aktivitäten in der ihm vergönnten

Lebenszeit von nicht ganz 33 Jahren gewesen sind. Der 1794 geborene Sohn eines Schneidermeisters besuchte die höhere Schule und ging anschließend 1812 nach Berlin. Ein Jahr später zog er in den Krieg gegen Napoleon, überlebte unverletzt einige Schlachten, leistete Garnisonsdienst in Prag und Brüssel und kehrte als Leutnant über Dessau nach Berlin zur Fortsetzung seiner Studien zurück. Sein Hauptfach war die Klassische Philologie. Daneben beschäftigte er sich mit der Literatur des deutschen Mittelalters und trat der „Berlinischen Gesellschaft für Deutsche Sprache" bei. Zeitweilig geriet Müller in den Sog der Deutschtümelei, von der ihn Rom befreien sollte, als seine Lehrer ihren Studenten 1817 dem preußischen Kammerherrn Baron Albert von Sack für eine Griechenland- und Orientreise zur wissenschaftlichen Begleitung empfahlen.

Da in Konstantinopel die Pest ausgebrochen war, ging die Reise erst nach Rom, von wo aus Sack doch allein weiterreiste. Müller hat also nie griechischen Boden betreten. Seine Reiseimpressionen gab er unter dem Titel *Rom, Römer und Römerinnen* heraus. 1818 nach Deutschland zurückgekehrt, verdingte er sich in Dessau als Hilfslehrer an der Gelehrtenschule. Doch schon bald wurde Müller die neugeschaffene „Herzogliche Öffentliche Bibliothek" in der Wallstraße Nr. 10 übertragen. Den Bibliothekarstitel durfte er ab 1823 führen. Ein Jahr später wurde er Hofrat. Sieht man von Verlusten und späteren Erwerbungen ab, ist der heutige Bestand der Sondersammlung „Hofbibliothek" Wilhelm Müller zu verdanken.

Als der griechische Freiheitskampf ausbrach, reagierte er mit den Liedern, die ihn zum Wortführer des deutschen Philhellenismus machten. Zugleich entstanden weitere Dichtungen wie die *Winterreise*, arbeitete Müller an der *Allgemeinen Enzyklopädie der Wissenschaften und Künste* von Ersch und Gruber, gab die *Bibliothek deutscher Dichter des siebzehnten Jahrhunderts* heraus und verfaßte für die Liedertafel unter Hofkapellmeister Schneider seine berühmten *Tafellieder*.

Einer der talentiertesten Wegbereiter des Naturalismus, der 1862 in Jeßnitz geborene Hermann Conradi, hat von 1876 bis 1879 das Dessauer Gymnasium besucht. Er studierte in Berlin Philosophie und Literatur, führte ein unstetes Bohemienleben und wurde zuletzt für seinen autobiographischen Roman *Adam Mensch* der Verbreitung unsittlicher Schriften angeklagt. Noch vor dem ersten Gerichtstermin starb er mit noch nicht 28 Jahren.

Werner Steinberg, Zeichnung von Heinz Rammelt (1964).

Seinen Nachlaß hat die Landesbücherei 1911 erworben. Zwei Jahre später wurde in Schlesien Werner Steinberg geboren. Überzeugt, daß nach dem XX. Parteitag der KPdSU auch in der DDR das „Tauwetter" einsetzen werde, zog der parteilose Kommunist 1956 aus der Bundesrepublik der Adenauer-Ära nach Leipzig. Bald gehörte er zu den meistverlegten und -gelesenen Autoren der DDR. Sein Deutschland-Zyklus (*Als die Uhren stehen blieben*, *Einzug der Gladiatoren*, *Wasser aus trockenen Brunnen*, *Ohne Pauken und Trompeten*) sowie die Romanbiographien über Heine (*Der Tag ist in die Nacht verliebt*) und Büchner (*Protokoll der Unsterblichkeit*) bevölkerten die Bibliotheken, seine Kriminalromane die Züge der Reichsbahn.

1959 entschied sich Steinberg für Dessau. Als Vorsitzender des Kreisfriedensrates nahm er 1960 an einem Kongreß gegen Atomwaffen in Tokio teil, wurde Mitglied einer Brigade der Roßlauer Schiffswerft und übernahm von 1960 bis 1970 einen „Zirkel schreibender Arbeiter". Auf Steinbergs Initiative hin kam in der Buchhandlung von Christa Borchert die erste Ausstellung seines Freundes HAP Grieshaper in einem sozialistischen Land zustande.

Doch dann wuchsen Differenzen mit dem Gewerkschaftsbund, so daß er den Zirkel aufgab und, nach der Ausweisung Wolf Biermanns, auch den Tagungen des Schriftstellerverbandes fernblieb. Bereits 1975 hatte der Mitteldeutsche Verlag mit dem Autor einen Vertrag über den Roman *Die Mördergrube* abgeschlossen. Weil dessen Held und die ihn prägenden Verhältnisse aber „zu negativ" gezeichnet waren, wurde er nicht gedruckt. Nur im Westen erschien das unerwünschte Buch 1986 bei Hoffmann und Campe.

Werner Steinberg verstarb 1992 nach einem Schlaganfall. Die Wende und die ersten Jahre der Einheit hat er mit Skepsis verfolgt. Welchen Roman würde uns dieser beredte Zeuge deutscher Geschichte wohl heute schreiben? Vielleicht findet sich auch darauf eine Antwort im Palais Dietrich, das noch viele Schätze birgt.

Sophie Friederike Auguste,

Prinzessin von Anhalt-Zerbst,

als Zarin von Rußland

Katharina II., die Große,

geb. 2. 5. 1729 in Stettin,
gest. 17. 11. 1796 in Zarskoje Selo
bei St. Petersburg.

Katharina als Prinzessin.

Von Zerbst nach St. Petersburg Katharina die Grosse – Russlands erste Memoirenschreiberin

Ingo Pfeifer

Christian August besaß ein Haus in Dornburg. Das kleine verträumte Dorf, malerisch in den Elbauen südlich von Magdeburg gelegen, war jedoch auch in geografischer Hinsicht das letzte Anhalts. Also mußte er, um Haus, Hof und Familie zu unterhalten, sich auswärts um Arbeit bemühen. Er wurde, wie für Personen seines Standes üblich, Offizier. Als Garnisonskommandant von Stettin durfte er immerhin ein ordentliches Haus und später gar das Schloß bewohnen.

Seine Frau Johanna Elisabeth stammte aus Schleswig-Holstein und hatte in Kiel und Umgebung eine große wie auch begüterte Verwandtschaft. Da kam ihr die pommersche Hauptstadt nur recht. In Stettin schenkte sie am 2. Mai 1729 ihrem zweiten Kind das Leben: Sophie Friederike Auguste.

Da der Alltag einer Garnisonsstadt nicht reich an Abwechslungen war, reiste die Mutter oft zu ihrer Verwandtschaft. Die Tochter begleitete sie seit ihrem achten Lebensjahr. Besonders häufig fuhr man nach Eutin, wo der Bruder Johannas als Bischof von Lübeck lebte und nach dem Frieden von Åbo die Krone Schwedens in Aussicht hatte. In Kiel und Eutin lebte auch der kleine Karl Peter Ulrich, ihr Neffe und Enkel Zar Peters I. von Rußland. Bereits im Alter von elf Jahren war er zur Waise geworden und sein Vormund der Lübecker Bischof.

1742 machte Christian August gemeinsam mit seinem Bruder Johann Ludwig eine bedeutende Erbschaft: die Herrschaft im Fürstentum Anhalt-Zerbst. Da letzterer jedoch im friesischen Jever lebte, kam Christian die Rolle des Administrators zu. Vom apanagierten Prinzen zum regierenden Fürsten avanciert, verbesserte sich auch seine Stellung in Stettin, wo er nun Gouverneur wurde. Zudem forderte die Regentschaft in Zerbst eine häufigere Anwesenheit. Doch für die ehrgeizige Johanna stand endgültig fest, daß die Zukunft ihrer Tochter nicht in der Enge einer kleinen mitteldeutschen Residenz enden sollte.

Die restaurierten Kavaliershäuser erinnern an die einstige Pracht der Residenzstadt Zerbst. In einem von ihnen ist das Museum untergebracht.

Am Nachmittag des 1. Januar 1744, oder war es der 6. Januar, genau konnte es später keiner mehr sagen, saß der Fürst mit seiner Gemahlin und den Kindern im Zerbster Schloß an der Mittagstafel. Das Mahl war geendigt, die Diener beschäftigt, Geschirr und Speisen herauszutragen, als dem Fürsten ein Packen Briefe gereicht wurde, die mit einer Stafette aus Berlin gekommen waren. In Ruhe sortierte er die umfangreiche Post, um sogleich einen Teil seiner Gemahlin weiterzugeben. Darunter war auch ein Brief, dessen Siegel schon auffiel. Johanna erbrach ihn unruhig und begann zu lesen. Sophie, inzwischen ein aufgewecktes Mädchen von vierzehn Jahren, das lieber ritt als sich mit Handarbeiten zu beschäftigen, schaute neugierig herüber. Es gelang ihr nur, die wenigen Worte „... mit der Prinzessin, Dero ältesten Tochter ..." zu erhaschen. Dafür erkannte sie die Handschrift des holsteinischen Oberhofmarschalls Brümmer. Kaum hatte die Mutter den Brief überflogen, verließ sie mit ihrem Gemahl das Zimmer.

Die nächsten drei Tage waren von großer Unruhe erfüllt, aber keiner im Schlosse wollte sagen, welchen Inhalts der Brief denn nun war. Da fragte die Tochter geradeheraus und setzte hinzu, sie ahne bereits, es sei eine Einladung an den russischen Hof. Tags darauf verblüffte sie alle mit der Feststellung, in dem Brief würde auch die Absicht geäußert, sie solle die zukünftige Frau des russischen Thronfolgers Peter III. werden.

Christian August, ein strenger Lutheraner, war davon wenig erbaut, würde die Heirat doch eines Glaubenswechsels bedürfen. Da man solcherlei Probleme wohl befürchtete, wollte man den Fürsten nicht unbedingt in Rußland sehen. Mutter und Tochter überzeugten ihn schnell von dem unerwarteten Glück und schon wenige Tage später verließen sie das kleine, gerademal 6000 Einwohner zählende Zerbst über Berlin nach St. Petersburg, wo sie am 9. Februar eintrafen.

Am 2. September 1745 wurde ihre Ehe mit Karl Peter Ulrich von Holstein-Gottorp geschlossen. Zuvor hatten beide den russisch-orthodoxen Glauben angenommen und die Namen Pjotr und Jekaterina erhalten.

Ende September reiste Johanna zurück; ihre Tochter sollte sie nicht wiedersehen, die niemals mehr deutschen Boden betrat und keinen Wert auf ihre Herkunft legte. Sie war bestrebt „mit vollem Bewußtsein national und politisch eine Russin und geistig französisch zu werden und zu sein". Russisch und Französisch waren denn auch die beiden Sprachen, derer sie sich gewöhnlich bediente. Die „Semiramis des Nordens", wie sie Voltaire nannte, las die Schriften von Diderot, Montesquieu und anderen Aufklärern. Im Gegensatz zu ihrem frühzeitig dem Trunk und Müßiggang ergebenen Gatten nahm sie regen Anteil an den politischen, kulturellen und geistigen Bewegungen Europas. Nachdem Peter III. durch eine Palastrevolte 1762 kurz nach seiner Thronbesteigung entmachtet wurde und Katharina das Zepter übernahm, zog der Geist der Aufklärung in Rußland ein.

Katharina II. beförderte entschieden Kunst und Wissenschaft. Seit 1764 wurde die „Kaiserliche Akademie" von St. Petersburg zu einer wichtigen Ausbildungsstätte für den künstlerischen Nachwuchs des Landes. Die „Akademie der Wissenschaften" nahm in den sechziger Jahren mit Lomonossow, Euler, Schlözer und Lepechin einen neuen Aufschwung. Doch die Zarin sah sich nicht nur als Förderin der Literatur, sie dilettierte selbst darin und bekannte: „Ich kann keine saubere Feder sehen, ohne Lust zu bekommen, sie in Tinte zu tauchen." Auch wenn weder ihr Russisch noch ihr Französisch fehlerfrei war, so schrieb sie allenthalben Märchen, Theaterstücke, Opern und sogar eine Geschichte Rußlands.

Seitenflügel des Zerbster Schlosses nach der Zerstörung von 1945.

Das meiste davon ist heute nur noch Spezialisten bekannt. Ein Werk jedoch hat, wenn auch erst Jahre nach ihrem Tod, allgemeines Interesse gefunden: ihre Memoiren. Insgesamt gibt es acht verschiedene Versionen, zwei davon in Russisch. Sie entstanden zwischen 1754 und 1794, teils nur kurze Zeiträume umfassend, teils nach langen Unterbrechungen fortgeschrieben. Allen Versionen gleich ist der Grundtenor, zu zeigen, daß sie das Recht auf den russischen Thron durch ihr Wirken gewonnen habe.

Bereits Katharina selbst hat ihren Affären breiten Raum eingeräumt und damit den Anstoß zu einer weitschweifigen Literatur gegeben, die nicht die Herrscherin, sondern die „mannstolle" Zarin in den Mittelpunkt rückte. Sie achtete jedoch stets auf eine Trennung des Privaten von der Staatsräson. Allein Fürst Potemkin konnte auch politischen Einfluß auf sie gewinnen. In einer bisher männlich dominierten Historiografie war ihr Privatleben ein steter Punkt der Kritik, während die Mätressenwirtschaft anderer Höfe als zeitgemäß hingenommen wurde. Aber gerade von diesem, für eine Frau so unkonventionellen Verhalten geht noch immer die stärkste Anziehungskraft und auch der größte Schrecken aus.

Katharina II.

Memoiren (Auszug, 1762)

Als ich fühlte, daß ich in Rußland festen Fuß gefaßt hatte, stellte ich folgende Erwägung an, oder ich kam vielmehr zu dem Entschluß, den ich nie auch nur einen Augenblick aus dem Auge verloren habe: 1. dem Großfüsten zu gefallen, 2. der Kaiserin zu gefallen, 3. der Nation zu gefallen.

Ich hätte gern alle drei Punkte erfüllt, und wenn mir das nicht gelungen ist, so liegt es daran, daß die Gegenstände nicht so beschaffen waren, oder auch die Vorsehung hat es nicht gewollt. Denn in Wahrheit habe ich nichts unterlassen, um es zu erreichen: Gefälligkeit, Demut, Respekt, das Betreben zu gefallen, das Betreben, gut zu sein, aufrichtige Zuneigung, alles ist von meiner Seite vom Jahre 1744 bis 1761 ständig angewendet worden. Ich gestehe, als ich die Hoffnung auf Erfolg bezüglich des ersten Punktes aufgab, da verdoppelte ich mein Bemühen, um die beiden letzten zu erfüllen. Mehr als einmal ist es mir wohl im zweiten Punkt geglückt; im dritten war mir Erfolg beschieden, im vollsten Sinne, ohne jede Einschränkung zu irgendwelcher Zeit.

Johann Wilhelm Ludwig Gleim

geb. 2. 4. 1719 in Ermsleben
bei Aschersleben,
gest. 18. 2. 1803 in Halberstadt.

Gleim, Ölbild von Johann Heinrich Ramberg (1789).

Dokumente der Freundschaft
Das Gleimhaus in Halberstadt

Ute Pott

Es ist schon ein Zimmer bereit, welches ich mit den Bildern meiner Freunde um und um hängen will", schrieb Johann Wilhelm Ludwig Gleim, für dessen Leben und Werk Freundschaften von zentraler Bedeutung waren, am 24. November 1747 an Hans Caspar Hirzel. Der Achtundzwanzigjährige war wenige Tage zuvor aus Berlin ins preußische Fürstentum Halberstadt gekommen, um seine Arbeit als Sekretär des Domes aufzunehmen. Hinter ihm lagen Jahre, in denen er zum vielgelesenen Autor geworden war und mit seinem literarischen Schaffen wegweisend für die deutsche Literatur gewirkt hatte. In den folgenden Jahrzehnten konnte er noch einmal als Dichter Erfolge feiern, vor allem aber wurde er als Literaturpolitiker und Freund bedeutender Dichter wie Klopstock, Lessing, Wieland, Herder und Jean Paul sowie vieler anderer Autoren tätig. Der unermüdliche Förderer und Mentor junger Schriftsteller machte Halberstadt vorübergehend zum literarischen Zentrum und trug eine einzigartige Sammlung von Bildern, Büchern und Briefen zusammen, die noch heute in seinem Wohnhaus in unmittelbarer Nachbarschaft des Halberstädter Domes aufbewahrt werden.

Gleim, Sohn eines preußischen Steuereinnehmers, geboren in Ermsleben bei Aschersleben, hatte sich in seinen Studienjahren in Halle mit weit größerer Begeisterung auf die „schönen Wissenschaften" statt auf sein Studium der Jurisprudenz konzentriert. Er befreundete sich u.a. mit Johann Peter Uz und Johann Nikolaus Götz. Mit ihnen begründete er die zweite Hallenser Dichterschule, von der die „deutsche Anakreontik" entscheidend geprägt wurde. Ihr Ziel war es, das Deutsche als Literatursprache zu befördern. In zum Teil schroffer Abkehr von den barocken Traditionen und der Dichtung der Frühaufklärung schrieben die Freunde um Gleim unter Rückgriff auf die Antike leichte, scherzhafte Lieder über Liebe, Wein, Frauen und Gesang. Damit brachten sie ganz neue, bisweilen selbstironische Töne in die deutsche Dichtung, deren Verse erstmals

Das Gleimhaus in Halberstadt.

Leichtigkeit und Geschmeidigkeit erhielten. Sein 1744/45 erschienener *Versuch in Scherzhaften Liedern* machte Gleim sogleich berühmt.

Entstanden waren Gleims Gedichte in einer neuen Geselligkeitskultur. „Freundschaft" bekam einen ganz neuen Stellenwert, wurde zum Inbegriff des Zusammenschlusses des aufgeklärten Bürgertums, zur „sozialethischen Kategorie", die das ständische Zeremoniell verabschieden wollte. Manchmal versetzte man sich sogar in Schäferwelten, traf kostümiert zusammen und redete einander mit poetischen Namen an.

Die von Gleim und seinem Hallenser Freund Samuel Gotthold Lange 1746 herausgegebene Mustersammlung *Freundschaftliche Briefe* ging aus diesem Freundschaftskult hervor. Da waren sie nun: Briefe, die sich unserem heutigen Verständnis annähern! Statt sich an der klassischen Rhetorik zu orientieren, stand der Dialog, der freundschaftliche Austausch im Vordergrund. Gleim und seine Freunde trugen erheblich dazu bei, daß einerseits der Brief seinen Siegeszug in der deutschen Literatur antreten konnte und daß andererseits das Schreiben von Briefen aus dem gelehrten, zeremoniellen Kontext befreit und von mehr und mehr Menschen als Möglichkeit gesehen wurde, sich über ihre persönlichen Belange auszutauschen.

Gleim war ein Vielschreiber. Besonders die Briefwechsel mit den Freunden lagen ihm am Herzen. Ein wichtiger Wegbegleiter war ihm der preußische Offizier und Dichter Ewald Christian von Kleist, den er bereits 1743 kennengelernt hatte. Immer mehr Briefkontakte kamen im Laufe der Jahre hinzu, insgesamt mehrere hundert. Briefe, Bücher, Bilder – all das wurde Gleim immer wichtiger, besonders seit er in Halberstadt lebte. Fünfzig Jahre sollte er dort tätig sein, erst als zweiter, kurz darauf als erster Domsekretär. Als, modern gesagt, leitender Verwaltungsangestellter des Halberstädter Domstifts verdiente er recht gut, zusätzlich verbesserte er seit 1756 seine finanzielle Lage durch die Erwerbung eines Kanonikats des Stiftes Walbeck. Eine 1753 geplante Hochzeit kam nicht zustande, und Gleim blieb unverheiratet.

Obwohl ihn sein Beruf zeitlich sehr beanspruchte, ergriff er immer wieder die Dichterfeder. Selbst als er 1801 schon blind war, konnte er vom Versifizieren nicht lassen. So publizierte er weiterhin anakreontische Gedichte und Briefe, aber auch Fabeln, Schäferspiele, Lehrdichtungen und Episteln. Seinen größten literarischen Erfolg konnte er nach den „Scherzhaften Liedern" mit patriotischer Dichtung verbuchen. Im Siebenjährigen Krieg gelang ihm mit den *Preußische(n) Kriegsliedern* (1756/57) ein besonders großer Erfolg. Seine Gedichte, in denen er aus der Perspektive eines einfachen Grenadiers die Siege Friedrichs II. besang, waren so weit verbreitet, daß sie sogar den Soldaten zur Erbauung mit ins Feld gegeben wurden.

Doch nicht nur als Dichter ist Gleim zu betrachten. Besonders wichtig ist er auch als Sammler. Die Idee, sich mit den Bildern seiner Freunde zu umgeben, war sicher zunächst dem Einsamkeitsgefühl in Halberstadt geschuldet. Mit den Jahren wurde eine der bedeutsamsten Gemäldegalerien von Dichtern und Denkern der Zeit daraus. Mit 120 Porträts ist sie heute die größte ihrer Art. Anfangs wurden nur Bilder enger Freunde angefertigt, doch später ließ Gleim für seinen „Tempel der Freundschaft und der Musen" auch Männer und Frauen malen, die er vornehmlich wegen ihrer Werke schätzte.

Aber nicht nur in Bildern und Briefen sollten die Freunde anwesend sein. Viele hieß Gleim auch persönlich in seinem Haus willkommen.

Wiederholt besuchten ihn sein langjähriger Freund Klopstock, die Familie Herder und die Familie Voß. Auch Christoph Martin Wieland, Gotthold Ephraim Lessing, Bürger, Anna Louisa Karsch, Karl Wilhelm Ramler, Ewald von Kleist, Johann Lorenz Benzler, Heinrich Christian Boie, Moses Mendelssohn, Friedrich Heinrich Jacobi, Johannes von Müller, Matthias Claudius, Johann Kaspar Lavater, Elisa von der Recke, Friedrich Nicolai, Jean Paul sowie Goethe und andere mehr kamen zu ihm. Die literarischen Freunde dauerhaft um sich zu scharen, gelang ihm jedoch zu seinem Bedauern nicht.

Fast wäre dieser Traum Anfang der siebziger Jahre in Erfüllung gegangen. Junge Autoren lebten in seiner Nähe. Zunächst Friedrich Leopold Günther Goeckingk, der spätere Herausgeber des *Journals von und für Deutschland*, der von 1768 bis 1770 als Referendar in Halberstadt weilte. Ebenfalls 1768 kam sein jüngerer ‚zärtlicher' Freund Johann Georg Jacobi hinzu. Zum literarischen Zirkel zählten außerdem die Juristen und Dichter Eberhard Karl Schmidt und der Neffe Johann Wilhelm Ludwig Gleim sowie Johann Benjamin Michaelis. Ein entfernter Verwandter, ein Prediger namens Jähns, fand ebenfalls bei Gleim freundliche Aufnahme. Besonders begabt war Wilhelm Heinse, der spätereVerfasser des *Ardinghello*. Seiner frivolen Gedichte wegen lebte er unter einem Pseudonym in Halberstadt. Noch bevor er ankam, hatte der junge Wildfang brieflich Gleim in einer Rolle bestärkt, die für den Rest seines Lebens kennzeichnend war. Der „deutsche Anakreon" und „preußische Grenadier" wurde zu „Vater Gleim", zum größten bürgerlichen Mäzen junger Autoren im nord- und mitteldeutschen Raum. Viele Lebensläufe von Dichtern der folgenden Generation wie die von Gottfried August Bürger, Johannes von Müller, Johann Heinrich Voß, Gottfried Seume und Jean Paul sähen anders aus, hätte es nicht „Vater Gleim" gegeben, der unermüdlich half und Einfluß zu nehmen versuchte.

Zu Gleims großer Enttäuschung hatte der Dichterzusammenschluß keinen Bestand: Michaelis und Jähns starben 1772, Goeckingk, Jacobi und Heinse verließen Halberstadt. Versuche, Bürger zu holen, waren gescheitert. Es kam dann der Lehrer und Dichter Gottlob Nathanael Fischer hinzu, der Rektor der Domschule wurde und 1785 die „Literarische Gesellschaft" gründete, die in erster Linie die praktische Aufklärung verfolgte.

Schon bei den Zeitgenossen erweckten Gleims Sammlungen besondere Aufmerksamkeit. Neben den Gemälden bewahrte er mehrere hundert Korrespondenzen, insgesamt ca. 10000 Briefe, in seinem „Briefarchiv" auf. Daß er in seinem „Musenarchiv" Gedichtmanuskripte sammelte, war auch bekannt. Und schließlich gehörte ihm eine umfangreiche Buchsammlung, die schon zu seinen Lebzeiten halböffentlich war; es ist eine der größten erhaltenen Privatbibliotheken eines Bürgers aus dem 18. Jahrhundert.

Gleim ging es bei alledem nicht in erster Linie um seine eigene Person, vielmehr wollte er literaturgeschichtliche Dokumente sammeln. In seinem Testament verfügte er die öffentliche Nutzung dessen, was er zusammengetragen hatte. Gleims Nachfahren kamen seinem Wunsch insofern nach, daß sie das Wohnhaus, in dem er zur Miete wohnte, erwarben und darin 1862 ein Literaturmuseum einrichteten. Das Gleimhaus in Halberstadt ist damit eines der ältesten Literaturmuseen Deutschlands. Doch neben den musealen Räumen, in denen die Porträtgalerie zu besichtigen ist, war es immer auch eine Forschungseinrichtung. Seit Anfang der neunziger Jahre dieses Jahrhunderts wird dem auch räumlich Rechnung getragen: Das Gleimhaus erhielt einen modernen Erweiterungsbau, in dem die Sammlungen, die Büroräume und der Lesesaal sowie ein großer Veranstaltungsraum untergebracht sind.

So wirken Johann Wilhelm Ludwig Gleims Freundschaft und Geselligkeit an dem Ort seines Lebens fort.

Johann Wilhelm Ludwig Gleim
An Lessing (1766)

Ich kletterte, voll Furcht zu stürzen,
Mühselig auf den Helikon;
Ich kam hinauf und lief, zu sehen
Den fröhlichen Anakreon.
Allein ich sah des Berges Spitze,
So weit ich sahe wüst und leer,
Da war kein Phöbus, keine Muse,
Kein Sophokles und kein Homer!
Voll Gram im Herzen stieg ich wieder
Den allzu steilen Berg hinab,
An seinem Fuße stand ein Riese,
Gelehnt auf seinen Wanderstab:
Wir haben, sprach er, Fels auf Felsen
Vor tausend Jahren aufgetürmt!
Die Götter zitterten, wir haben
In ihrem Himmel sie bestürmt!
Mit besserm Glück ist jetzt, o Pilger,
Der Helikon von uns zerstört;
Das Musennest war uns nichts nütze,
Die Menschen wurden zu gelehrt!
Mit Angst und Furcht hört' ich den Donner
Der Riesenstimme, welche mich
Vom Schlaf erweckte; wach geworden,
Dacht' ich zuerst, o Freund, an dich!
Sind keine Dichter, keine Musen,
Ist kein Apollo mehr darauf,
Ist er zerstört, dacht' ich, so richtet
Ihn unser Lessing wieder auf!

Johann Wilhelm Ludwig Gleim
Selbstgespräch in einer schönen Gegend

Für mich bestrahlt die Sonne
Die Wälder und die Auen!
Für mich sind diese Schatten
So kühl, und diese Rasen
So sanft, und diese Quellen
So rein, und jene Thäler
So lieblich anzusehen.
Für mich bist, du, o Rose,
Die Königin der Blumen;
Für mich bist du Gewölbe
Des Himmels aufgerichtet;
Für mich glänzt in dem Wasser
Der Mond wie helles Silber;
Für mich singt die Sirene
Des Waldes ihre Lieder;
Nicht für den reichen Milon,
Der hat nur Aug, und Ohren,
Und Herz, für Gold und Silber;
Nicht für den armen Laches,
Den fetten Weltverächter,
Der immer in Gedanken
An Gott, und seinen Magen,
Nicht siehet und nicht höret;
Nicht für den stolzen Pyrrhus,
Der taub für alle Freuden
Des bürgerlichen Lebens,
Hin nach dem höchsten Gipfel
Des Glücks, auf krummen Wege
Mit Angst und Mühe klettert,
Und nächstens desto tiefer
Zu mir herunter stürzet.

Friedrich Gottlieb Klopstock

geb. 2. 7. 1724 in Quedlinburg,
gest. 14. 3. 1803 in Hamburg.

Klopstock, zeitgenössischer Kupferstich, 1780.

Das Klopstockhaus in Quedlinburg

Brigitte Meixner

Das Geburtshaus des Dichters Friedrich Gottlieb Klopstock, am Fuße des Schloßberges gelegen, wurde um 1560 als repräsentatives Bürgerhaus im niedersächsischen Fachwerkstil erbaut. Von 1702 bis 1817 bewohnte es die Familie Klopstock. Danach wechselten die Besitzer mehrfach, bis die Stadt Quedlinburg es auf Initiative des Klopstockvereines gekauft und 1899 als Museum eröffnet hat.

Dessen Grundstock bildete die Sammlung, die der Verein in den 25 Jahren seines Bestehens zusammen getragen hatte: Nachlaßoriginale oder zuverlässige Abschriften, sämtliche Werkausgaben und alles was über den Autor in der Literatur erschienen war. Das Museum erlebte mehrere Um- und Neugestaltungen. Nach umfangreichen Sanierungs- und Restaurierungsarbeiten hat es 1999 wieder seine Tore geöffnet, um die Besucher mit Leben, Werk und Wirkung eines der wichtigsten deutschen Dichter bekannt zu machen.

Klopstock entstammte einer wohlhabenden und angesehenen Bürgerfamilie. Der Vater, Gottlieb Heinrich, war im Range eines fürstlich-schleswig-holsteinischen Lehnssekretärs Advokat am Quedlinburger Stift. Die Mutter, Anna Maria geb. Schmidt, war die Tochter eines Großkaufmanns und Ratskämmerers in Langensalza. Friedrich Gottlieb kam als das älteste ihrer siebzehn Kinder zur Welt.

Bei dem mißglückten Versuch, das gepachtete Amtsgut Friedeburg zu einem ertragreichen Unternehmen zu entwickeln, büßte Klopstocks Vater den größten Teil seines Vermögens ein, so daß die Familie fortan unter eingeschränkten Verhältnissen leben mußte. Das Erlebnis der ländlichen Natur während der Friedeburger Jahre hat in dem Erstgeborenen tiefe Eindrücke hinterlassen. Ebenso prägend aber wirkte der soziale Absturz der Familie. Die Divergenz von Ansprüchen und Möglichkeiten war nun ein stetiger Stachel. Dies könnte seine kommerziellen Experimente in späterer Zeit wie auch sein beharrliches Bemühen um soziale Aufwertung erklären.

Klopstocks Geburtshaus in Quedlinburg.

Im Alter von fünfzehn Jahren erhielt Klopstock eine Freistelle an der Fürstenschule Pforta, in deren Mauern er sich umfassende Kenntnisse in der Bibel-Exegese, alten Sprachen und antiker Literatur erwarb. Die lateinische Abschiedsrede, die er 1745 nach sechs Jahren strenger Internatserziehung hielt, kündigte schon seine Bestrebungen an: durch die Schaffung eines großen Epos den Rang der deutschen Dichtung unter den europäischen Literaturen zu erhöhen.

Anschließend studierte er drei Jahre Theologie in Jena und Leipzig, lernte Mitarbeiter der *Neuen Beyträge zum Vergnügen des Verstandes und Witzes* kennen und veröffentlichte 1748 in dieser Zeitschrift die ersten drei Gesänge seines Epos – des *Messias.* Begeistert von der neuartigen Dichtung, die seine eigene Literaturtheorie in die Praxis umsetzte, lud ihn Johann Jacob Bodmer nach Zürich zur Fortsetzung des Werkes ein. Der Gelehrte erwartete einen asketischen, „engelsgleichen" Jüngling. Statt dessen kam ein lebenszugewandter Klopstock, der am Zürichsee eine heitere Zeit verlebte. Mit Bodmer kam es bald zum Zerwürfnis. Zum Glück bot ihm König Friedrich V. von Dänemark eine jährliche Pension an, um die Vollendung des *Messias* in Kopenhagen zu ermöglichen.

Der
Meßias
ein
Heldengedicht.

HALLE,
bey Carl Herrmann Hemmerde.
1749.

Titel einer Separatausgabe der ersten drei Gesänge des „Messias" (1749).

So lebte er von 1751 bis 1770 in dem Inselstaat. 1754 heiratete er Margareta Moller, eine Hamburger Kaufmannstochter, die ihn enthusiastisch verehrte. Die Pension ermöglichte ihm, seine Familie einigermaßen zu ernähren und an dem Epos weiterzuschreiben. Daneben entstanden zahlreiche Gedichte und geistliche Lieder sowie mehrere Dramen. Für den *Nordischen Aufseher* verfaßte er zudem Aufsätze über ästhetische, literaturtheoretische und moralische Fragen. In den sechziger Jahren wuchs die deutsche Kolonie von Gelehrten, Künstlern und Beamten am dänischen Hof beträchtlich an; nicht zuletzt durch nachgezogene Freunde und Verwandte Klopstocks. Aus diesem Kreis erhielt der Dichter vielfältige Anregungen, die seinen Horizont erweiterten.

Klopstock hat Dänemark als sein zweites Vaterland bezeichnet. Erst 1770 zog er nach Hamburg und nahm vier Jahre später die Einladung des Markgrafen Carl Friedrich von Baden an, sich mit Rang und Gehalt eines Hofrates in Karlsruhe aufzuhalten. Doch Querelen mit der Hofgesellschaft ließen ihn schon im März 1775 an die Elbmündung zurückkehren, wo er 1803 verstarb. Seine Beisetzung gestaltete sich zu einer staatlichen Huldigung, wie sie bis dahin noch keinem deutschen Dichter erwiesen worden war.

Klopstocks Ruhm begründeten jene ersten drei, 1748 veröffentlichten, Gesänge des *Messias*. Er hatte ein deutsches Nationalepos geplant und sich *den* Stoff gewählt, der ihm größer als alle Historien erschien und dessen Kenntnis er in breiten Schichten des Volkes voraussetzen konnte: die Bibel. Gefangennahme, Hinrichtung, Auferstehung und Himmelfahrt Christi bilden das Handlungsgerüst der zwanzig Gesänge des Epos, das Werk der Erlösung den Hauptinhalt. Sein Konzept war auf Mitempfindung und Teilnahme beim Leser gerichtet. Deshalb hat die „innerliche" Tat, die Willens- und Glaubenskraft, Vorrang vor den „äußerlichen" Begebenheiten. Die Begeisterung, die das Werk anfangs auslöste, gründete sich auf das Erlebnis einer subjektiven Religiosität und deren Verbindung mit der Idee menschlicher Vervollkommnung und Glückseligkeit.

Je mehr sich jedoch das Bürgertum im ausgehenden 18. Jahrhundert von religiösen Anschauungen löste und auch die literarischen Ansprüche sich änderten, desto geringer wurde die Wirkung des *Messias*. Als 1773 die letzten fünf Gesänge des Epos erschienen, nahm das große Publikum nur noch wenig Notiz davon.

Im Unterschied dazu erzielte Klopstocks lyrisches Werk eine bleibende Wirkung.
Für die Zeitgenossen war daran alles neu und umstürzend. Der inhaltslosen Reimerei und nüchternen Lehrdichtung setzte er das von leidenschaftlichem persönlichen Fühlen, Denken und Wollen erfüllte Gedicht entgegen und wählte für seine Lyrik große Themen: Religion, Freundschaft, Liebe, Natur, Vaterland und Freiheit, aber auch die deutsche Sprache, die Dichtkunst und nicht zuletzt den Ruhm.
Um seinen Enthusiasmus den Menschen mitzuteilen und in ihnen dieselben Emotionen zu wecken, schuf er sich seine eigene Sprache. In ihr sind Leidenschaft und Gefühl, Dynamik, Rhythmus und Musikalität die hervorstechendsten Gestaltungsmittel. Es gelang ihm, antike Versmaße, ausgehend von den Oden des Horaz, in deutscher Sprache überzeugend nachzubilden. Mit alledem eröffnete Klopstock der Dichtung eine Fülle neuer Ausdrucksmöglichkeiten.

Als erster deutscher Dichter feierte er die Französische Revolution als des „Jahrhunderts edelste Tat". Die Verkündung der Menschenrechte von 1789 verstand Klopstock als Verwirklichung seiner religiös geprägten Vorstellungen von einem wahren und natürlichen Zusammenleben der Menschen. 1792 wurde er aufgrund seines Engagements mit siebzehn weiteren Ausländern zum Bürger der Französischen Republik ernannt. Doch schon 1793, als er erkennen mußte, daß alle anfangs beschworenen Ziele und Ideale eines neuen Menschentums pervertiert wurden, schlug seine Begeisterung für die Revolution in Enttäuschung und Abscheu um. Klopstock hat von nun an scharfe Kritik am weiteren Verlauf der Revolution geübt, aber sein anfängliches Bekenntnis nicht widerrufen.

Im Selbstverlag veröffentlichte er 1774 sein Prosawerk: *Die deutsche Gelehrtenrepublik*. Die hohe Zahl von Subskribenten – fast 3600 –, die den Druck des Buches ermöglichten, indem sie sich in Vorbestellungslisten zum Kauf verpflichteten, spricht für das große Ansehen des Dichters. Doch das Werk erfüllte die Erwartungen des Publikums nicht. Statt Belehrung enthielt es dichterische Fiktionen in archaisierender Darstellung. Nur Kollegen wie Goethe oder Wieland schätzten die poetologischen und grammatischen Einlagen. Einen schon angekündigten zweiten Teil ließ Klopstock nicht mehr erscheinen.

Hauptsächlich in den letzten Jahrzehnten seines Lebens beschäftigte er sich ausführlich mit Fragen der Grammatik und Rechtschreibung, um besonders den Schriftstellern die Möglichkeiten der poetischen Sprache bewußt zu machen.

Klopstocks Werk ist mit einem Fundament zu vergleichen, auf dem die klassische deutsche Literatur aufbauen konnte und durch das spätere Dichtergenerationen immer wieder Anregungen erhielten. Die Erneuerung und Erweiterung der Verskunst darf als seine größte Leistung gelten.

Dies und vieles mehr kann man in dem Haus erfahren, das zum 275. Dichter-Geburtstag und zum hundertjährigen Museumsjubiläum Besucher aus aller Welt willkommen heißt.

Friedrich Gottlieb Klopstock

Das Rosenband (1753)

Im Frühlingsschatten fand ich sie;
Da band ich sie mit Rosenbändern:
Sie fühlt' es nicht und schlummerte.

Ich sah sie an; mein Leben hing
Mit diesem Blick an ihrem Leben:
Ich fühlt es wohl und wußt es nicht.

Doch lispelt ich ihr sprachlos zu
Und rauschte mit den Rosenbändern:
Da wachte sie vom Schlummer auf.

Sie sah mich an; ihr Leben hing
Mit diesem Blick an meinem Leben,
Und um uns ward's Elysium.

Friedrich Gottlieb Klopstock

Unser Jahrhundert

Weniger getäuscht vom Schein,
Entdeckten wir der Dinge Grund; allein
Wir sän nicht Korn, wir pflanzen Blumen drein
Und darben auch dafür und stehen kraftlos still,
Wenn Manntat Brot zur Stärkung haben will.

Johann Joachim Winckelmann

geb. 9. 12. 1717 in Stendal,
gest. 8. 6. 1768 in Triest.

Winckelmann im 47. Lebensjahr, Holzschnitt von A. Neumann nach dem Ölbild von Angelika Kauffmann (1764).

Das Wunder aus Stendal
Johann Joachim Winckelmann

Jens-Fietje Dwars

Unter dem Titel *Leben und Wunder Joh. Winckelmanns aus Stendal* brachten 1763 die Berliner *Briefe, die neueste Literatur betreffend* die biographische Skizze eines Mannes, der soeben zum Oberaufseher aller Altertümer in und um Rom ernannt worden war. Kurioserweise stammte sie von ihm selbst, ein Autoporträt, das er einem Jugendfreund mitgeteilt hatte. Doch tatsächlich mußte ihm das eigene Leben wundersam erscheinen.

Johann Joachim Winckelmann wurde 1717 in der altmärkischen Kleinstadt Stendal geboren. Er war das einzige Kind eines Flickschusters und einer Tuchmacherstochter, sein Leben vorgezeichnet. Wie Generationen vor ihm sollte er das Schuhmacherhandwerk erlernen. Allein der Junge erwies sich als geistig rege, kam von der Stadt- zur Lateinschule und wurde der Vorleser des erblindeten Rektors, der ihn zum Dank an das Cöllnische Gymnasium in Berlin empfahl. Für freie Unterkunft und Kost hatte er die Kinder des dortigen Rektors zu unterrichten und lernte daneben beim Konrektor die Literatur der Griechen schätzen.

Mit neunzehn zurückgekehrt wollte er Medizin studieren, konnte sich aber nur Theologie leisten. Nach zwei Jahren Brotstudium an der Halleschen Universität und einem als Hofmeister in Osterburg zog er nach Jena, hörte Physik und Medizin und bestritt seinen Lebensunterhalt durch Stundengeben. Ohne Abschluß mußte er sich erneut als Hauslehrer in Halle verdingen, bis er 1743 als Konrektor der Schule von Seehausen angenommen wurde. Die folgenden fünf Jahre in dem 1340-Seelen-Ort wurden zur Qual. Denn der Verehrer heidnisch griechischer Kunst galt bald als Gottesleugner und durfte, wegen schlechten Lateins, nur in den unteren Klassen lehren.

1748 hatte Winckelmanns Bewerbung um eine Bibliothekarsstelle bei Graf Heinrich von Bünau, dem Besitzer der damals größten privaten Büchersammlung Deutschlands, Erfolg. In Nöthenitz, nahe Dresden, schrieb er nun an der *Kaiser- und Reichshistorie* des Grafen, nutzte die Bibliothek und erhielt Zutritt zur Gemäldegalerie Friedrich Augusts III., der gerade zu dieser Zeit nicht nur Meisterwerke der Renaissance, wie Rafaels *Sixtinische Madonna*, sondern auch eine Vielzahl antiker Plastiken aufkaufen ließ. Die sinnliche Anschauung der zuvor nur in Büchern bewunderten Kunst sowie der lebendige Umgang mit Dresdner Künstlern schlugen sich in *Gedanken über die Nachahmung der griechischen Werke in der Malerei und Bildhauerkunst* nieder, die er 1755 annonym und auf eigene Kosten herausgab.

Obgleich das vierzig Seiten schmale Heft in ganzen fünfzig Exemplaren gedruckt wurde, kann es als die Geburtsurkunde einer neuen Kunstepoche gelten. Denn hier fand sich zum ersten Mal der paradoxe Satz, daß der einzige Weg zur eigenen Unnachahmlichkeit die Nachahmung der Alten sei, daß es gelte, sich über die Natur zu erheben, ihr „Urbild" im Geiste zu entwerfen, gemäß der „edlen Einfalt und stillen Größe" griechischer Gestaltung. All dies wurde bald zum Credo klassizistischer Kunst, die mit barocker Überfülle und der Verspieltheit des Rokoko brach.

Vorerst aber waren seine *Gedanken* nur wenigen vertraut. Noch bevor sie 1756 in einer Zweitauflage erschienen, zog Winckelmann nach Rom, um die Stätten der Antike im Original zu sehen. Dafür war er auch bereit, zum Katholizismus zu konvertieren. Der päpstliche Nuntius beim sächsischen Kurfürsten und König von Polen hoffte seit langem, seine eigene Stellung im Vatikan zu verbessern, wenn es ihm gelingen würde, einen angesehenen Protestanten zum Kirchenübertritt zu bewegen. Fast fünf Jahre hatten sie über den diplomatischen Akt verhandelt, bis der Schustersohn, Lehrer und Bibliothekar mit einer königlichen Pension nach Italien reisen konnte.

Nur zwei Jahre sollte er bleiben, doch der Siebenjährige Krieg, in dessen Verlauf die Preußen Dresden einnahmen, verzögerte die Rückkehr. Winckelmann katalogisierte die Gemmensammlung Baron von Stoschs in Florenz, fand in Kardinal Albani einen neuen Förderer und schrieb sein Hauptwerk, die mehrfach überarbeitete *Geschichte der Kunst des Altertums*. Spätestens seit seiner Ernennung zum Präsidenten der Altertümer Roms wurde der Name des Gelehrten auch in Deutschland zum Begriff. Italienreisende, zumeist adliger Abstammung, bewarben sich nun um seine sachkundige Führung durch die Ruinen der Hauptstadt. Am folgenreichsten war der Besuch des damals fünfundzwanzigjährigen Fürsten von Anhalt-Dessau, Leopold Friedrich Franz, der in Begleitung des Baumeisters Friedrich Wilhelm von Erdmannsdorff die ersten sechs Monate des Jahres 1766 täglich mit Winckelmann verbrachte. Die Eindrükke, die er in beiden hinterließ, sind noch heute im Wörlitzer Park zu entdecken.

Zwei Jahre darauf wollte der Stendaler Deutschland besuchen. Gleichgesinnte und Verehrer aus hohen Häusern erwarteten ihn. Doch als scheue er sich, in das Land zurückzukehren, dessen Verhältnisse ihn einst niederdrückten, beschlich Winckelmann während der Reise ein wachsender Widerwille. In Regensburg beschloß er umzukehren, fuhr nach Wien, Briefe an die Kaiserin Maria Theresia zu überbringen, und zurück nach Rom. Bei einem Zwischenhalt in Triest erstach den fiebrig Erkrankten ein Koch, der wegen Diebstahls vorbestraft war.

Das Winckelmannhaus in Stendal.

Die Kunde von seinem Tod erschütterte für einen Augenblick die Welt der Gebildeten. Mehr vom Leben und Wirken des Begründers der klassischen Archäologie und Kunstgeschichte berichtet das Museum, das die Stadt Stendal in Zusammenarbeit mit der Winckelmann-Gesellschaft 1955 am Ort seiner Geburt gegründet hat. In der uns überlieferten Gestalt stammt das Haus in der heutigen Winckelmannstraße Nr. 36/37 aus der zweiten Hälfte des 18. Jahrhunderts. Nach der Restaurierung von 1979 bis 1986 beherbergt es neben einer ständigen und wechselnden Ausstellungen eine Spezialbibliothek zur internationalen Winckelmann-Forschung. In den Sommermonaten wird zu Konzerten, Vorträgen und Lesungen im Innenhof mit der Bronzekopie des sitzenden Hermes eingeladen.

So ist das Wunder von Stendal noch immer auf seine Art lebendig.

Johann Joachim Winckelmann

Gedanken über die Nachahmung der griechischen Werke in der Malerei und Bildhauerkunst (1755)

Das allgemeine vorzügliche Kennzeichen der griechischen Meisterstücke ist endlich eine edle Vielfalt und eine stille Größe, sowohl in der Stellung als im Ausdruck. So wie die Tiefe des Meeres allezeit ruhig bleibt, die Oberfläche mag noch so wüten, ebenso zeigt der Ausdruck in den Figuren der Griechen bei aller Leidenschaftlichkeit eine große und gesetzte Seele. Diese Seele schildert sich in dem Gesichte des Laokoon, und nicht in dem Gesichte allein, bei dem heftigsten Leiden. Der Schmerz, welcher sich in allen Muskeln und Sehnen des Körpers entdeckt und den man ganz allein, ohne das Gesicht und andere Teile zu betrachten, an dem schmerzlich eingezogenen Unterleibe beinahe selbst zu empfinden glaubt, dieser Schmerz, sage ich, äußert sich dennoch mit keiner Wut in dem Gesichte und in der ganzen Stellung. Er erhebt kein schreckliches Geschrei ... Die Öffnung des Mundes gestattet es nicht; es ist vielmehr ein ängstliches und beklemmtes Seufzen ... Der Schmerz des Körpers und die Größe der Seele sind durch den ganzen Bau der Figur mit gleicher Stärke ausgeteilt und gleichsam abgewogen. Laokoon leidet, aber er leidet wie des Sophokles Philoktetes: sein Elend geht uns bis an die Seele, aber wir wünschten, wie dieser große Mann das Elend ertragen zu können.

Die von Winckelmann beschriebene Plastik des „Laokoon".

Gottfried August Bürger

geb. 31. 12. 1747
in Molmerswende (Harz),
gest. 8. 6. 1794 in Göttingen.

Die Bürger-Büste von H. Bebernitß (1973) vor dem Pfarrhaus.

Gottfried August Bürgers Geburtshaus in Molmerswende

Brunhild Neuland

Von der Burg Falkenstein über Pansfelde erreicht man zu Fuß in etwa zwei Stunden den kleinen Ort Molmerswende. Von Süden kommend, könnte man den Münchhausenweg wählen, der von Wippra über Braunschwende zum Geburtshaus des Dichters Gottfried August Bürger führt.

Ich rühme mir
Mein Dörfchen hier!
Denn schön're Auen,
Als rings umher
Die Blicke schauen,
Blühn nirgends mehr.
...
Hier Felsenwand,
Dort Ährenfelder
Und Wiesengrün,
Dem blaue Wälder
Die Grenze ziehn!

So dichtete Bürger 1771. In die freie Übersetzung von Pierre Joseph Bernards „Hameau“ sind wohl auch Kindheitserinnerungen an seinen Geburtsort Molmerswende eingeflossen. Das Pfarrhaus, in dem er Silvester 1747 geboren wurde, ist seit 1969 Bürger-Museum. Der Fachwerkbau aus dem 18. Jahrhundert und die 1771 umgebaute Kirche umschließen eine parkähnliche Anlage. In Bürgers Kindheit war sie ein großer Obstgarten. Der Schöpfbrunnen vor dem Pfarrhaus und die Küche mit altem Kochgeschirr sind Sachzeugen des damaligen Alltags.

Das Geburtshaus von Johann Gottfried Bürger in Molmerswende.

Ein gesonderter Raum im Erdgeschoß des Museums dokumentiert die mehr als 850 Jahre alte Geschichte von Molmerswende. Mitte des 18. Jahrhunderts grenzte der Ort, selbst preußisch, unmittelbar an das Fürstentum Anhalt und wenige hundert Meter hinter Bürgers Geburtshaus an die sächsische Enklave Steinbrücken und Abberode. Wie Gerichtsakten belegen, nutzten die Bauern, die von der Landwirtschaft und vom Korbflechten nicht leben konnten, die komplizierte Territorialstruktur zum Schmuggel mit Erzeugnissen wie Zucker und Tabak. Das Dorf war arm und die Pfarrstelle, die Bürgers Vater 1741 übernahm, „eine der schlechtesten im Lande", wie der Halberstädter Superintendent Weißbeck vermerkte.

Zu Leben und Werk Bürgers informieren Räume im Erdgeschoß, im oberen Stockwerk befindet sich eine Münchhausen-Ausstellung. Die Kindheit des Dichters verlief wohl recht unbeschwert. Von seinem zwölften Lebensjahr an sorgte der wohlhabende Großvater mütterlicherseits, Jacob Philipp Bauer, für eine gute Ausbildung. Begleiteten die Geschichten der Luther-Bibel und die Sagen des Harzes Bürgers Kindheit, so prägte die geistige Atmosphäre des Schülers und Studenten die mitteldeutsche Aufklärung mit ihrem Kräftespiel zwischen Pietismus und Aufklärung. Von

Blick zur Kirche von Molmerswende und zum Bürgerhaus.

1760 bis 1763 besuchte er das Königliche Pädagogium der Franckeschen Stiftungen, von 1764 bis 1767 als Theologiestudent die Hallenser und von 1768 bis 1771 als Jurastudent die Göttinger Universität.

Entscheidend für Bürgers Entwicklung als Autor wurde sein freundschaftlicher Umgang mit den Dichtern des Göttinger Hain, mit Hölty, Miller, Voss und den Grafen Stolberg. Angeregt durch Herders Bemühungen um das Volkslied machte er zu seinem poetischen Credo: „Man lerne das Volk im ganzen kennen, man erkundige seine Phantasie und Fühlbarkeit, um jene mit gehörigen Bildern zu füllen und für diese das rechte Kaliber zu treffen.“ Mit seiner 1773 entstandenen *Lenore* führte er die Ballade als Kunstform in die deutsche Literatur ein. Sie wirkte als Prototyp bis ins 19. Jahrhundert. Noch Theodor Fontane äußerte bewundernd: „Der Ruhm Bürgers hat mir immer als ein Ideal vorgeschwebt: ein Gedicht und unsterblich.“

Die prägnante Anschaulichkeit und leidenschaftliche Gefühlsintensität seiner Balladen, die das Schicksal einfacher Leute gestalteten, beeindruckten die zeitgenössischen Leser. Thematisierte Bürger in den Balladen die Anmaßung und Willkür von Aristokraten, die das Lebensrecht anderer verletzten, so entwickelte er in seiner Liebeslyrik eine nicht weniger aktuelle Problematik: die Emanzipation der Sinnlichkeit. Vor allem die Molly-Lieder mit ihrer ausgeprägten Subjektivität machen die Liebe als Befreiung der Sinne wie als ausweglose Ausgeliefertsein erlebbar.

Doch nicht mit seinen Balladen und seiner Liebeslyrik oder als langjähriger Herausgeber des *Göttinger Musenalmanach* ist Bürger dem heutigen Lesepublikum vertraut, sondern als Verfasser der *Wunderbaren Reisen zu Wasser und zu Lande, Feldzüge und lustige Abenteuer des Freiherrn von Münchhausen.* Seine witzige, volksnahe Bearbeitung des von Erich Raspe 1785 anonym veröffentlichten englischen Münchhausen, vor allem aber die von Bürger erfundenen und hinzugefügten Geschichten, gaben dem Stoff jene sprachliche und geistige Originalität, die den Erfolg als Volksbuch sicherten. Wer kennt sie nicht, die Geschichten vom Ritt auf der Kanonenkugel oder der Rettung am eigenen Zopf aus dem Sumpf und wer hätte nicht Spaß an ihrem Erzählgestus, der wie selbstverständlich das Unmögliche als möglich ausgibt?

Weniger glücklich als sein Münchhausen bestand Bürger die eigenen Lebensabenteuer. Von 1772 an Amtmann am Uslarschen Gericht von Alten-Gleichen, häufig befaßt mit „Zwei-Pfennigsgeschäften" und Auseinandersetzungen mit den Gerichtsherren, ließen ihm die beruflichen Belastungen kaum Zeit für seine dichterischen Arbeiten. Nie endende Geldsorgen kamen hinzu. Vor allem aber die lust- und qualvollen Beziehungen in einer Ehe zu Dritt mit seiner Frau Dorette und deren Schwester Auguste (Molly) ließen Bürger klagen: „Denn das Leben, was ich führe, ist kein Leben. Ich will aber noch glücklich sein."

Die erhoffte Lebenswende brachte auch seine Anstellung als Professor in Göttingen 1784 nicht. Seine Vorlesungen, die Kants Philosophie an der Universität einführten, waren „eine Ketzerei", wie Boie 1787 Voß berichtete. Vor allem aber traf ihn Schillers vernichtende Kritik seiner Gedichte in der *Allgemeinen Literaturzeitung* 1791. Maß Schiller Bürgers Lyrik an der Elle seiner „Idealisierkunst" und tadelte gerade ihren Vorzug, ihren subjektiven und privaten Charakter, so fand der einstige Duz-Bruder Goethe für Bürgers Leben und Werk eine weitaus differenziertere Einschätzung: „Es ist traurig anzusehen, wie ein außerordentlicher Mensch sich gar oft mit sich selbst, seinen Umständen, seiner Zeit herumwürgt, ohne auf einen grünen Zweig zu kommen. Trauriges Beispiel: Bürger."

Gottfried August Bürger

Der Bauer
An seinen Durchlauchtigen Tyrannen

Wer bist du, Fürst, daß ohne Scheu
Zerrollen mich dein Wagenrad,
Zerschlagen darf dein Roß?

Wer bist du, Fürst, daß in mein Fleisch
Dein Freund, dein Jagdhund, ungebläut
Darf Klau und Rachen haun

Wer bist du, daß, durch Saat und Frost,
Das Hurra deiner Jagd mich treibt,
Entatmet, wie das Wild? –

Die Saat, so deine Jagd zertritt
Was Roß, und Hund, und du verschlingst,
Das Brot, du Fürst, ist mein.

Du Fürst hast nicht, bei Egg und Pflug,
Hast nicht den Erntetag durchschwitzt.
Mein, mein ist Fleiß und Brot! –

Ha! du wärst Obrigkeit von Gott?
Gott spendet Segen aus; du raubst!
Du nicht von Gott, Tyrann!

Johann Wolfgang von Goethe

geb. 28. 8. 1749 in Frankfurt am Main,
gest. 22. 3. 1832 in Weimar.

Friedrich von Matthisson

geb. 23. 1. 1761 in Hohendodeleben bei Magdeburg,
gest. 12. 3. 1831 in Wörlitz bei Dessau.

Rousseausche Landschaft Goethe und Matthisson im Wörlitzer Garten

Ingo Pfeifer

Nach Tische im Regen die Tour vom Parck im Regen. Wie das Vorüberschweben eines leisen Traumbilds." – Es muß an diesem 13. Mai 1778 wohl besonders stark geregnet haben, daß der Schreiber dieser Tagebuchzeilen den Regen gleich zweimal erwähnt. Der Park jedoch begeisterte ihn ungemein und an die geliebte Frau von Stein in Weimar schrieb er: „Hier ists ietzt unendlich schön. Mich hats gestern Abend wie wir durch die Seen Canäle und Wäldgen schlichen sehr gerührt wie die Götter dem Fürsten erlaubt haben einen Traum um sich herum zu schaffen. Es ist wenn man so durchzieht wie ein Mährgen das einem vorgetragen wird und hat ganz den Charackter der Elisischen Felder in der sachtesten Manigfaltigkeit fliest eins ins andre, keine Höhe zieht das Aug und das Verlangen auf einen einzigen Punckt, man streicht herum ohne zu fragen wo man ausgegangen ist und hinkommt. Das Buschwerck ist in seiner schönsten Jugend, und das ganze hat die reinste Lieblichkeit ..."

Der Besuch im Mai 1778 war nicht der erste Johann Wolfgang Goethes in Wörlitz. Bereits während seiner Leipziger Studentenzeit 1768 erwog er eine Reise in das kleine Fürstentum Anhalt-Dessau, hatte es sich doch herumgesprochen, daß der berühmte Antikenkenner und Kunsttheoretiker Johann Joachim Winckelmann aus Rom anreisen werde, um den Fürsten Leopold III. Friedrich Franz zu besuchen. Da Winckelmann aber seine Reise abbrach und auf der Rückfahrt nach Rom ermordet wurde, fiel auch der Besuch Goethes in Dessau aus.

Im Dezember 1776 kam er dann in Begleitung des jungen Weimarer Herzogs Carl August. „... zu Wörlitz das Schloß besehen", wie der Tagebucheintrag vom 5. Dezember lautet. Das freie ungestüme Leben und die Freundschaft der beiden Regenten wirkte anregend auf den seit einem Jahr in Weimar lebenden Dichter. „Wir hetzen uns mit den Sauen herum, und mir tuts besonders wohl, daß soviel Neues um mich herum lebt", schrieb er begeistert.

Doch beim Eislaufen auf dem Wörlitzer See brach er ein. Nur das beherzte Zugreifen der Anwesenden bewahrte ihn vor Schlimmerem und rettete der Nation ihren zukünftigen Dichter.

Weitere Visiten in die Gartenlandschaft an Elbe und Mulde folgten. Meist reiste er als Begleiter seines Herzogs, der das „wohl-administrierte und zugleich äußerlich geschmückte Land" in diplomatischer Mission oder als Jagdgast gern und oft besuchte.

Johann Wolfgang Goethe, anonyme Kreidezeichnung, vielleicht auch Selbstporträt (1777).

Goethe beeindruckte die Gestaltung des Gartens, ja eines ganzen Landes, die der Fürst seit 1764 nach Maßgaben der Schönheit und Nützlichkeit unternahm, statt feudale Größe militärisch zu demonstrieren – wie Friedrich II. von Preußen zur gleichen Zeit. In seinem *Schema zu einem Aufsatz, die Pflanzenkultur im Großherzogtum Weimar darzustellen* liest man: „Der Park zu Dessau (Wörlitz), als einer der ersten und vorzüglichsten berühmt und besucht, erweckte Lust der Nachahmung." Und so sind die Weimarer Parkanlagen an der Ilm wie auch Anna Amalias Garten in Tiefurt ohne das Wörlitzer Vorbild nicht denkbar. An anderer Stelle formulierte er rückblickend: „Die Neigung der damaligen Zeit zum Leben, Verweilen und Genießen in freier Luft, ist bekannt, und wie die sich daraus entwikkelnde Leidenschaft, eine Gegend zu verschönern und als eine Folge von ästhetischen Bildern darzustellen, durch den Park des Herzogs von Anhalt angeregt, sich nach und nach zu verbreiten angefangen habe."

Das zwischen 1769 und 1773 von Friedrich Wilhelm von Erdmannsdorff erbaute frühklassizistische Wörlitzer Schloß.

1782 besuchte der ganze Weimarer Hof Wörlitz. Anlaß war der Geburtstag der Dessauer Fürstin Luise am 24. September. Traditionell traf man sich am Drehberg zwischen Wörlitz und Vockerode. Hier erhob sich, umgeben von mehreren konzentrischen Erdwällen, das zukünftige Grabmal der fürstlichen Familie. In Anlehnung an antike Sportfestspiele liefen auf den Kreisbahnen die Bewohner der umliegenden Dörfer um die Wette, während die Herrschaften Schiedsrichter spielten und die Gewinner mit goldbetressten Hüten oder Wäsche belohnten. Den Abschluß bildete stets ein Pferderennen zwischen dem Drehberg und Wörlitz.

Bei aller Vertrautheit und Freundschaft, die die beiden Fürsten aus Dessau und Weimar verband, empfand der Gartenfürst den Dichterfürsten doch stets etwas fremd und unnahbar: „Wir harmonierten nicht recht in

Gesinnung und Gefühl. Als Dichter kam er mir nie, als Staatsmann nur auf Augenblicke nahe. Als Kunstkenner und Freund des Altertums stand er mir schon näher, in manchen Stücken war er sogar weiter gekommen; denn er hatte tiefere Studien gemacht. Die Schauspielkunst, die ihn damals, als er mich zuweilen mit dem Großherzog, zuweilen allein besuchte, ganz besonders interessierte, ließ ich noch links liegen. Ich hatte mehr und anderes zu tun. Nur, was die gotische Baukunst und die schöne Gartenkunst anlangt, da mußte er mir den Preis zugestehen und vor mir die Segel streichen. Er hatte ja England nicht gesehen. Sonst war er mir, ich weiß nicht, wie ich es ausdrücken soll, zu vornehm, zu höfisch-gemessen, manchmal ungemein schweigsam. Auch spürte ich im allgemeinen etwas von Inhumanität an ihm."

Blick zur Rousseau-Insel.

Toleranz-Blick, von der Goldenen Urne aus: Die Synaoge und ein neogotischer Kirchturm erscheinen gleichwertig.

Schriftsteller nach Franzens Geschmack waren eher Rousseau, dem er eine Insel weihte, sowie Gellert und Lavater, deren Büsten im „Labyrinth" Aufstellung fanden. Empfindsam belehrende Literaten, ohne die abgründige Tiefe und zuweilen boshafte Ironie des Weimaraners. Selbst Johann Reinhold und Georg Forster standen dem Fürsten näher, der für Teile ihrer Südsee-Sammlung einen „Othaheitischen Pavillon" errichten ließ. All dies entsprach dem schwärmerischen Ruf der Zeit, „zurück zur Natur" zu wollen, während Goethe immer schärfer die Widersprüche der Kultur auszuhalten forderte. So erinnert hier nichts an den Dichter, der jedoch auf seine Art dem Wörlitzer Garten in den „Wahlverwandtschaften" ein Denkmal gesetzt hat.

Noch eine merkwürdige Anekdote sei hinzugefügt. Hier die bereits 1828 publizierte „offizielle" Version: Vor dem Schloß soll an einem sonnigen Tag eine kleine Gesellschaft gesessen haben. Die Fürstin Luise habe gestickt, der Fürst gelesen, Goethe habe gezeichnet und ein Hofkavalier gedöst. Da sei ein Bienenschwarm vorbeigeflogen und Goethe habe gemeint: „Die Menschen, an welchen ein Bienenschwarm vorüber streicht, treiben, nach einem alten Volksglauben, dasjenige, was gerade im Augenblick des Ansummens von ihnen mit Vorliebe getrieben wurde, noch sehr oft und sehr lange. Die Fürstin wird noch viel und noch recht köstlich sticken, der Fürst wird noch unzähligemale interessante Sachen vorlesen, ich selbst werde gewiß unaufhörlich im Zeichnen fortmachen, und Sie mein Herr Kammerherr, werden bis ins unendliche faulenzen."

An der Anekdote wäre nicht viel aufregendes außer, daß Goethe später mehr schrieb als malte, gäbe es nicht noch eine andere Version. Im Tagebuch der Fürstin liest sie sich folgendermaßen: „... und der Herzog (Carl August von Sachsen-Weimar-Eisenach) faullenste. Als ein Bienenschwarm über uns sich in einen Baum setzte, sachte Göthe, daß dies eine lange Fortsezung unsers gegenwärtigen Thuns bedeute."

Das Graue Haus, erbaut 1789/90 als Wohnhaus der Fürstin Luise, deren Sekretär Matthisson war.

Die Veröffentlichung dieser Geschichte und ihre diskrete Veränderung verdanken wir einem Mann aus Hohendodeleben bei Magdeburg, Zögling des Kloster Berge und begeisterten Wörlitz-Dichter. Im Frühjahr 1781 trat der gerade zwanzigjährige Friedrich Matthisson als Lehrer in das weit gerühmte Dessauer Philantropin ein. Diese neue Musterschule Deutschlands, wenige Jahre zuvor von Basedow gegründet, zog Schüler wie Pädagogen gleichermaßen an. Was man jedoch demonstrieren wollte, Freundschaft, Sittlichkeit und Anstand fiel gerade so manchem Lehrer schwer. Schon nach drei Jahren verließ er Dessau wieder, um eine Hofmeisterstelle bei der Gräfin Juliana Sievers in Hamburg anzunehmen. Nach deren Tod zog er als Lehrer ihrer Söhne mit zu einem Onkel, dem Grafen Gotthard von Manteuffel nach Heidelberg. Hier lernte er den Schweizer Publizisten Karl Viktor von Bonstetten kennen und als sich Matthisson kurz darauf mit dem Grafen überwarf, gewährte ihm Bonstetten Asyl in seinem Haus am Genfer See.

Seither gehörte Matthissons große Liebe der Schweiz. Es war eine doppelte Liebe, zum freien, republikanischen Staatswesen und zur grandiosen Welt der Berge. Seine elegischen Gedichte, deren erster Band 1781 erschienen war, trafen genau den Geschmack der Zeit und der eleganten Damenwelt. Er wurde der Modepoet der letzten zwanzig Jahre vor dem Jahrhundertwechsel, gepriesen von Wieland und von Schiller ein „Jünger der wahren Schönheit" genannt.

In der Schweiz begegnete er 1792 der Fürstin Luise von Anhalt-Dessau wieder, die hier Linderung von ihren zahlreichen Leiden suchte. Da Kunst zu Brot gehen mußte und ihm der kleine Musterstaat an der Elbe aus seiner Lehrerzeit vertraut war, trat er kurz entschlossen als Sekretär und Reisebegleiter in den Dienst der Fürstin. Darüber hinaus gestattete ihm die adlige Nähe, seinem stets geliebten Hobby zu fröhnen, die Bekanntschaft berühmter Menschen zu suchen und sich Stammbuchverse eintragen zu lassen. So liest sich ein Verzeichnis seiner Bekanntschaften von 1821 wie ein „Who is who" des 18. und beginnenden 19. Jahrhunderts.

Bald war auch die Liebe der schönen Hofdame Luise von Glaffey gewonnen und dem familiären Glück schien nichts im Wege zu stehen. Doch der elegante und reisefreudige Matthisson nutzte die Nähe der Fürstin, um weiterhin die Schweiz, Italien und Tirol zu bereisen und ließ die junge Gattin in Anhalt allein zurück. Im September 1798 wurden beide geschieden und schon machte sich Anette von Glaffey, Cousine der vorigen, Hoffnungen, die Gattin des galanten Dichters zu werden. Nur Matthisson hatte wohl genug der Ehe genossen.

Pikant wurde die Situation, als er 1810 die um 30 Jahre jüngere Luise Schoch, Tochter des Wörlitzer Hofgärtners Johann Gottlieb Schoch, heiratete. Deren Tante Luise war seit Jahr und Tag die Mätresse des Fürsten Franz und ihm in morganatischer Ehe angetraut. Der Sekretär der betrogenen Fürstin wurde damit quasi zum Schwippschwager des Fürsten und die Idylle zur Provinzposse. Als Matthisson die erneute Heirat auch noch persönlich seiner Ex-Gattin mitteilen wollte und diese ihn der Tür verwies, hatte er sich endgültig den Unmut vieler ehemaliger Freunde zugezogen. Der Tod der Fürstin klärte im Jahr darauf die Situation. Matthisson löste sein Versprechen ein, das er einige Jahre zuvor dem württembergischen König Friedrich gegeben hatte. Als Privat- und Oberbibliothekar sowie Mitglied der Oberintendanz des königlichen Theaters ging er nach Stuttgart. Der Adelstitel und die Ernennung zum Ritter des Königlichen Württembergischen Civildienstordens folgten. Doch aus dem in Worten und Bildern schwelgenden Dichter wurde ein Reime drechselnder Hofpoet. Seine Servilität gegenüber dem württembergischen Hof nahm teilweise geradezu groteske Züge an. Therese Huber schrieb in einem Brief über ihn: „Den Dichter Matthisson sehen wir sehr viel, aber stumpfer und geistloser wie dieser völlig veraltete Mann, bei dem ich seit 18 Jahren nie etwas von Geiste kannte, gibt es nicht.“

1824 starb seine Frau. Alt und einsam kehrte er 1828 nach Wörlitz in die Familie des Hofgärtners Schoch zurück. Und hätte nicht Ludwig van Beethoven sein Gedicht *Adelaide* vertont, wüßte heute niemand mehr, wer Friedrich von Matthisson war. Am 12. März 1831 starb er in Wörlitz. Das Grab ist heute noch auf dem städtischen Friedhof zu finden. Nur seine Wohnhäuser sind dem Zahn der Zeit zum Opfer gefallen.

Friedrich von Matthisson

Adelaide

Einsam wandelt dein Freund im Frühlingsgarten,
Mild vom lieblichen Zauberlicht umflossen,
Das durch wankende Blütenzweige zittert,
Adelaide!

In der spiegelnden Flut, im Schnee der Alpen,
In des sinkenden Tages Goldgewölken,
Im Gefilde der Sterne strahlt dein Bildnis,
Adelaide!

Abendlüftchen im zarten Laube flüstern,
Silberglöckchen des Mais im Grase säuseln,
Wellen rauschen, und Nachtigallen flöten:
Adelaide!

Einst, o Wunder! entblüht auf meinem Grabe,
Eine Blume der Asche meines Herzens ;
Deutlich schimmert auf jedem Pupurblättchen:
Adelaide!

Johann Wolfgang Goethe

geb. 28. 8. 1749 in Frankfurt am Main,
gest. 22. 3. 1832 in Weimar.

Heinrich Heine

geb. 13. 12. 1797 in Düsseldorf,
gest. 17. 2. 1856 in Paris.

Die Gedenksteine für Goethe und Heine auf dem Brocken.

Der Zauberberg
Literarische Harzwanderungen

Jens-Fietje Dwars

Das nördlichste Gebirge Deutschlands hat seit je den Blick aller Reisenden angezogen. Weithin sichtbar und weite Sicht gewährend vom blau schimmernden Blocksberg herab. Letzteres freilich erst seit drei Jahrhunderten. Denn lange blieb der von Sümpfen umgebene Brocken unerreichbar. Um so mehr erregte er die Phantasie in Zeiten des Glaubens und des Aberglaubens.

Schon Plinius galt der einstige Urwald als Wohnstätte von Satyren. Aus dem Mittelalter stammt die Sage, wonach in der Nacht zum 1. Mai böse Geister, Hexen und Hingerichtete auf dem Gipfel ihr Unwesen trieben. Wendelin Helbach nannte ihn um 1570 noch vornehm in lateinischen Versen einen „Weithinschauer". 99 Jahre darauf erschien ein derber 600-Seiten-Konvolut mit dem wundervoll barocken Titel *Blockes-Berges Verrichtung oder ausführlicher geographischer Bericht von dem hohen trefflich alt- und berühmten Blockes-Berge, ingleichen von der Hexenfahrt und Zauber-Sabbathe, so auff solchen Berge die Unholden von gantz Teutschland jährlich den 1. Maij in Sanct-Walpurgis-Nachte anstellen sollen. Aus vielen Autoribus abgefasset und mit schönen Raritäten angeschmücket sampt zugehörigen Figuren von M. Johanne Praetorio.*

Im Unterschied zu seinen Vorgängern kannte Johann Friedrich Löwen die Gegend, die er als Dritter literarisch verarbeitete, aus eigener Anschauung. Die „Walpurgisnacht" des gebürtigen Clausthalers von 1756 war eine erfrischende Satire auf das vermeintliche Hexenwesen. Ein harmloses Spottgedicht mit ungeahnten Folgen, da es nebenbei auch einen Doktor Faust an Beelzebubs Seite auf den Brocken führte.

Zunächst eroberten jedoch Wanderer das Gebirge. Darunter Friedrich Gottlieb Klopstock und Johann Wilhelm Ludwig Gleim, der mit seinem Halberstädter Freundeskreis des öfteren den Gipfel bestieg. Für sie wurde er zum „Berg der Cherusker", wie Friedrich Leopold zu Stolberg ihn im Sinne der *Hermanns Schlacht* von Klopstock umschrieb – als ein trotziges Zeichen des Willens zu nationaler Einheit nach der endgültigen Zer-

Hexen und Teufel auf dem Brocken. Kupferstich aus Johannes Praetorius' Buch „Blockes-Berges Verrichtung" (1668). – Goethe nutzte die Darstellung des Leipziger Barockdichters für die Ausarbeitung der Walpurgisnachtszene seines „Faust". Im Unterschied zu Goethe hat Praetorius allerdings den Brocken nie bestiegen.

reißung Deutschlands im Siebenjährigen Krieg. Aber schon Christoph Hölty sang 1776 wieder ein artiges Hexenlied.

Ein Jahr später brach der berühmteste Brockenbesucher zum ersten Mal in die mittlerweile gut erschlossene Region auf. Doch kam er nicht als Tourist im Wonnemonat Mai mit Postkutschen gefahren, sondern ritt nach einem „geheimen Plan" im naßkalten November. In nur 16 Tagen legt er zu Pferd und zu Fuß, über und unter Tage, nahezu 500 Kilometer zurück und bringt am Ende ein Gedicht voller Rätsel heim – die *Harzreise im Winter*:

Dem Geier gleich,
Der auf schweren Morgenwolken
Mit sanftem Fittich ruhend
Nach Beute schaut,
Schwebe mein Lied.
Denn ein Gott hat
Jedem seine Bahn
Vorgezeichnet,
Die der Glückliche
Rasch zum freudigen
Ziele rennt;
Wem aber Unglück
Das Herz zusammenzog,
Er sträubt vergebens
Sich gegen die Schranken
Des ehernen Fadens,
Den die doch bittre Schere
Nur einmal löst.
...

Goethe, der Verfasser der Ode, hat sie nach einem halben Jahrhundert selbst kommentiert. Demnach sei er 1777 in den Harz gereist, um einen Unglücklichen zu besuchen, der den Autor des *Werther* um Rat in seiner Verzweiflung an der Welt bat, und habe sich sodann im Bergbau kundig gemacht sowie zuletzt den Brocken bestiegen. Auch in der *Campagne in Frankreich* kommt der alte Geheimrat 1822 noch einmal auf sein jugendliches Abenteuer zurück. Doch gerade der ausführliche Bericht, der die späte Lesart zu befestigen scheint, läßt Zweifel aufkommen, schaut man in das Tagebuch der wirklichen Reise und die Briefe, die er unterwegs an Charlotte von Stein schrieb.

Tatsächlich hat Goethe, als Maler Joachim Wilhelm Weber verkleidet, einen gleichaltrigen „Selbstquäler" in Wernigerode aufgesucht und die Gelegenheit genutzt, einen Blick in die Gruben des Oberharzes zu werfen, da er gerade zum Leiter der neuen Bergwerkskommission in Ilmenau ernannt worden war. Aber ist nicht diese Reise eine einzige Selbstquälerei, durch Sturm und Schlamm sich treibend, voll innerer Unruhe? Mit dem heimlichen Ziel, den Blocksberg im Schnee zu bezwingen, was ein jeder, den er fragt, für unmöglich hält und keiner vor ihm je gewagt, aber auch niemand sich gewünscht hat. Was trieb ihn zu solch riskantem Abenteuer?

Granitklippen im Brockengebiet, Zeichnung von Goethe.

Dem jungen Mann, der mit 27 Jahren in das höchste, einem Bürger überhaupt erreichbare, Amt emporstieg, war sein Glück wohl nicht geheuer. Entsprang es einer Laune des noch jüngeren Herzogs von Weimar, oder hat ein Gott die Bahn ihm vorgezeichnet? Diese und noch andere Fragen sollte der Ritt in den Harz entscheiden. Mithin, ob er als ruhloser Wanderer weiterziehen würde oder Wurzeln schlagen, ausharren in unerfüllter Begierde zur Frau von Stein – wie sein Faust später in „Wald und Höhle".

Der Unglückliche der Ode war ein Teil seiner selbst, die Harzreise eine Probe auf die Gültigkeit seines bisherigen Lebens, das der Dichter in die Hand der Götter legte. Mehr als einmal hätte es enden können. Nicht nur in der Grube Dorothea, wo unmittelbar vor ihm ein Gesteinsbrocken niederschlug. Daß ihm der unmögliche Aufstieg zum verschneiten Gipfel gelang, der im Nebel zu versinken schien, doch ihn oben mit sonniger Klarheit empfing, nahm Goethe als das Zeichen, um das er die Unsterblichen bat.

Das ist heidnisch gedacht, wie auch das Bild des „Geiers" sich nicht im zeitgenössischen Sprachgebrauch für Raubvögel erschöpft, sondern zugleich an die Augurien der Antike erinnert, an Versuche, aus dem Flug der Geier den Götterwillen zu deuten. Wer heute auf dem Goethe-Pfad vom Torfhaus zum Brocken wandert, wird all dies kaum nachempfinden können. Schon der Weimarer selbst ist beim zweiten und dritten Mal 1783/84 viel nüchterner in den Harz gereist, nunmehr im milden September und vor allem geologische Studien betreibend.

Nur in seiner Dichtung klingen die tieferen Motive noch an: Im Gedicht *Die erste Walpurgisnacht* von 1799 fordert ein Wächter, die „dumpfen Pfaffenchristen / ... / Mit dem Teufel, den sie fabeln," selbst zu überlisten, sie durch Krach und Feuer mit ihren eigenen Spukgeschichten zu erschrecken, damit die Druiden, Priester der Natur, ungestört nach oben ziehen und einem „alten heilgen Brauch" gemäß Allvater loben können.

Goethe kehrt die Sage um, in der dunkel die Erinnerung an altgermanische Bräuche, an das Frühlingsfest der Vermählung von Wodan und Frija nachklingt, während er die unterdrückten Triebe einer scheingläubigen Gegenwart um so schärfer in der *Walpurgisnacht* des *Faust* ausbrechen läßt: Das christlich fromme Volk, das im Gedicht über furchtbare Heiden klagt, offenbart in der Tragödie seine „teuflische" Lüsternheit. Satan ist der verborgene Gott der kleinen, Leib und Geist einengenden Welt, in der Gretchen ihrem Verführer als verführerisches Idol erscheint, das zu besitzen, er unbemerkt eine ganze Familie auslöscht.

Walpurgisnacht, Federzeichnung zu Goethes „Faust" von Moritz Retzsch (1834).

Die Entwürfe zum Auftritt des obersten Teufels auf dem Blocksberg hat der Staatsminister mit weiser Vorsicht in seinen Nachlaß verbannt. Es dürften die radikalsten Texte sein, die jemals für die deutsche Bühne geschrieben wurden. Mit äußerster Schärfe und Leichtigkeit verdichten sie Sex und Macht als Formen der Reproduktion von Herrschaft durch lusterregende Unterwerfung.

Auch in dieser unvollendeten, lange zensierten und kaum so lebensprall auf dem Theater verwirklichten, Gestalt hat die Goethesche Walpurgisnacht fortan die meisten Bildungsreisenden auf den Brocken gelockt. Nur Seume und Kleist standen, vor Erscheinen des *Faust I*, mit ungutem Gefühl auf dem Gipfel. Der Publizist plebejischer Abstammung spürte 1798, nicht höher in seinem Vaterlande aufsteigen zu können. Und der Dramatiker bemerkte 1797, auf dem Berg, wie auf Thronen, sei die Temperatur zu rauh, der menschlichen Natur nicht angemessen, beider Standpunkt zu hoch und das Schöne um sie her zu tief liegend.

Das Wolkenhäuschen auf dem Brocken. Graf Christian Ernst von Stolberg, ein eifriger Brockenbesteiger, hat es 1736 erbauen lassen. Davor finden sich heute Erinnerungsmale an Goethe und Heine.

Die Nachfolgenden gaben sich dem Zauber des Augenblicks hin, der märchenhaften Sicht ins Weite, wie dem Schauer des Außerordentlichen, das elegische Stimmungen und die Sehnsucht nach Geborgenheit weckt.

Joseph von Eichendorff (1805), Friedrich von Matthisson (1816) und Adalbert von Chamisso (1824) haben davon geschrieben. Einen Monat nach dem letzteren aber begab sich ein ganz anderer „Romantiker“ ins Gebirge. Der Student aus Göttingen genoß die Schönheiten der Landschaft, fing sie in volksliedhaft leichte Verse ein, wie vor ihm nur der Alte in Weimar, und hatte doch einen ebenso wachen Blick für die kleinen Nöte und Eigenarten der Namenlosen, die ihm auf seiner Wanderung begegneten.

Wer mag, kann diese Harzreise über Clausthal, Goslar und den Brokken bis ins Selketal nachvollziehen, denn ihr Bericht hat den bis dahin unbekannten Heinrich Heine zu einem der noch immer meistgelesenen und einst heftig umstrittenen Dichter gemacht. Seine feine Ironie und Liebe zum esprit der Franzosen, den er teutonisch gemütvollem Untertanengeist vorzog, war nicht jedermanns Sache. Im Brockenbuch fand er sie verewigt – „die Herren Akziseeinnehmer mit ihren verschimmelten Hochgefühlen, die Kontorjünglinge mit ihren pathetischen Seelenergüssen, die altdeutschen Revolutionsdilettanten mit ihren Turngemeinplätzen, die Berliner Schullehrer mit ihren verunglückten Entzückungsphrasen usw.“

Es könnte daher gefährlich sein, ihm auf seinem Wanderweg von Ilsenburg zur Anhöhe zu folgen. Vielleicht verwechselt sein Geist uns mit den Jünglingen, die er im Rausch ihres trunkenen Glücks statt des Fensters einen Kleiderschrank öffnen sah, um in die Dunkelheit hinauszurufen: „`Ich steh auf des Berges wolkigem Gipfel, unter mir liegen die schlafenden Städte der Menschen und blinken die blauen Gewässer. (...) Aber ach! ich bin beladen mit Leid, und meine Seele ist traurig!'“ Würden wir dann noch mit ihm lachen?

Der alte Goethe tat es nicht, als der junge Mann ihn am Ende seiner Reise am Frauenplan besuchte. Unbewegt, wie eine Statue des Jupiter, soll er ihn angeschaut haben, bis Heine stotternd einfiel, die Pflaumen, auf dem Weg von Jena her, schmeckten sehr gut. Und der Gott lächelte.

Den Blocksberg haben noch viele besucht: Hans Christian Andersen 1831, Emmanuel Geibel 1831/45, Ludwig Uhland 1842, Otto Roquette feierte hier mit Hallenser Studenten Goethes 100. Geburtstag, Berthold Auerbach kam 1851, Victor Scheffel drei Jahrzehnte darauf, auch Wilhelm Raabe, Hermann Löns, Theodor Fontane. Erst im Jahrhundert der Technik und anderer Aufstiege zu Macht und Herrlichkeit verlor der Berg seinen seltsamen Zauber. Bei Wilhelm Busch heißt es zuletzt nur noch augenzwinkernd profan:

In der ersten Nacht des Maien
Läßt's den Hexen keine Ruh.
Sich gesellig zu erfreuen
Eilen sie dem Brocken zu.
Dorten haben sie ihr Kränzchen.
Man verleumdet, man verführt,
Macht ein lasterhaftes Tänzchen,
Und der Teufel präsidiert.

Johann Friedrich Reichardt

geb. 25. 11. 1752 in Königsberg,
gest. 27. 6. 1814 in Giebichenstein
bei Halle

Reichardt etwa 1794, zeitgenössischer Kupferstich.

Gesellige Kunst als gelebter Alltag Reichardts gastlicher Garten in Giebichenstein

Angelika Reimann

Ein schöner, heiterer Mann mit freundlichem Blick und freier Stirn bat mich bei ihm einzutreten ... Poleni war es, den wir als politischen Schriftsteller mit einander schon früh ehrten. Er erfreut sich hier nach manchen Verfolgungen einer tätigen Ruhe in der Mitte seiner Kinder. – Wir traten in sein Wohnzimmer, seine vier Töchter sangen zum Pianoforte ein Chor, wir setzten uns still und unbemerkt hinter ihnen. Ich sah vor mir ausgebreitet das mannigfache Grün des Parks, der durch eine große, geöffnete Tür, mit dem Lichte in den Saal zu treten schien, das von dieser Seite allein hineinleuchtete, die Wohlgerüche unzähliger Blumen umdufteten mich, ihr buntes Farbenspiel bekränzte die Tür. Dies alles vereint, vielleicht auch die eigentümliche Schallzurückwerfung im Saale berauschten mich wunderbar mit dem Gedanken, von ihnen im Lichte getragen walle die volle Harmonie der Töne zu mir."

Burg Giebichenstein bei Halle an der Saale, Zeichnung (um 1810).

Mit der Gestalt des sympathischen Poleni setzte Achim von Arnim 1802 in dem Roman *Hollins Liebesleben* seinem väterlichen Freund Johann Friedrich Reichardt bereits zu dessen Lebzeiten ein Denkmal und schlug in nuce all die Motive an, die den Reichardtschen Garten zu einem kulturvollen Kleinod im mitteldeutschen Raum werden ließen.

Als sich der preußische Hofkapellmeister Reichardt im Jahre 1794 endgültig aus Berlin nach dem kleinen Dorf Giebichenstein bei Halle zurückzog, lag der Zenit seines Lebens bereits hinter ihm. Eine zu offen geäußerte Begeisterung für die Ziele der Französischen Revolution hatten dem knapp Vierzigjährigen die Ungnade des Königs eingebracht. Fristlos entlassen, erwarb Reichardt jenes idyllisch gelegene Landgut am Fuße der sagenumwobenen Giebichensteiner Burgruine, aus dem er bald seinen weithin berühmten Garten zauberte. Angeregt von den großräumigen Parkschöpfungen in Wörlitz und Weimar ging er daran, sein reichlich zwei Hektar großes Besitztum, das vorwiegend aus Obststreuwiesen bestand, im englischen Landschaftsstil umzugestalten.

Ausgangspunkt waren die Gutsgebäude, die mit Wohnhaus, Scheune und Stallungen damals einen weit in die Seebener Straße hineinragenden Komplex bildeten. Der großen Scheune südlich vorgelagert, entstand der Hausgarten, regelmäßige Gemüsebeete, von Buchsbaum eingefaßt und von Beerensträuchern durchzogen. Östlich vom Wohnhaus legte Reichardt dagegen Rasenflächen und Blumenrabatten an, so daß der in Armins Romanausschnitt so stimmungsvoll erwähnte Gartensaal in eine blühende Landschaft hinauswies. Von hier führte er zwei, in weiten Kehren großräumig geschwungene Wege aus schweren Porphyrplatten den Hang hinan zu einem schönen Aussichtspunkt, von dem aus der Besucher zum nahen Giebichenstein hinüber- und weit ins Saaletal hinausschauen konnte. Die Hänge bepflanzte Reichardt mit einheimischen und ausländischen Laub- und Nadelgehölzen, wobei gerade letztere dem Garten seinen eigentümlichen, romantischen Reiz verliehen. Als heitere Kontrapunkte zu diesen kräftig konturierenden Baum- und Strauchgruppen mit ihrem üppigen Grün pflanzte er schließlich zahlreiche Arten von Blütensträuchern an, die den Garten die ganze Vegetationsperiode über in einen Farben-, Duft- und Blütenrausch verwandelten. Sogar ein murmelnder Bach fehlte nicht in diesem herrlichen Gebilde, das sich ohne die empfindsamen Elemente der englischen Gartenkunst wie künstliche Ruinen, abgebrochene Säulen und Freundschaftsurnen, ganz allein auf die Natur gestellt, behauptete. So verwundert es nicht, daß Reichardts Garten von einem Zeitgenossen als die „schönste Komposition seines Lebens und seines Geistes“ bezeichnet worden ist.

Reichardts Garten heute; das Denkmal erinnert an den Komponisten und Schriftsteller.

Dieses Pflanzen- und Tierparadies vor den Toren der seinerzeit meistfrequentierten Universitätsstadt Halle ist unter Reichardts agiler Ägide schnell zu einem Ort heiterer Geselligkeit und menschlich-offener Begegnung herangewachsen. Aus dem Bedürfnis heraus, an allem geistig Hervorragenden seiner Zeit Anteil zu nehmen, hatte Reichardt die Gabe entwickelt, herzliche Kontakte zu bedeutenden Persönlichkeiten, besonders zu Künstlern und Wissenschaftlern, zu unterhalten. Seine Stellung als preußischer Hofkapellmeister und später als preußischer Salinendirektor, sein guter Ruf als Komponist und seine rege politisch-publizistische Tätigkeit hatten dieses Bedürfnis ebenso unterstützt wie seine auf ausgedehnten Reisen geschulte Weltkenntnis und gesellschaftliche Gewandtheit. Wenn seine Gastfreundschaft auch nicht frei von Eitelkeit gewesen ist, so verband er diese auf seinem Landgut in Giebichenstein doch mit einer anrührenden, ganz von Musik und Musen durchwebten Familienatmosphäre. Reichardts schöne Frau Johanna und eine zahlreiche Schar anmutiger Töchter belebten Haus und Garten. Alle musikalisch begabt, so daß sie Ludwig Tieck wie „Gesangsgöttinnen" erschienen, „die den Hain bewohnen". Sie pflegten die Hausmusik auf Reichardtsche Art, sangen nicht nur Haydnsche Oratorien, sondern vor allem schlichte, innige Liedkompositionen mit Instrumentalbegleitung. Zur Verstärkung der Singstimmen schätzte Reichardt vorzüglich die Blasinstrumente. So richtete er seine Kompositionen für Klarinetten, Oboen, Flöten und Fagotte ein, die trotz der saalefeuchten Giebichensteiner Luft auch im Freien zu brauchen waren. Zwei Bedienstete ließ er im Waldhornblasen unterrichten, damit sie seine Töchter begleiten konnten. „Nicht allein um das Klavier versammelt, hörte man sie gern singen. Wenn, oft an ... lauen und stillen Sommerabenden, die alten wehmütigen ... deutschen Gesänge, von dem Waldhorn begleitet, in dem stillen Garten erklangen, war der Eindruck hinreißend."

Blieb Reichardt in seiner Orchestermusik auch tief in den Traditionen des Rokoko befangen, gelang es ihm jedoch, der deutschen Liedentwicklung wichtige Impulse zu verleihen. Entgegen den Gepflogenheiten seiner Zeit hielt er sein Liedschaffen vom italienischen Einfluß frei und erschloß dem deutschen Kunstlied eine neue musikalische Quelle: das heimische Volkslied. Eine Tendenz, die ihn zutiefst mit den Bestrebungen der damals jungen deutschen Dichtergeneration, mit der Frühromantik, verband, auch wenn es ihm selbst versagt blieb, den Schritt zur Musik der Romantik mitzuvollziehen. Deren besten Vertretern ist Reichardt ein väterlicher Freund und herzlich-aufgeschlossener Gastgeber gewesen, was seinem Landgut später den Beinamen „Herberge der Romantik" eingetragen hat.

Ludwig Tieck kannte Reichardt noch von Berlin her. Als dieser im Jahre 1792 die Universität Halle bezog, wanderte er oft nach Giebichenstein hinaus, wo er in der Schwester von Reichardts Gattin, in Amalie Alberti, die Frau seines Herzens fand. Hierher brachte er auch seinen Freund und Herzensbruder, den zurückhaltenden und in sich gekehrten Wilhelm Heinrich Wackenroder. Der ließ sich vom Hausherren gern in Klavierspiel und Harmonielehre unterweisen und scheute sich nicht, mit ihm seine erste große poetische Arbeit, die *Herzergießungen eines kunstliebenden Klosterbruders*, zu besprechen. Das Werk erschien 1797 bei Unger, den Titel soll Reichardt geprägt haben.

Im Sommer 1799 begleitete Tieck den noch nicht dreißigjährigen, aber bereits von tiefem Leid und Todessehnsucht gezeichneten Novalis nach Giebichenstein, der warmherzige und verständnisvolle Aufnahme in Reichardts Familie fand. Nach Tiecks Zeugnis sollen hier, inmitten der blütensatten Natur, in Novalis die Idee zu seinem *Heinrich von Ofterdingen* gewachsen und einige seiner geistlichen Lieder entstanden sein.

Auch die Bekanntschaft mit Achim von Armin rührte noch von Berlin her, wo Reichardt seinerzeit als Kapellmeister unter der Intendanz von Arnims Vater gewirkt hatte. So fand der Sohn in Giebichenstein eine zweite Heimat, als er im Jahre 1798 sein Studium in Halle antrat. Zu diesem Zeitpunkt hatte sich gerade Clemens Brentano von Reichardt verabschiedet, der nur vom Sommersemester 1797 bis Ostern 1798 an der Alma mater Hallensis weilte. Alle drei verband ihre Vorliebe für das deutsche Volkslied. Brentano hatte schon während seiner kurzen Studienzeit eine Sammlung von Hallorengesängen begonnen. Sicher haben auch seine Gedanken über die gesangliche Verbreitung solcher Lieder eine ihrer Wurzeln in seinen Gesprächen mit Reichardt. Aus diesen Anfängen heraus ist *Des Knaben Wunderhorn* entstanden, dessen Nachwort Achim von Arnim eigens „An Herrn Kapellmeister Reichardt“ adressierte. Darin hieß es: „Daß ich zu Ihnen (Reichardt) spreche, findet in unsrer Befreundung sein Recht und in der Sache seinen Grund. Haben Sie doch selbst mehr getan für alten deutschen Volksgesang als einer der lebenden Musiker, haben Sie ihn doch nach seiner Würdigkeit den lesenden Ständen mitgeteilt, haben Sie ihn doch sogar auf die Bühne gebracht ...“ Reichardt wiederum druckt Arnims Nachwort in seiner geachteten musikalischen Zeitschrift ab, um die Wiederentdeckung des deutschen Volksliedes durch die Romantiker auch publizistisch zu unterstützen.

Die Reihe der Besucher, die nach Giebichenstein pilgerten, läßt sich fortsetzen. Mit Achim von Arnim kam dessen Verlobte und spätere Frau Bettina, geborene Brentano. Es kamen die Brüder August Wilhelm und Friedrich Schlegel, die allerdings später ein bitteres Zerwürfnis mit Reichardt ausfochten. Wilhelm Grimm, ein auch in Notzeiten treuer Freund der Familie. Jean Paul und der junge Varnhagen von Ense, und es kam sogar Johann Heinrich Voß, der Dichter und berühmte Homer-

Übersetzer aus Eutin, der sich eigentlich nirgends auf der Welt wohl fühlte außer daheim. Im Laufe der Jahre gab er Reichardt über 60 Gedichte zur Vertonung und berichtet über einen Besuch in Halle: „Sooft es nur irgend sich machen läßt, steigen wir auf Wallfahrten nach dem stillen Hüttchen, wo man es ganz vergißt, unter bösen und törichten Menschen zu leben, auch wenn der Patriarch zwischendurch eine Strafrede gegen die Unmenschen hält."

Reichardt war jeder Gast wert und teuer. Doch einer war es besonders, den er erwartete, den er förmlich herbeisehnte: Goethe. Ihn schätzte er außerordentlich, als Menschen und als Dichter. Viele seiner Singspiele, unzählige seiner Lieder hatte er vertont. Reichardts Kompositionen im Stile Johann Gottlieb Grauns und Christoph Willibald Glucks waren es, denen Goethes Werke in den neunziger Jahren ihre weite Verbreitung verdankten. Herzliche persönliche Begegnungen, bereichernde gemeinsame Arbeit hatte es gegeben, – bis sich Reichardt im Jahre 1795 Goethes Sympathie durch eine freimütige Kritik an dessen Novellenzyklus *Unterhaltungen deutscher Ausgewanderten* verscherzte. Als bedingungsloser Demokrat, aber nicht undifferenzierter Anhänger der französischen Revolution, kritisierte er mit scharfen Worten die aristokratische Gesinnung, die sich in Goethes *Unterhaltungen* aussprach. Von Goethe und Schiller als deutscher Jakobiner par excellence verkannt, mußte Reichardt sich harte und zum Teil ungerechtfertigte Angriffe in Schillers *Musenalmanach für das Jahr 1797* gefallen lassen, in dem mehr als 50 *Xenien* ihren Stachel gegen ihn richteten.

Es spricht für Reichardt, daß er sich trotz dieses schwerwiegenden menschlichen Zerwürfnisses nicht beleidigt zurückzog, sondern im Januar 1801 dem von einer lebensbedrohlichen Gesichtsrose genesenen Goethe schrieb: „Alle meine bisherigen Bedenklichkeiten, mich Ihnen wieder ... zu nähern, verschwinden; ... ich fühle nur das Glück, Sie wieder außer Gefahr zu wissen ... Ich war eben die letzte Zeit so froh mit Ihnen beschäftigt gewesen, ... hatte zu Ihrem Egmont, der nächstens gegeben werden soll, Orchestermusik und einige Lieder, (dazu) ... viel herrliche einzelne Sachen aus *Euphrosyne*, aus *Alexis und Dora*, aus *Proserpina* ... glücklicher als je komponiert, täglich sangen wir die Sachen, Sie lebten in unserem schönsten Kunstgenuß mitten unter uns, als der harte Schlag uns traf, Ihr Leben sei in Gefahr! – Hätten Sie unsre Angst gesehn!"

Erleichtert ergriff Goethe die ihm gebotene Hand. Im Mai des folgenden Jahres, als er im nahen Bad Lauchstädt die Einweihung des neuerrichteten Sommertheaters vorbereitete, fuhr er selbst nach Giebichenstein hinüber, um Reichardt die Ehre zu erweisen. Wahrscheinlich hatte Goethe nicht geahnt, wie gewinnend der nicht nur von ihm oft als zudringlich empfundene Komponist und Weltmann in seinem selbsterschaffenen Reich der Düfte und der Töne aufzutreten vermochte. In den *Tag- und Jahresheften* hebt er seine Besuche „bei dem gastfreien Reichardt" ausdrücklich hervor: „... eine würdige Frau, anmutige, schöne Töchter, sämtlich vereint, bildeten in einem romantisch-ländlichen Aufenthalte einen höchst gefälligen Familienkreis, in welchem sich bedeutende Männer aus der Nähe und Ferne ... gar wohl gefielen und glückliche Verbindungen für das Leben anknüpften."

Die „bedeutenden Männer" waren zumeist Professoren der Hallenser Universität, insbesondere der Theologe und Kanzler August Hermann Niemeyer und der berühmte Homerforscher Friedrich August Wolf, mit dem „einen Tag zuzubringen ein ganzes Jahr gründlicher Belehrung einträgt", wie Goethe mehrfach selbst erfahren hatte. Bereichert wurde der Kreis aber auch von Vertretern der jungen Generation, etwa durch Reichardts Schwiegersohn, den norwegischen Philosophen und Naturforscher Henrik Steffens, und den Theologen Friedrich Schleiermacher.

Reichardt hat es verstanden, all diesen, in Herkunft, Charakter, Auffassungen und Intentionen so unterschiedlichen Menschen auf seinem „Landgütchen", wie er es selbst gern nannte, ein Stück Heimat zu geben. Wenn er von den Romantikern „der Geniale" genannt wurde, so spricht sich hierin wohl ein wenig jener Euphorie aus, die für das romantische Empfinden so prägend gewesen ist. Den Titel „humaner Weltbürger" hat Reichardt aber zweifellos ohne Einschränkung verdient. Sein Grab ist noch heute auf dem Alten Friedhof in Halle-Giebichenstein zu besuchen; von der vielgerühmten Pracht seines Gartens in der Seebener Straße ist freilich nur noch ein schwacher Abglanz zu ahnen.

Johann Wolfgang Goethe

geb. 28. 8. 1749 in Frankfurt am Main,
gest. 22. 3. 1832 in Weimar.

Christiane Vulpius

geb. 1. 6. 1765 in Weimar,
gest. 6. 6. 1816 ebd.

Goethe und Christiane, Kreidezeichnungen von F. Bury (1800).

Goethes Wirken als Theaterdirektor in Lauchstädt

Angelika Reimann

Das Theater ist hier sehr schön geworden", berichtet Goethes Lebensgefährtin Christiane Vulpius nach jenem denkwürdigen 26. Juni des Jahres 1802, als sich im Modebad Lauchstädt der Vorhang erstmals im neuerbauten Theatersaal öffnete. Goethe hatte es sich nicht nehmen lassen, unter dem Titel *Was wir bringen* selbst ein Vorspiel zur Einweihung des Theaters zu verfassen, in welchem dem Publikum in anmutig-heiterer Form vor Augen geführt wurde, was in der neuen Spielstätte zu erwarten sei: Possenspiel und Familiendrama, heiteres Maskenspiel und bürgerliches Rührstück, aber auch die hohe Kunst der Tragödie und der Oper sollten hier ihre Heimstatt finden. Die Zuschauer schienen einverstanden mit diesem Programm. Nach geendigtem Vorspiel riefen die Studenten ein dreifaches Vivat auf Goethe und ließen ihn als „größten Meister der Kunst" hochleben. Er hatte in der Mittelloge des Balkons ganz hinten Platz genommen, aber Christiane „stand auf, und er mußte vor, und sich bedanken", wie sie weiter berichtet. Nach Goethes Worten: „Möge

Das Lauchstädter Theater heute.

das, was wir bringen, einem kunstliebenden Publikum stets genügen", nahmen die Eröffnungsfeierlichkeiten mit Mozarts Oper *Titus* ihren Fortgang und wurden am Abend von Illumination und Bankett im Salon gekrönt.

Goethe und die Schauspieler des Weimarer Hoftheaters konnten zufrieden sein. Nicht nur die Kurgäste waren zur Eröffnung des neuen Theaters herbeigeströmt, sondern auch Studenten und Professoren der nahegelegenen Universitäten in Halle und Leipzig. Sie gehörten längst zum festen Stamm des Lauchstädter Theaterpublikums, denn gespielt wurde hier während der Badesaison bereits seit 40 Jahren. Zunächst waren es fahrende Schauspieltruppen, die in einer großen Scheune ihre Bretter aufgeschlagen hatten, später ist es der in Weimar engagierten Bellomoschen Truppe gelungen, von der kursächsischen Landesregierung in Dresden, der Lauchstädt unterstand, eine Spielkonzession für die Sommermonate zu erlangen und 1790 sogar die Erlaubnis, in Lauchstädt ein Theatergebäude zu errichten.

Dieses Gebäude fand Goethe vor, als er ein Jahr später von Herzog Carl August beauftragt wurde, in Weimar ein stehendes Hoftheater aufzubauen und dieses als Direktor zu leiten. Keine einfache Aufgabe, denn Goethe standen zunächst nur einige aus Bellomos Truppe zurückgebliebene Schauspieler zur Verfügung, deren künstlerisches Niveau kaum seinen Vorstellungen entsprach; und des Herzogs Kassen zeigten wie immer keine Überschüsse, mit denen man ein Hoftheater großzügig hätte ausstatten können. So war man schon aus finanziellen Gründen auf die Sommergastspiele angewiesen. Lauchstädt fiel dabei eine besondere Rolle zu, da es alljährlich ein sozial interessantes Gemisch von Badegästen beherbergte: neben adligen Familien aus dem mitteldeutschen Raum kamen reiche Bürger und Gelehrte aus den umliegenden Städten, so daß man hier ein ebenso zahlreiches wie gebildetes Publikum vorfand, in dessen Tagesablauf und Budget das Theater einen festen Platz einnahm. In Halle herrschte darüber hinaus zwischen 1771 und 1806 auf Betreiben der Geistlichkeit ein Theaterspielverbot, das Studenten und Professoren mit ihren Besuchen der Lauchstädter Bühne gern umgingen. So nimmt es nicht Wunder, daß Goethes erste Amtshandlung als neubestellter Weimarer Theaterdirektor darin bestand, seinem Ensemble das Lauchstädter Spielprivileg zu sichern und die bestehende Bühne zu kaufen.

Seither waren elf Jahre vergangen, Jahre, in denen Goethe das Weimarer Hoftheater zu einem der ersten Ensembles in Deutschland entwickelt hatte. Dominierten zunächst die beliebten bürgerlichen Rührstücke mit ihren sentimental-trivialen Fabeln aus den Federn Kotzebues, Ifflands und Schröders, so wagten sich die Weimarer nach und nach an die Stücke Lessings, Molières und Shakespeares heran. Dabei legte Goethe besonderen Wert auf ein ausgewogenes Ensemblespiel und bemühte sich, seine Schauspieler entgegen dem zeitüblichen naturalistischen Darstellungsstil zu Schönheit und Formvollendung in Gestik und sprachlicher Gestaltung zu führen.

Mit Schiller stand ihm seit 1798 nicht nur ein erstklassiger Theaterdichter, sondern auch ein erfahrener Theaterpraktiker zur Seite. Alle Schillerschen Stücke sind erfolgreich in Weimar inszeniert, fast alle seine klassischen Dramen hier sogar uraufgeführt worden. Sie gehörten auch in Bad Lauchstädt zum festen Repertoire jedes Theatersommers und enthusiasmierten das Publikum. So schreibt der Schauspieler und Regisseur Becker im Jahre 1800 nach der ersten Vorstellung der *Maria Stuart* in Bad Lauchstädt an Schiller: „Das Stück hat so gefallen, daß ich mich einer solchen Sensation nicht erinnern kann. Das einstimmige Urteil von allen Zuhörern war: Es ist das schönste Schauspiel, welches Deutschlands Bühne je dargestellt. Der Professor Niemeyer und meist alle Professoren von Halle waren gegenwärtig. Den Kassierer hat man gar nicht zur Kasse kommen lassen. Nachmittags um 1/2 3 Uhr hatte man schon alle Billetts aus seiner Wohnung abgeholt. Die Wut der Menschen über das kleine Haus war so groß, daß wir die Musici aus dem Orchester auf das Theater plazierten und selbes mit Zuschauern vollpfropften ... Dennoch mußten über 200 Menschen zurückbleiben." – Ebenso feierte das Musiktheater Triumphe. Besonders beliebt waren Opern von Mozart und Dittersdorf, die mit dem Engagement der jungen und begabten Sängerin Caroline Jagemann im Jahre 1797 zusätzlich an Reiz gewannen.

Man kann sich heute kaum mehr vorstellen, daß diese künstlerisch beachtenswerten und publikumswirksamen Inszenierungen in jenem von Bellomo errichteten Bretterbau aufgeführt worden sind, der unter den Studenten nur die „Schafhütte" hieß und den Hofkammerrat Kirms, der ökonomische Direktor des Weimarer Theaters, einen „quasi Stall" genannt hatte. Frühzeitig war deshalb auf Weimarer Seite der Beschluß gefaßt

Friedrich Schiller, Pastellzeichnung von Ludowike Simanowicz (1793).

worden, in Bad Lauchstädt auf eigene Kosten ein Theatergebäude zu errichten. Es vergingen allerdings Jahre, bis die kursächsische Regierung Goethes Antrag bewilligte und der Neubau im Jahre 1802 endlich ausgeführt werden konnte.

Damals entstand unter der Leitung des Berliner Architekten Heinrich Gentz jenes klassizistische Theatergebäude, das nach nur dreimonatiger Bauzeit im Juni 1802 eingeweiht wurde, und das man noch heute in Bad Lauchstädt bewundern kann. Es folgt bis in die Einzelheiten Goethes Plänen und ist das einzige Theater, das ganz nach seinen Vorstellungen errichtet worden ist. Besonderen Wert legte Goethe auf die architektonische Dreigliederung des Baues, der die kleine Vorhalle mit der Kasse, den Zuschauerraum und das Bühnenhaus jeweils unter ein eigenes Dach stellte. Offensichtlich wollte er den Eindruck, das Theater sei eine Hütte, ein für allemal aus dem Gedächtnis des Publikums auslöschen.

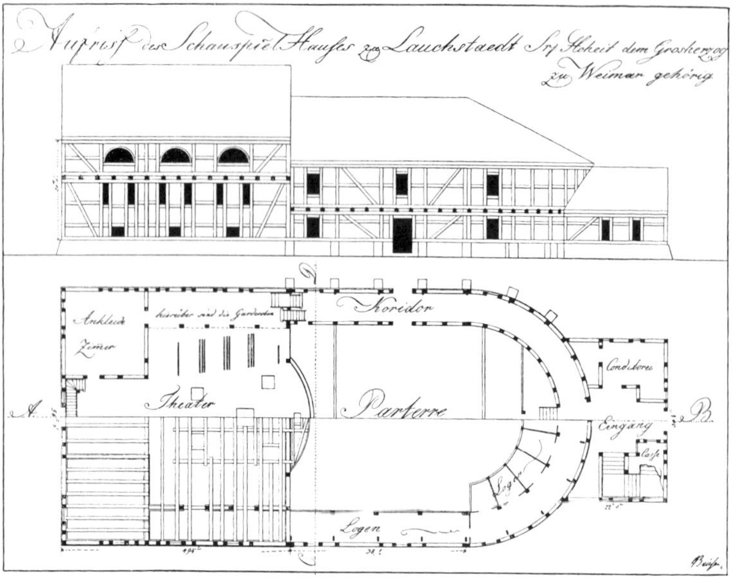

Das Theater im Zustand von 1802.

Der Zuschauerraum mit seinen damals 19 Bankreihen und einer umlaufenden Empore erhielt sein festliches Gepräge durch eine zeltartig gespannte und bemalte Leinwanddecke, deren zarte Motive der Schweizer Maler und Kunsthistoriker Heinrich Meyer, Goethes langjähriger Freund, entworfen hatte. Die Bühnenmaße stimmten exakt mit denen der Weimarer Bühne überein, so daß jede Inszenierung von den Kulissen bis hin zum einzelnen Arrangement mühelos übernommen werden konnte. Heute ist das Lauchstädter Theater deutschlandweit das einzige Theater der Goethezeit, das historisch getreu erhalten ist und noch mit originaler Bühnentechnik bespielt wird.

Daß das neue Lauchstädter Theaterhaus zu einem kulturellen Anziehungspunkt erster Güte avancierte, läßt sich denken. Der damals in Halle studierende Joseph von Eichendorff berichtet: „Die Komödienzettel kamen des Morgens schon, gleich Götterboten, nach Halle hinüber und wurden, wie später etwa die politischen Zeitungen, ... beim ‚Kuchenprofessor' eifrigst studiert. War nun ... ein Stück von Goethe oder Schiller angekündigt, so begann sofort eine wahre Völkerwanderung zu Pferde, zu Fuß oder in einspännigen Cabrioletts ... Niemand wollte zurückbleiben. Die Reicheren griffen den Unbemittelten ... willig unter die Arme, denn die Sache wurde ganz richtig als eine Nationalangelegenheit betrachtet. In Lauchstädt selbst aber konnte man, wenn es sich glücklich fügte, Goethe und Schiller oft leibhaftig erblicken ..."

In der Tat haben beide mehrfach in Bad Lauchstädt geweilt, zum Teil, um die Kur zu gebrauchen, aber auch, um sich einen Eindruck von der Bühnenwirksamkeit ihrer Inszenierungen zu verschaffen. Ihr Auftreten unterschied sich allerdings gravierend. Der Schauspieler Eduard Genast hat beobachtet, wie Schiller versuchte, den Ehrenbezeugungen der Menge auszuweichen. „Er ging gewöhnlich gebeugten Hauptes durch die Massen, jedem der ihn grüßte, freundlich dankend. Wie ganz anders war Goethe unter diesem Publikum ... einhergeschritten, stolz wie ein König, mit hocherhobenem Haupte, dasselbe bei einem Gruß nur gnädig neigend."

Nach der Jahrhundertwende besuchte Goethe zumeist die böhmischen Bäder. Nach Lauchstädt aber kam Christiane Vulpius, seine Geliebte und spätere Frau. Sie kam mit den Weimarer Schauspielern, die im Haus am Frauenplan verkehrten, deren Vertraute und Freundin sie war. Mit ihnen genoß die in Weimar ob ihres unkonventionellen Verhältnisses zu Goethe Vielgescholtene und Vielgeschmähte das Kurleben in vollen Zügen, spazierte auf der Promenade, ließ keinen Thé dansant und keinen Ball aus. Treulich berichtet sie Goethe, wie sie schon drei Tage und Nächte durchtanzt hätte, ohne müde zu werden. Ihre neuen Schuhe seien dabei allerdings entzwei gegangen und mußten durch ein weiteres Paar ersetzt werden. Goethe, auch wenn er Christianes Tanzlust nicht teilte, wußte sehr wohl, welch unschuldigem Vergnügen seine Liebste dabei nachging und ließ sie gern gewähren. Denn gerade während der Gastspiele war sie der gute Geist unter den Schauspielern, nahm sich ihrer Sorgen und Nöte an, schlichtete manchen Streit, besuchte als echte Theaterenthusiastin jede Vorstellung und unterrichtete Goethe vom Erfolg der Stücke, der zumeist an der Kasseneinnahme ablesbar war.

„... ohne Dich, weißt Du wohl", gesteht Goethe Christiane im August 1808, „könnte und möchte ich das Theaterwesen nicht weiter führen." An Christiane und ihren Beitrag zum jährlichen Theatersommer in Bad Lauchstädt erinnert heute ein Bronzeabguß der Christiane-Büste des

Weimarer Bildhauers Karl Gottlieb Weisser. Über 20 Jahre, bis 1811, haben die Weimarer Hofschauspieler hier jährlich gastiert und ihren Teil zum Vergnügen und zur „höhern Bildung" der Kurgäste beigetragen.

Kurpark und Kurbad.

Die Lauchstädter Christiane-Büste von K. G. Weißer (1811/12).

Johann Gottfried Seume

geb. 29. 1. 1763 in Poserna
bei Weißenfels,
gest. 13. 6. 1810 im böhmischen Teplitz,
heute Teplice.

Seume nach einer Zeichnung von H. V. Schnorr von Carolsfeld.

Der Spaziergänger aus Poserna
Johann Gottfried Seume

Jens-Fietje Dwars

„Ich ... bin der Meinung, daß alles besser gehen würde, wenn man mehr ginge. (...) Wo alles zu viel fährt, geht alles sehr schlecht, man sehe sich nur um! Sowie man im Wagen sitzt, hat man sich sogleich einige Grade von der ursprünglichen Humanität entfernt. Man kann niemand mehr fest und rein ins Angesicht sehen ... Fahren zeigt Ohnmacht, Gehen Kraft."

So steht es im Reisebericht *Mein Sommer 1805* von Johann Gottfried Seume. Was hätte er zu einer Zeit gesagt, in der sich für mobil hält, wer im Auto, lateinisch: „Selbstbeweger", fest sitzend über Landstraßen jagt? Biegt man von der Bundesstraße Nr. 87 kurz vor Rippach, der einst letzten Poststation auf dem Weg von Frankfurt nach Leipzig, an einer holprigen Gabelung rechts ein, läßt sich der Ort erfahren, an dem sein Lebenslauf im wörtlichen Sinne begann. Er führte ihn im Süden nach Syrakus und im Norden über Petersburg und Finnland bis Schweden.

Wo immer der Wanderer hinkam, registrierte er Mißstände und Ungerechtigkeiten im Leben der gebeutelten Völker. Am zornigsten aber machte ihn die Lage im eigenen Land, das, in Klein- und Kleinstfürstentümer zerstückelt, eine leichte Beute für Napoleon geworden war, der die Möchtegernherren sich wechselseitig ausstechen ließ. Nicht wenige beklagten die schmachvolle Niederlage des Heiligen Römischen Reiches Deutscher Nation. Doch anders, als die Propheten der späteren „Befreiungskriege" beschwor Seume keinen erhabenen Nationalgeist, sondern fragte nüchtern, worin die Stärke und Schwäche ganzer Nationen denn gründet.

„Der Franzose ohne Unterschied schlägt für sein Vaterland, ..., das ihm und seiner Familie eine gleiche Aussicht auf alle Vorteile ... wirklich gewährt." Gab er sich selbst zur Antwort. Aber: „Für wen soll der deutsche Grenadier sich auf die Batterie und in die Bajonette stürzen? (...) Er soll dem Tode unverwandt ins Auge sehen, und zu Hause pflügt sein alter, schwacher Vater frönend die Felder des gnädigen Junkers, der nichts tut und nichts zahlt und mit Mißhandlungen vergilt. (...) Er soll brav sein, und seine Schwester oder Geliebte muß auf dem Edelhofe zu Zwange dienen, ... und seine alte kranke Muhme, die kaum trockenes Brot hat, muß ihren zugeworfenen Haufen Flachs spinnen für den Hof, damit ihr nicht die Hülfe geschehe; und sein kleiner Bruder muß Botschaft laufen in Frost und Hitze für einen Groschen den Tag. Der kleine Landmann fährt und zieht und gibt; auf den großen Höfen rührt sich kein Huf und dreht sich kein Rad. Das nennt man denn Staat und gute Ordnung und Gerechtigkeit und fragt noch, woher das öffentliche Unglück kommt?"

Sätze, die in Deutschland nie zuvor geschrieben wurden, deren Schärfe und Anschaulichkeit erst drei Jahrzehnte danach Büchner im *Hessischen Landboten* wiederaufnahm. Wohl ohne sie zu kennen, denn Seume gehört nicht zu den viel Gelesenen im „Volk der Dichter und Denker", das seine kritischen Geister untergehen ließ, sie in den Wahnsinn oder ins Exil trieb. Wie Büchner, der gleich Seume die ersten Lebensjahre auf einem Dorf verbrachte. Beider Charakter schulte sich an klassischen Vor-

Dieses Haus steht heute an der Stelle von Seumes Geburtshaus in Poserna.

bildern, am stolzen Republikanismus eines Cato. Nur war der Bildungsweg des Jungen aus Poserna weit hemmungsreicher.

Seume wurde am 29. Januar 1763 geboren. Seit drei Tagen raubten preußische Truppen sämtliches Vieh aus den Dörfern rings um Weißenfels, da sie ihre Kontributionen nicht mehr zahlen konnten. Zwei Wochen darauf ging der Krieg zuende, der sieben Jahre gedauert und allein der Stadt 300 000 Taler gekostet hatte. Wie die Dörfer litten, deren Ernten die durchziehenden Heere verzehrten, ist nicht überliefert. Doch gewiß wird die Last lange im Gespräch der Landleute nachgeklungen haben, die ihr Kind Gottfried nannten. Vielleicht war unter ihnen auch die Erinnerung an einen anderen Krieg noch lebendig: vor zwei Menschenaltern hatte er dreißig Jahre lang die Felder verwüstet, hatten im Namen des wahren Gottesglaubens beim nahegelegenen Lützen 9000 Soldaten einander in sechs Stunden niedergemetzelt.

Wir wissen nur, daß sein Vater ein Böttcher war, dem die Heirat mit der Tochter eines Rippacher Schankwirtes einen bescheidenen Wohlstand sicherte. Not bedrückte den Sohn nicht, dafür aber das andere Elend der Ständeordnung: der Herrschaftsanspruch eines eifernden Pfaffen, der seinen Urgroßvater noch am Grab als Ketzer verschrie, weil der das „Bonzenwesen" der Kirche nicht gläubig hinnehmen wollte. Seumes Autobiographie *Mein Leben* zufolge, hat der Vater das Anwesen der Familie 1770 verkauft und ein Wirtshaus mit Landwirtschaft in Knautkleeberg bei Leipzig gepachtet, um einem Streit mit der Obrigkeit aus dem Wege zu gehen. 1775 starb er, mit 37 Jahren, nach Mißernten krank und zu Tode gearbeitet.

Ein umsichtig kluger Pfarrer entdeckte das Talent des Kindes und empfahl es dem Gutsherrn von Knauthain, der sich um den Nachwuchs seiner Geistlichen und Lehrer sorgte. Auch dies gehört zu den Widersprüchen der „deutschen Misere". Auf Kosten des Grafen von Hohenthal bezog er die Bornaer Latein- und die Leipziger Nikolaischule. Nach nur vier Jahren war der Dorfschüler reif für die Universität. Unfähig, einen Glauben zu heucheln, den ihm die französische Aufklärung austrieb, brach er jedoch das Theologiestudium ab, wurde schon am dritten Tag seiner ersten Wanderung von hessischen Werbern ergriffen und an englische Truppen in Amerika verkauft. Seume desertierte nach seiner Rückkehr 1783, geriet aber sogleich in die Hände der Preußen. Zwei Fluchtversu-

Seume-Büste, geschaffen für sein Grab in Teplitz.

che scheiterten, dann gelang es ihm, sich freizukaufen. Nun konnte er, mit einem Darlehen des Grafen, ein Studium des Rechts und alter Sprachen abschließen.

Der junge Mann wurde Übersetzer, Hofmeister eines livländischen Grafen und Geheimsekretär des russischen Gouverneurs in Polen, dessen Teilung, Erhebung und Niederlage durch eigene Uneinigkeit er erlebte. Seit 1797 betreute Seume als Korrektor bei Göschen die Werke Klopstocks. Schiller hatte indes sein Gedicht *Der Wilde* in die *Thalia* aufgenommen. Hohe Poesie war es nicht, aber eine der ersten Umkehrungen des Klischees vom guten Europäer und bösen Indianer. Mit dem gleichen wachen Blick unternahm er vom Dezember 1801 bis Oktober 1802 die Fußreise in den Süden, die als *Spaziergang nach Syrakus* in die Literaturgeschichte einging. Sein Bericht über die Nord-Reise von 1805 wurde sogleich im französisch besetzten Gebiet, Österreich und Rußland verboten. Auch politische Aphorismen unter dem Titel *Apokryphen* und den listigen Versuch, in einem lateinisch verfaßten Vorwort zu Plutarch-Anmerkungen die Gegenwart zur Sprache zu bringen, zerschlug die Zensur.

Seume starb 1810 im böhmischen Teplitz, wo er auf Linderung eines Nierenleidens hoffte. Um den Arzt daheim auszuzahlen, hatte er ihm die Geschichte seines Lebens überlassen, das Fragment eines großen Textes, um den sich Deutschland betrog. Den aufrechten Publizisten, der von seinem Vater die „Krankheit" geerbt hat, keine Ungerechtigkeit erdulden zu können, bewahrte der Tod vor einer Befreiung, die in die Restauration verhaßter Verhältnisse führte, für die wieder die Völker umsonst auf den Schlachtfeldern zwischen Rippach und Leipzig ihr Blut vergossen.

Sein Geburtshaus ist abgebrannt. An dem Klinkerbau, der 1854 an der gleichen Stelle, der heutigen Seumestraße Nr. 9 errichtet wurde, erinnert eine Tafel an den Spaziergänger von Poserna. Wer mehr über ihn erfahren möchte, der verlasse sein Fahrzeug und frage nach dem Seume-Verein für Heimatgeschichte.

NOVALIS

eigentlich
Friedrich Freiherr von Hardenberg
geb. 2. 5. 1772 Schloß Oberwiederstedt
bei Hettstedt,
gest. 25. 3. 1801 in Weißenfels.

Novalis, Srich von Edeuard Eichens (1845) nach dem Bildnis eines unbekannten Malers.

Schloss Oberwiederstedt
Novalis' Geburtshaus

Jörg Kowalski

In seinem Roman *Heinrich von Ofterdingen* schreibt Novalis, der 1772 im Schloß Oberwiederstedt geboren wurde: „Es mag wohl wahr sein, daß eine besondere Gestirnung dazu gehört, wenn ein Dichter zur Welt kommen soll." Die Sonnenfinsternis am Tag von Friedrichs Geburt ist verbürgt und wurde als gutes Omen gedeutet. Angeblich verhielten sich an diesem Tag auch Mars und Saturn nicht gleichgültig zueinander, behauptete später der Verfasser einer recht eigentümlichen Novalis-"Astro"-Biographe. Überhaupt sei sein Bild ganz „überirdisch", wie man es häufig bei erfolgreichen, aber schwärmerischen Menschen finde. Friedrich von Hardenbergs Horoskop ähnele sehr dem des fünf Jahre jüngeren Heinrich von Kleist. Wie bei vielen ernster zu nehmenden Novalis-Biographen, so überwiegen auch hier Wunschdenken und das Bedürfnis nach mythischer Überhöhung.

Sieht man von dieser „überirdischen", mehr zufälligen Konstellation ab, sind die Vorzeichen trotzdem günstig für Friedrich: er ist der erstgeborene Sohn der Wiederstedter Linie der Hardenbergs, eines der ältesten niederdeutschen Adelsgeschlechter. Friedrich wurde das Lieblingskind seiner Mutter, die ihn den anderen Geschwistern vorzog. Man wird ihn sich auf ihrem Schoß sitzend vorstellen müssen, mit langem lockigem Haar im Mädchenkleid, ähnlich wie auf jenem Gemälde vom Beginn des 19. Jahrhunderts, auf dem sich die inzwischen Fünfzigjährige mit einem Enkel zeigt. Auguste Bernhardine, geb. von Bölzig, trägt ein schwarzes, hochgeschlossenes Kleid, ihr Gesicht wird von einer weißen Haube umschlossen, dem Sinnbild weiblicher Demut und Häuslichkeit. Die Lippen sind fest aufeinandergepreßt und die Augenbrauen zusammengezogen, so daß sich über der Nasenwurzel tiefe Falten eingraben. Zeitgenossen beschrieben sie als feinsinnige, poetische Natur. Es ist ein Gedicht von ihr überliefert, in dem sie sich für Friedrich eine Zukunft als Dichter erträumt.

Novalis' Mutter Auguste Bernhardine (1749–1818)
mit dem Enkel Erasmus von Rechenberg.

Schloß Oberwiederstedt, das Geburtshaus von Novalis.

Die Taufe fand bereits einen Tag nach seiner Geburt statt. Die Eile, mit der man den Neugeborenen in die Reihen der Christenheit aufnahm, war allgemein üblich und verständlich, wenn man die hohe Säuglingssterblichkeit bedenkt, die damals, selbst in den vornehmeren Häusern, herrschte. Seine Freude über die Ankunft des Stammhalters tat der Vater, Heinrich Ulrich Erasmus Freiherr von Hardenberg, kund, indem der strenggläubige Pietist im schon damals blumenlosen Schloßpark eine Lindenallee pflanzen ließ, von der sich einige Bäume bis heute erhalten haben. Die Taufe von Friedrichs Schwester im Vorjahr hatte man mit weit weniger Aufwand gefeiert.

Schloß Oberwiederstedt liegt im Wippertal zwischen Hettstedt und Sandersleben am östlichen Rand des Harzes. Die Fahrt nach Wiederstedt führt durch das Mansfelder Revier: zwischen Pingen und Hohlen die rote Erde der Felder – eine Landschaft, geprägt vom Bergbau. Dem Schloß gegenüber erstreckt sich die einschiffige Kirche des Marienklosters. Mit 60 Metern ist das gotische Gotteshaus ungewöhnlich lang. Die Kirche ist das einzig erhaltene Bauwerk des einst gewaltigen Gebäudekomplexes des Dominikanerinnenklosters aus der 2. Hälfte des 13. Jahrhunderts. Seine Gebäude reichten bis dicht an das Schloß. Erst in den letzten Jahrzehnten fielen sie nach und nach den Abrißbaggern zum Opfer. Inzwischen sind

Friedhof und Schloßpark vom Schutt beräumt und die Wege neu angelegt. Der einstige Zauber der inmitten des Dorfes gelegenen idyllischen Anlage ist heute wieder zu spüren.

1523 flohen die Wiederstedter Nonnen, veranlaßt durch Luthers Reformation, in das kursächsische Allstedt. Das Kloster wurde in der Mitte des 16. Jahrhunderts säkularisiert und 1561 von den Grafen von Mansfeld mit allem Zubehör verpachtet. Den Ostteil der Kirche baute man damals in einen noch heute erhaltenen Kornspeicher um – ein bauhistorisches Unikum. Gleichzeitig wurde das Schloß, eine Zweiflügelanlage mit Treppenturm im Hofknick, unter Verwendung älterer Teile des Klosters erbaut und seit dem 17. Jahrhundert mehrfach verändert. Den Renaissanceerker des Schlosses bezeugen einige Türgewände im Inneren. Einem barocken Umbau ist das schöne Sandsteinportal mit der Jahreszahl 1687 und den Hardenbergwappen mit dem Keilerkopf zu verdanken.

Novalis' Vater war der dritte Herr auf Oberwiederstedt. Durch die Heirat seines Vorfahren Georg Anton von Hardenberg mit Katharina von Blankenburg war das Gut an die Familie von Hardenberg gelangt, deren Stammsitz sich in Nörten-Hardenberg bei Göttingen befindet. Ein Nörtener Vorfahre schrieb sich *de Novali*, einer der Neuland rodet. Das von Friedrich von Hardenberg in Anknüpfung an die Familientradition gewählte Dichterpseudonym *Novalis* war auch sein poetisches Programm.

Der Germanist Wilhelm Dilthey behauptete in seiner 1865 veröffentlichten Novalis-Monographie: „Bilder eines festen, glücklichen, bedeutenden Lebens umgaben ihn überall ... eine Kindheit, kampflos, in dem Geiste einer heiteren, herrnhutischen Frömmigkeit ..." Auch Sophie von Hardenberg, eine der späteren Verwalterinnen des Novalis-Nachlasses, zeichnete in ihrem 1873 erschienenen Buch *Friedrich von Hardenberg (genannt Novalis), eine Nachlese aus den Quellen des Familienarchivs* ein ähnliches Bild: „Das alte Haus in Wiederstedt war aber ebenso geeignet, Träumereien zu befördern, wie auch als Tummelplatz fröhlicher Kinder zu dienen. Wie schön spielte es sich in dem dämmrigen, großen Hausflur, in den langen Gängen, auf der steinernen Wendeltreppe mit den kleinen runden Fensterscheiben, durch welche das Licht gebrochen hereinfiel, ... fürwahr, es war eine fröhliche Kinderzeit, ein glückliches Leben."

Ob Friedrichs Kindheit wirklich so unbeschwert-fröhlich war, ist an-

Heinrich Ulrich Erasmus von Hardenberg (1738–1814), Novalis' Vater, Ölgemälde von Anton Graff.

zuzweifeln. Einige überlieferte Fakten sprechen dagegen. Freiherr von Hardenberg war bei Friedrichs Geburt 34 Jahre alt und hatte die sein Leben prägenden Schicksalsschläge schon hinter sich. Es wurde behauptet, er sei eine feurige, kraftvolle, ja leidenschaftliche Natur gewesen. Anton Graff malte ihn 1772, genau in jenem vierunddreißigsten Lebensjahr, mit fast kahlem Schädel und weichen Gesichtszügen. Er sieht zur Seite und streckt dem Betrachter die linke Hand entgegen. Diese Hand ist nur halb geöffnet, es scheint, als ob er sich nicht entschließen kann, die Hand ganz zu öffnen, es aber auch nicht wagt, sie zurückzuziehen oder zur Faust zu ballen. Strenge und Selbstsicherheit wirken aufgesetzt.

Die erste Frau des Vaters starb nach vier kinderlosen Ehejahren an den Blattern. Dieses Verhängnis wurde, wie später bei Friedrich der Tod der Geliebten Sophie von Kühn, zu einer Wende in seinem Leben. „Ich sah den traurigen Tod meiner Frau als eine besondere Strafe Gottes an", resümierte Novalis' Vater in einem Lebensabriß. Als ihm in diesem selbstquälerischen Zustand die damals gerade in Mode gekommenen Schriften des englischen Methodistenpredigers Dodrige in die Hände fielen, kam es zu einer Art religiösen Wiedererweckung. Nach Dodriges Vorbild schloß er ein schriftliches Bündnis mit Gott ab, das er bei jedem Abendmahl erneuerte. Ob die nähere Bekanntschaft mit den Herrenhuter Ideen, fünfzehn Jahre nach jener Wende, seinem Wesen wirklich eine größere Klarheit und „evangelische Milde“ verliehen, ist fraglich. Ludwig Tieck berichtet von einem Besuch im Haus der Hardenbergs, daß ein Diener die aus dem Nebenzimmer zu vernehmenden Schläge und Schreie der Kinder mit der Bemerkung kommentierte: „Der Herr gibt wieder Bibelunterricht.“

Auch Novalis Bruder Erasmus beschrieb später „den blinden Religionseifer“ des Vaters und „dessen wütende Feindschaft gegen alles, was Neuerung heißt“. 1770 heiratete Freiherr von Hardenberg durch die Vermittlung seiner Mutter eine verarmte Verwandte. In dieser ungleichen Ehe dominierte von vornherein Novalis' Vater. Die Mutter resignierte schnell und paßte sich an.

Für Friedrich war es mit Sicherheit schwierig, sich zwischen dem unsicheren Vater mit seiner pietistischen Frömmigkeit und aufgesetzten Härte und der unterwürfigen, kränkelnden Mutter zu orientieren, einen ruhigen Pol zu finden, der seinen Gefühlen Halt gab. Die hochgestochenen Erwartungen in den Erstgeborenen erfüllten sich nicht. Novalis war ein schwächliches, zartes Kind, dessen geistige Entwicklung zu wünschen übrig ließ. Der Vater verlor schnell das Interesse an seinem Sohn.

1780, inzwischen neun Jahre alt, erkrankte Novalis in Oberwiederstedt an der Ruhr. Die Krankheit fesselte ihn monatelang ans Bett und die Ärzte mußten ihn wegen einer „Atonie des Magens“ mit schmerzhaften Reizmitteln behandeln. Vielleicht waren es die Erfahrungen an der Grenze zwischen Leben und Tod, vielleicht aber auch die Tatsache, daß ihn der Vater in dieser Situation wieder wahrnahm, die Friedrich nach der Genesung schnell geistig und körperlich reifen ließen.

Während er sich von nun an zu einem selbständigen, aufgeweckten Kind entwickelte, erkrankte 1783 die Mutter. Drei Jahre nach der Geburt des siebenten Kindes bleibt bei ihr eine „Hypochondrie“ zurück. Apathie und Schwermut wechseln mit Erregungszuständen. „Das fortwährende Kränkeln der Mutter raubte dem Familienleben seinen schönsten Reiz, Heiterkeit und harmlose Fröhlichkeit, und drückte demselben den Stempel der Unbehaglichkeit auf“, vermerkte Sophie von Hardenberg in ihrer *Nachlese*. Trotzdem zeugte der Freiherr mit seiner kränkelnden Frau in den nächsten Jahren noch vier weitere Kinder.

1783 war für Novalis' Vater ein schweres Jahr, nicht nur wegen der Krankheit seiner Frau. Auch finanzielle Schwierigkeiten bedrückten ihn.

Der Elfjährige, Schattenriß, aus dem Besitz von K. A. Varnhagen von Ense.

Alle Güter der Familie lagen in Gebieten, die von der kursächsischen Hofkanzlei in Dresden verwaltet wurden. „Die Einkünfte dieser Herren sind ziemlich eingeschränkt, wie denn der kursächsische Adel ebenso zahlreich wie unvermögend ist“, vermerkte Kasper Riesbeck in seinen gerade 1783 erschienenen *Briefen eines reisenden Franzosen über Deutschland.*

1784 bewarb sich der Vater erfolgreich um die gut dotierte Stelle des Direktors der kursächsischen Salinen Artern, Kösen und Dürrenberg. Sie war mit der Auflage verbunden, „seinen ständigen Aufenthalt in der Nähe von Dürrenberg zu nehmen“. 1785 siedelt die Familie nach Weißenfels über.

Das Geburtshaus des bedeutendsten Dichters der deutschen Frühromantik ist Dank des Einsatzes beherzter Wiederstedter Bürger vor dem Abriß bewahrt worden. Durch die Bodenreform wurde die Familie von Hardenberg gewissermaßen über Nacht gezwungen, ihren Besitz zu verlassen. Nach dem Auszug der nach 1945 einquartierten Neusiedler wurde Schloß Oberwiederstedt Altersheim. 1981 mußte es wegen baulicher Mängel, die vor allem auf die unsachgemäße Nutzung und ausgebliebene Instandsetzung zurückzuführen waren, geräumt werden. Im Geburtszimmer von Novalis, rechts neben der Eingangshalle, das wegen Feuchtigkeit mit Zinkblech ausgeschlagen war, befand sich der Fernsehraum des Altersheimes. Hier ging eines Nachts der Fernsehapparat in Flammen auf, wie Brandspuren bis Ende der achtziger Jahre belegten.

1986 wurden fünf von den elf Achsen des Westflügels abgerissen. Proteste aus der ganzen Welt, vor allem aber die unermüdlichen Arbeitseinsätze der Wiederstedter Jugendlichen, verhinderten den weiteren Abbruch. Mit der Eröffnung einer kleinen Novalisgedenkstätte am 2. Mai 1989 konnten im Erdgeschoß die ersten Räume wieder der Öffentlichkeit zugänglich gemacht werden.

Nach der „Wende" übernahm das aus der Wiederstedter Initiativgruppe hervorgegangene Kuratorium „Novalis-Gerburtshaus Schloß Oberwiederstedt e.V." die Koordinierung der Arbeiten. Am 2. Mai 1992 wurde im Schloß die Internationale Novalisgesellschaft e.V. gegründet, die hier ihre Heimstatt fand.

Die Bauarbeiten am erhaltenen Teil des Schlosses sind nahezu abgeschlossen. In den nächsten Jahren sollen die abgerissenen Achsen des Westflügels rekonstruiert werden. Die Forschungsstätte für Frühromantik mit einer Novalis- und Romantikbibliothek ist ständige Einrichtung des Schlosses. Internationale Fachtagungen, Lesungen, Ausstellungen, Konzerte und eigene Publikationen, aber auch Märchenstunden für Kinder machen das Schloß Oberwiederstedt nicht nur zu einem Anziehungspunkt für Novalisverehrer aus aller Welt, sondern auch zu einem lebendigen Bestandteil der regionalen Kulturszene.

Lindenallee im Park von Schloß Oberwiederstedt.

Im Novalis-Geburtszimmer des Schlosses Oberwiederstedt wird neben der Taufmütze des Dichters auch das Novalisporträt von Franz Garais, das vermutlich aus dem Jahre 1799 stammt, ausgestellt. Franz Garais war der einzige Maler, der Novalis persönlich kannte. Alle späteren Bilder beruhen auf diesem Porträt. Es zeigt einen energischen jungen Mann mit schulterlangem Haar, um den Mund die Spur eines Lächelns. Novalis Erscheinung vermittelt den Eindruck von Klugheit, Ironie und innerer Ruhe. Keine Anzeichen der ihm von späteren Biographen angedichteten mädchenhaften Weichheit und romantischen Verträumtheit sind zu erkennen.

Neben seinen Dichtungen, wie *Heinrich von Ofterdingen*, *Die Hymnen an die Nacht*, *Die Lehrlinge zu Sais* und den *Geistlichen Liedern* ist von Novalis ein umfangreiches theoretisches Werk überliefert, das ohne seine praktischen Erfahrungen als Techniker, Geologe und Verwaltungsbeamter in den Salinen undenkbar wäre. Novalis' Werke variieren immer wieder sein Grundthema: die Sehnsucht nach der Einheit von Denken und Fühlen, von Wissenschaft, praktischer Tätigkeit und Poesie.

NOVALIS

Novalis-Büste von Friedrich von Schaper am Stadtpark in Weißenfels.

Ein Besuch im Weissenfelser Novalishaus

Gisela Kraft

In der Morgenfrühe des 25. März 1801 erwachte Friedrich von Hardenberg nach ruhig verbrachter Nacht und ließ sich von seinem Bruder Karl zwei Bücher ans Bett bringen. Karl hatte den vier Jahre älteren, an Schwindsucht erkrankten Friedrich seit Wochen gepflegt und war immer um ihn. Friedrich las ein wenig und sprach darüber, während er frühstückte. Gegen neun Uhr bat er Karl, für ihn Klavier zu spielen. Über der Musik schlief er ein. Friedrich Schlegel trat in die Stube, weckte aber den Freund nicht. Seit seiner Ankunft vor zwei Tagen hatten sie miteinander noch lebhafte Gespräche geführt. Nach zwölf Uhr hörte der Schlafende auf zu atmen. „Sein Gesicht war im Tode so unverändert freundlich, als wenn er lebte."

Das Novalishaus in Weißenfels.

Die Schilderung von Novalis' Tod ist authentisch, sie stammt von Karl selbst. Karl hat nicht nur eine Biographie des Bruders, sondern später unter dem Pseudonym Rostorff auch Lyrik publiziert. Ein Pseudonym zu wählen, ziemte sich für adlige Poeten. Anton, ein weiterer Bruder, nannte sich Sylvester.

Wir befinden uns im 3. Stockwerk des Novalishaus genannten Gebäudes in der Klosterstraße, stehen in der geräumigen Diele, hinter uns die Tür zum Treppenhaus. Links, rechts und vor uns zahlreiche Zimmertüren. Wie man weiß, die Schlaf- und Kinderzimmer der Hardenbergschen Familie. Von den elf Kindern sind zwei vor Friedrich gestorben, die älteste Tochter ist in der Lausitz verheiratet. Macht acht, die sich damals hier tummelten, das jüngste sieben Jahre alt. Frage jetzt keiner nach dem Elternschlafzimmer geschweige nach den Kammern der Diener und Wartfrauen. Heute ist der 25. März 1998, Novalis' 197. Todestag, und wir möchten nur wissen: Welches war sein Sterberaum?

Rechts vorn das derzeitige Domizil des Literaturkreises NOVALIS e.V. Das nordöstliche Eckzimmer mit einer liebevoll eingerichteten kleinen Ausstellung zum Leben des Dichters. Zwei winzige Büroräume schließen sich an. Der Rest der Etage: Büros verschiedener Firmen und Institutionen, mit Grünpflanzen, Computern, Kaffeemaschinen. Wo bitte – Ja, zwei Möglichkeiten böten sich an. Entweder das südöstliche oder das nordwestliche Eckzimmer. Im letzteren sei kürzlich unter Putzschichten ein Wandfresko entdeckt worden. Weshalb die Stimmen sich mehren: Dieses war es.

Wir dürfen in beide einen Blick werfen. Variante Nordwest: Platz für ein Bett an der Nordwand, darüber das verborgene Fresko, das hohe Westfenster nicht mit Blick ins Helle, über Baum und Sträucher zur Saalestraße hinunter, sondern damals noch, über die spaltschmale „Hundegasse" hinweg, auf die Klosterkirche. So daß unser Ohr gleich ein Zwölf-Uhr-Läuten des Glöckchens zu hören meint, Friedrich zu Häupten, und Bruder und Freund die Sterbestunde nicht von der Taschenuhr zu lesen brauchten.

Dennoch, warum ein Fresko? Weil Friedrich der älteste männliche Nachkomme war, am Tag seines Endes achtundzwanzig Jahre und knapp elf Monate alt? Grund, ihn hervorzuheben, doch könnte nicht auch der Vater, Kurfürstlicher Salinendirektor und Herrnhuter, Heinrich Ulrich

Erasmus von Hardenberg, hier, wenn nicht geschlafen, dann solo oder in Familie gebetet haben? Wir lassen Tür und Frage offen und queren die Diele nach Südost.

Dieses Zimmer ist kleiner, sein Fenster geht auf den Garten mit dem Pavillon. Wie bei dem anderen führt eine seitliche Tür in einen Nachbarraum. (Eine seinerzeit durchaus übliche Bauweise, für Wohlhabende freilich: Die Schlafkammer ist vom persönlichen Wohnbereich abgetrennt.) Hier hätte dem Frühaufsteher Novalis die Morgensonne aufs Lager geschienen. Undenkbar, daß das Klavier in der Kammer stand – zu laut für Lebende und für Sterbende. Es stand nebenan, Karls Musik drang durch die geöffnete Tür. Schlegel saß neben dem Bett, stand auf, lief hin und her, setzte sich wieder. Ich denke, hier war es.

Abstieg ins 2. Stockwerk, das mittlere. Die Beletage beherbergt heute eine Sozialstation. Früher möchte die Bewirtung der Gäste, die Zuvorkommenheit gegen Freunde und Fremde großzügiger ausgefallen sein, doch hat man sich Freiherrlich-Hardenbergsche Eleganz eher gediegen als üppig vorzustellen. Dafür spricht nicht nur die überlieferte Frömmigkeit des Elternpaares – Vater streng, Mutter devot –, sondern ein flüchtig gewährter Blick in den „Salon“, der die kühle Stattlichkeit des ganzen so unbarock anmutenden Barockhauses zu spiegeln scheint. Zurück ins Treppenhaus. Der Platz vor der Etagentür ist erweitert durch eine quadratische Plattform, umrahmt vom Treppengeländer. Hier stehen Stühle, stahlbeinige, ziemlich zerschlissen. Aus ungeleerten Aschenbechern riecht Elend. Klapp! sagt die Phantasie, setzt Kinder dorthin, behütete, mit allerlei bestickten Röckchen und Wämschen angetan. Hardenbergischer Nachwuchs, der quängelt, weil er eben jetzt nicht zu den Großen hereindarf. Wozu denn auch. Es gibt „Hof, Scheune, Ställe, Seiten- und Hintergebäude, Garten und Gartenhaus“, vermerkt im Kaufvertrag der Immobilie, zum Spielen. Hinaus mit euch, wir kommen nach, heben uns die weiland Salinenverwaltung, heute Stadtbibliothek im Erdgeschoß für nachher auf.

Draußen angelangt, ist allerdings von den erwähnten Nebengebäuden nicht mehr viel zu sehen oder zu betreten, allein der Pavillon im Garten zugänglich. Einst diente er winters der Aufbewahrung von Pflanzen, sommers vielleicht der Geselligkeit, heute – mit Heizung ausgestattet – ganzjährig dem Literaturkreis NOVALIS als Versammlungs- und Vortragsraum. Geschmackvoll restauriert, bildet er derzeit das Schmuckstück des Anwesens. Bis zum Jahr 2001, dem 200. Todesjahr des Dichters, soll das ganze Haus dessen Andenken und der Literatur gehören. Hoffentlich! Beim Freilegen des ursprünglichen Zustands werden manche Fragen nach der historischen Nutzung ihre Antwort finden. Ingo Bach, Weißenfelser Instanz in Sachen Novalis, wird dabei helfen. Eine gewisse Rätselhaftigkeit wird dennoch bleiben, denke ich, während ich jetzt auf der Straße vor der Fassade stehe. Sie ist nur durch die schmalen rechteckigen Fenster gegliedert, einziges Zeichen der Repräsentanz das erhöhte Portal, zu dem eine zweiläufige Freitreppe hinaufführt. Das schlichte Walmdach unterteilt von kaum aufgewölbten, „ochsenaugen"-artigen Gauben.

Wie mag sich neben dem wuchtigen Bau die Klosterkirche ausgenommen haben. Bescheiden vermutlich. Die Anlage des Nonnenklosters St. Klara stammte vom Ende des 13. Jahrhunderts. Im 16. Jahrhundert, nach der Reformation, wurde sie privatisiert. Nachdem im Dreißigjährigen Krieg das Wahrzeichen der Stadt, die Burg auf dem weißen Sandsteinfelsen, von den Schweden geschleift worden war, errichtete der Herzog von Sachsen-Weißenfels ab 1660 an ihrer Stelle Schloß Neu-Augustusburg. Zu dessen Zeit und Stil paßt das Novalishaus, gebaut auf dem Grund einer abgerissenen Klosterscheune. Als Hardenberg senior es 1786 erwarb, gehörte außer „Wand, Band, Nied, Clemmer, Nagel und Wurzelfeste" noch ein Stammplatz in der Kirche dazu.

Heinrich Ulrich Erasmus von Hardenberg, Berghauptmann der ehemaligen Grafschaft Mansfeld und Sachsen-Gotha-Altenburgischer Oberamtsmann, war nicht müßig und vermögend genug, um auf seinem im Hettstedtischen gelegenen Schloß Oberwiederstedt die Idylle zu pflegen. 1783 hatte er die Direktion der Saline Artern übernommen, Ende 1784 wurde er 1. Direktor der kursächsischen Salinen Artern, Kösen und Dürrenberg. Der Posten verlangte, daß er in Nähe der Salinen seinen Wohnsitz nahm. Das Weißenfelser Haus, bislang im Besitz der Witwe des Kreishauptmanns Senfft von Pilsach, bot außer der Größe noch weitere Vorteile. Es war „amtssässig", d.h. es unterstand nicht der Stadt, was Befreiung von Einquartierungen bedeutete, aber auch die Erlaubnis, ohne Zahlung von „Spundgeld" fremde Weine und Biere „zum Tischtrunke" einzulagern. Geschenkt! mag Hardenberg gedacht haben.

Zwischen Frühling und Sommer 1786 erfolgte der Umzug von Wiederstedt. Zur Familie gehörten bis dahin sieben Kinder, darunter der vierzehnjährige Friedrich.

Nach Jahren gezählt, hatte Friedrich von Hardenberg für die erste Lebenshälfte in Wiederstedt, für die zweite in Weißenfels sein Zuhause. Zuhause heißt nicht ständiger Aufenthaltsort. Bis 1790 entstehen einige hundert Jugendgedichte. Es folgt das Jahrzehnt der Ausbildungen und Praktika: Gymnasium Eisleben – Universität Jena (mit Geschichtsvorlesungen bei Schiller) – Universitäten Leipzig und Wittenberg. Im Oktober 1794, nach einem Examen in Jura, beginnt die Tätigkeit als „Amtsaktuar" beim Kreisamtmann Just in Tennstedt. Diese Lebensstation ist berühmt geworden, weil Friedrich auf dem Gut eines Klienten von Just, im Dorf Grüningen, Sophie von Kühn kennenlernt, die Kindbraut, die ihm „sittliche Grazie" verkörpert und die er kaum zweieinhalb Jahre später wieder verliert.

Als Sophie am 19. März 1797 stirbt, ist Friedrich bereits ein Jahr lang „Salinenakzessist" seines Vaters in Weißenfels, ein Jahr, in dem man sich ihn meist zu Pferde vorzustellen hat, zwischen den Salinenorten und zwischen Weißenfels und Grüningen hin und her eilend. Am 14. April 1797 stirbt auch sein zwei Jahre jüngerer Bruder Erasmus an Schwindsucht. Friedrich flieht in den Schutz der Familie Just, kehrt aber nach Wochen zurück. Statt eines seiner Liebe nachsterbenden Friedrich von Hardenberg, der uns unbekannt geblieben wäre, erlebt das Haus nun die Geburt des NOVALIS. Im Spätherbst des Jahres verfaßt er hier die Fragmentsammlung *Blütenstaub* und gibt sich sein Pseudonym, zu deutsch etwa: einer, der Neuland bearbeitet.

Für seine philosophische Laufbahn ist vor allem Fichte wichtig, auch Schelling, für die poetische Friedrich Schlegel, den er seit Leipziger Tagen kennt. August Wilhelm und Caroline Schlegel kommen hinzu, ferner Ludwig Tieck und Jean Paul. Letztere beide werden im Haus noch als Gäste einkehren. Doch zunächst einmal, um die Zeit der Freundschaften einzuläuten, die unter dem Begriff Frühromantik Epoche gemacht haben, ist neue Wanderschaft nötig. Anders und praktisch begründet: Für die Salinentätigkeit reichen Verwaltungskenntnisse nicht aus, zumal soeben der Nutzwert der Erdkohle (Braunkohle) erkannt wird, die in Kursachsen reichlich vorhanden ist. Insbesondere die Erforschung der Vorkommen

Gedenktafeln erinnern an Mitglieder der Familie von Hardenberg.

um Borna soll bald darauf Friedrich von Hardenberg zufallen. Noch vor Jahresende 1797 immatrikuliert er sich an der Bergakademie Freiberg.

Im Frühjahr 1799 in Weißenfels zurück, frisch verlobt mit der Tochter eines seiner Freiberger Lehrer, Julie von Charpentier, darf er sich nun „Assessor" nennen. Die letzten zwei Lebensjahre gleichen einer Parforcejagd mit Expeditionen, Freundestreffen, Arbeitsstrapazen, Krankheitsattacken und der Abfassung so bedeutender Werke wie der *Geistlichen Lieder*, der *Hymnen an die Nacht* und des unvollendet gebliebenen Romans *Heinrich von Ofterdingen*. Der letzterrungene Dienstgrad lautet „Supernumerarhauptmann im Thüringischen Kreise".

Nach dem Umzug der Familie waren zu den sieben noch vier weitere Kinder geboren worden. Das erste in Weißenfels empfangene und geborene, Bernhard, ertrank im Oktober 1800 beim Spielen in der Saale. Als Friedrich, in Dresden, die Nachricht erhielt, erlitt er einen Blutsturz. Erst im Januar erlaubten die Ärzte die Heimreise. Karl, die Eltern, Julie von Charpentier begleiteten den Transport.

Was die Mutter Hardenberg an Leiden zu ertragen hatte, scheint uns heute unvorstellbar. Sie überlebte ihren Mann und zehn ihrer elf Kinder. Was sie nicht ertrug: beim Tod eines einzigen dabeizusein. So finden wir sie am Morgen des 25. März 1801 nicht im Sterbezimmer. Sie mag im mittleren Stockwerk gesessen haben, vielleicht in einem Nebenzimmer des Salons, barmend und betend. Julie war bei ihr und blieb noch bis zum Begräbnis am 28. März. Übrigens, die Grabstellen der Hardenbergs auf dem Friedhof sind überbaut worden, genaue Lage unbekannt. Der Erinnerung an Friedrich von Hardenberg genügt eine Büste aus weißem Stein am Eingang des Stadtparks. Wichtiger als die Auffindung der Gebeine des Novalis wäre die Neuentdeckung seines Lebenswerks.

Novalis

Aus „Blütenstaub" (abgedruckt in „Athenäum", I, 1, 1798)

Wir träumen von Reisen durch das Weltall: Ist denn das Weltall nicht in uns? Die Tiefen unseres Geistes kennen wir nicht. Nach innen geht der geheimnisvolle Weg. In uns, oder nirgends ist die Ewigkeit mit ihren Welten, die Vergangenheit und Zukunft. Die Außenwelt ist die Schattenwelt, sie wirft ihren Schatten in das Lichtreich. Jetzt scheint es uns freilich innerlich so dunkel, einsam, gestaltlos, aber wie ganz anders wird es uns dünken, wenn diese Verfinsterung vorbei, und der Schattenkörper hinweggerückt ist. Wir werden mehr genießen als je, denn unser Geist hat entbehrt.

Novalis

Vergiß mein nicht!
Geschrieben in Weißenfels im Sommer 1794.

Vergiß mein nicht, wenn lockre kühle Erde
Dies Herz einst deckt, das zärtlich für dich schlug.
Denk, daß es dort vollkommner lieben werde,
Als da voll Schwachheit ichs vielleicht voll Fehler trug.

Dann soll mein freier Geist oft segnend dich umschweben
Und deinem Geiste Trost und süße Ahndung geben.
Denk, daß ichs sei, wenns sanft in deiner Seele spricht;
Vergiß mein nicht! Vergiß mein nicht!

Novalis

Wenn nicht mehr Zahlen und Figuren
Sind Schlüssel aller Kreaturen
Wenn die so singen oder küssen,
Mehr als die Tiefgelehrten wissen,
Wenn sich die Welt ins freye Leben,
Und in die Welt wird zurück begeben,
Wenn dann sich wieder Licht und Schatten
Zu ächter Klarheit wieder gatten
Und man in Märchen und Gedichten
Erkennt die wahren Weltgeschichten,
Dann fliegt von Einem geheimen Wort
Das ganze verkehrte Wesen fort.

Adolph Müllner

geb. 18. 10. 1774 in Langendorf
bei Weißenfels,
gest. 11. 6. 1829 in Weißenfels.

Adolph Müllner
Das „Stachelschwein" in Weissenfels

Ingo Bach

Am unscheinbaren Haus Nr. 13 in der Klosterstraße erinnert eine frisch glänzende Tafel an Adolph Müllner. Hunderte gehen oder fahren täglich daran vorbei, aber kaum einer weiß mehr von dem Autor zu berichten, der einst zu den meistgespieltesten auf deutschen Bühnen zählte und der gefürchtetste Literaturpapst seiner Zeit gewesen ist.

Adolph Müllners Wohnhaus in der Weißenfelser Klosterstraße.

Geboren wurde er im benachbarten Langendorf. Sein Vater war Domänenpächter, die Mutter die jüngste Schwester des Dichters Gottfried August Bürger. Eine Verwandtschaft, die ihn mit Stolz erfüllte und heimlich ins Literarische zog. Zunächst freilich sollte er nach Schulpforte und dann in Leipzig Jura studieren, um sich 1798 als Advokat in Weißenfels niederzulassen. Bis 1810 verfaßte Müllner vor allem juristische Abhandlungen, dann eröffnete er eine Liebhaberbühne, auf der die Honoratioren der

Kleinstadt im großen Saal des Rathauses ihr Talent erprobten, und schrieb in den folgenden vier Jahren sechs Intrigenlustspiele nach französischem Vorbild. Mit beachtlichem Erfolg, denn *Die Vertrauten* wurden 1812 am Wiener Burgtheater uraufgeführt und *Die großen Kinder* 1813 in Weimar inszeniert. Im Frühjahr zuvor entstand sein erstes Trauerspiel, *Der neunundzwanzigste Februar*, das im August in Leipzig herauskam. Schon im Oktober war das zweite fertiggestellt, *Die Schuld*, die seit ihrer Wiener Uraufführung im April 1813 wie im Fluge alle großen Theater des Landes eroberte.

Mit der Konstruktion einer durchaus spannenden Handlung durch Verwicklung fataler Zufälle hatte er ein eigenes Genre geschaffen, das den Nerv der Zeit traf: Man war zu aufgeklärt, um noch an die Poesie der Götter zu glauben, und fühlte sich doch von undurchschaubar prosaischen Verhältnissen abhängen. Genau diese moderne Zerrissenheit brachte Müllner mit viel Pathos zur Sprache. Sein Ruf als Schöpfer der „Schicksalstragödie" ermöglichte ihm 1815, die Advokatur aufzugeben und als freier Autor zu leben. Doch brachte er nur noch zwei Stücke zustande: *König Yngurd* (1817) und *Die Albaneserin* (1820).

Der erfolgreiche Dramatiker, der im Grunde gescheitert, dessen poetische Produktivität erloschen war, übernahm nun das *Literatur-Blatt*, eine Beilage zu Cottas *Morgenblatt für gebildete Stände*, die er in fünf Jahren zu einem vielgelesenen Organ streitbarer Kritik profilierte. Von 1826 ab gab er das *Mitternachtsblatt für gebildete Stände* heraus, das Franz Grillparzer als das beste Deutschlands schätzte. Nur Müllners eigene Zeitschrift *Hekade* blieb 1823 in ihren Anfängen stecken.

Seine Stärke lag im kritischen Verstand, der die Schwächen anderer aufzuspüren wußte. Leider gepaart mit nicht wenig Eitelkeit und advokatischer Lust an spitzfindigem Streit, die ihm neben reichlich genossener Anerkennung auch Haß und Hohn einbrachten. So nannte Friedrich Rückert ihn einen „Regiments-Totschläger", Jean Paul eine „Hornisse mit drei Stacheln" und Böttiger „das Stachelschwein in Weißenfels".

Dennoch suchten viele den Weg in die Klosterstraße Nr. 13: August von Kotzebue, der andere Theaterfavorit der Zeit, schon 1812, später Carl Maria von Weber, Grillparzer, Heinrich Heine auf dem Weg vom Harz zu Goethe, und Ludwig Börne 1828. August Wilhelm Iffland forderte ihn gar auf, den Tod des Schwedenkönigs Gustav Adolf, dessen Leichnam keine dreihundert Meter entfernt 1632 einbalsamiert ward, in Verse zu fassen, als Gegenstück zu Schillers *Wallenstein*. Müllner aber war klug genug, sich einzugestehen, daß die räumliche Nähe eines Gegenstandes allein nicht zu seiner Gestaltung genügt. Nur Achim von Arnim hat vergebens angeklopft, da er zu früh den Autor behelligte, der die Nacht hindurch zu schreiben und des Vormittags zu schlafen pflegte.

Der wuchtige Müllner-Gedenkstein.

Er starb am 11. Juni 1829 an den Folgen eines Schlaganfalls. Wie Ludwig Schütz berichtet, nach einem Tritt in den „Werthesten" seiner Frau, „von welchem er ... dergestalt abprallte, daß er sich durch dieses energische ricochet mit seinem kleinen, aber dicken Körper nicht mehr auf seinem linken Beine stehend erhalten konnte, und daher rückwärts so heftig mit seinem Hinterkopfe auf den Boden des Zimmers niederschlug, daß ihm augenblicklich das Blut nicht nur aus Mund und Nase, sondern auch aus den Ohren und Augenwinkeln drang. Er blieb, während seine Frau, bei aller ihrer Bestürzung über diesen seltsamen Unfall, doch auch, ohne Zweifel, eine in ihrer Art ganz einige Genugthuung in dem Gefühl, ihm diese neuen Erfahrungskenntnisse ... beigebracht zu haben, verspüren mochte, auf der Stelle besinnungslos liegen, und befand sich darauf ein paar Wochen wirklich sehr gefährlich krank."

Übrigens haben Kunstsinnige ihrem derben Mitbürger noch einen wuchtigen Quader als Gedenkstein gesetzt. Nur daß sie ihn neben das Grab eines anderen stellten, der Generationen als Inbegriff des ätherischen Dichters galt, ist merkwürdig. Verband diesen Müllner doch mehr mit Novalis, als ihre Wohnungen in der gleichen Straße und das trügerische Andenken der Nachgeborenen?

Louise von François
Über das Theater im Rathaussaal

Welche Mühsal Müllner aufzuwenden hatte, um dieser Liebhaberei zu frönen, ist schier unglaublich. Zuvörderst und zuschwerst mußte er die gesamte Künstlerschaft, Männlein wie Fräulein - wennschon den honoratiores der Stadt entstammend - der trauten, heimatlichen Akzente entwöhnen, ihr Vokale und Konsonanten rein aussprechen lehren, darauf Verse ohne Singsang rezitieren lehren. Nach dem Tonfall kamen Haltung, Bewegung, Vorwärts- und Rückwärtsschreiten an die Reihe, alles exakt den Idealen von Müllner nachgebildet, und, wie mindestens der Meister selbst erachtete, dieselben häufig überbietend.

(...) Die Krone des Unternehmens bildete die Aufführung der „Schuld", welche seit kurzem gleich einem Phänomen am deutschen Theaterhimmel erschienen war. (...)

Der kleine stämmige Hofrat hatte für sich selbst die Rolle des Helden Örindur ausgewählt, vielleicht sogar geschrieben, die leidenschaftliche Spanierin Elvira gab er einer Beamtentochter, Demoiselle Kunze, die der sanften, hochsinnigen Nordländerin Jerta - der schönen Amalie [von Franáois], trotz ihrer schwarzen Augen und Locken.

Den alten Don spielte der Bürgermeister der Stadt, den Knaben Müllners liebliche Tochter Klara. In Betracht dieser Kräfte war es ein Riesenunternehmen, nur durchführbar für einen, der als Autokrator und gelegentlich als Grobian das Szepter führte. Mehr als siebzig Proben hat er sich nicht verdrießen lassen, manche Anekdoten sind aus denselben lange Zeit im Schwange geblieben. So hatte ihm Elvira nach ihrem einleitenden Prolog niemals zu seiner Zufriedenheit zu Boden gleiten und dabei die Saiten der Harfe streifen lernen. Endlich ermüdet und ungeduldig rief sie mit echt spanischem Zorn, aber sächsischen Lauten, das sei Menschenschinderei, der Herr Hofrat möge die Rolle spielen lassen, von wem er wolle, sie habe die Sache satt! Bei diesen Worten gelang es ihr aber, nach des Dichters Intention an der Harfe niederzugleiten und ihre Saiten streifend ertönen zu lassen, so daß er entzückt ausrief: „Demoiselle Kunze, Sie sprechen wie eine Gans, aber Sie fallen wie ein Engel!"

Der große Abend der Aufführung war endlich gekommen, der Saal Kopf bei Kopf gefüllt, der Mehrzahl nach von Auswärtigen, zumal angesehenen Leipzigern, die sich nicht eine der vielbesprochenen Müllnerschen Aufführungen entgehen ließen. Kamen sie doch sogar zu den Redouten der kleinen Stadt, als deren künstlerischer Urheber auch der gefeierte Dichter galt. Schätzte doch zur Stunde die Menge ihn ein gut Teil höher als den altgewordenen Goethe.

Die Darsteller harrten zitternd in den Nebenzimmern des Glockenzeichens, als noch höher denn sonsthin gehobenen Hauptes der Autor und erste Held unter sie trat und folgende Worte sprach: „Meine Damen und Herren, die Koryphäen der Weimarschen und Leipziger Bühne sind eingetroffen, um von uns die 'Schuld, aufführen zu lernen. Ich rechne darauf, daß ein jeder seine Schuldigkeit tut!"

Karl Leberecht Immermann

geb. 24. 4. 1796 in Magdeburg,
gest. 25. 8. 1840 in Düsseldorf.

Karl Leberecht Immermann
Ein Vergessener aus Magdeburg

Ernst Herbst

Wanderer, kommst du nach Magdeburg ... – dann leiten der Zufall oder eine Stadtführerin dich vielleicht auch auf den Breiten Weg in die Nähe des Domes, und Dein Blick fällt auf einen altarähnlichen Brunnen, der für einen Moment zum Verweilen einlädt.

Du siehst ein Denkmal aus dem Jahre 1899, das seinen Platz im Schatten der Landesbankzentrale erst 1996 fand. Auf dem Sockel steht der Name des Geehrten: Karl Leberecht Immermann. Sein 200. Geburtstag war der Anlaß, das Denkmal zum dritten Mal im Laufe eines Jahrhunderts einzuweihen. Die Büste wurde von Carl Echtermeyer nach einem Gemälde des Düsseldorfers Wilhelm von Schadow aus dem Jahre 1828 gestaltet. Auf vier Tafeln sind Szenen aus Immermanns Roman *Münchhausen* dargestellt – manche Leserin, mancher Leser wird nur einen Teil davon kennen, den geschäftstüchtige Verleger als Dorf- und Liebesgeschichte unter dem Titel *Der Oberhof* verkaufen.

Der Immermann-Brunnen vor dem Landesmuseum.

Theatermasken weisen auf Immermanns Leistungen für die deutsche Bühne hin. In Düsseldorf vernachlässigte er zugunsten des Theaters, der Schriftstellerei und anderer zweckloser Tätigkeiten seine Hauptaufgabe, die ihm 1827 bei der Entsendung in die Rheinprovinz übertragen worden war. Die gehörte zu den im Krieg neuerworbenen und – wie man damals sagte – „wiedervereinigten" Gebieten Preußens. Immermann sollte als Jurist und Beamter mit anderen Altpreußen aus dem Osten ordentliches Recht und rechte Ordnung im Westen durchsetzen.

Diese Aufgabe hatte er schon bei seinem ersten „Auslandseinsatz" als Entwicklungshelfer von 1819 bis 1824 im katholischen Münster nicht recht zu erfüllen gewußt. Auch dort schrieb er Gedichte und Dramen, was der gebildeten Magdeburger Jugend Erstaunen und Bewunderung abnötigte, bei Beamten und Krämern jedoch ein bedenkliches Kopfschütteln bewirkte. Der Karriere in der Staatsbürokratie war auch seine Bekanntschaft mit Heine abträglich. Der hat sich in seinen *Reisebildern* öffentlich zu Immermann bekannt, Immermann sich in Rezensionen lobend über Heine geäußert und mit ihm kollaboriert – ausgerechnet an einem Band, der von der Zensur verboten wurde.

Auf seine literarische und theatralische Sendung hat er sich im Elternhaus und am Pädagogium des Klosters Unser Lieben Frauen in Magdeburg vorbereitet. Auch für die Rolle des Entwicklungshelfers konnte er sich frühzeitig präparieren. Denn die Große Französische Revolution hatte ihre Kinder in der Form französischer Gesetze und in der Uniform von Militärs und Beamten nach Magdeburg, in die Grenzfestung des Königreichs Westfalen, geschickt. An ihnen ließ sich das Verhalten sonst vernünftiger Menschen in der Funktion von Missionaren einer neuen Ordnung, am Vater die Anpassung an das neu Verordnete studieren.

Seine akademischen Studien in Halle wurden mehrfach unterbrochen. Napoleon schloß die Universität. Der Feldzug von 1813 endete für Immermann im Lazarett. Zwei Jahre blieben zum Studium, bis er wieder in den Krieg mußte. Mit dem Sieg der Allianz, die sich später heilig sprach, wurde Immermann zum Besatzer, bevor er nach Halle zurückging und sich auf einen kleinen Krieg gegen die mit Säbeln und Peitschen schlagende Studentenverbindung „Teutonia" einließ, die ihm manche Feindschaft über den Tod hinaus eintrug. Zwischen dem Einsatz in Münster und der lebenslänglichen Delegierung an die Westgrenze gab es von 1824 bis 1827 noch eine Episode als Kriminalrichter in Magdeburg. Liiert mit der frisch von General Lützow geschiedenen Gräfin von Ahlefeld, dichtete er, übte sich als Literaturkritiker, war Freimaurer, korrespondierte mit Frommen und Heiden, reiste in den Harz, zur Messe nach Leipzig und zu Tieck nach Dresden.

Seine große Zeit als Schriftsteller und Theatermann erlebte er in Düsseldorf. Immermanns Romane *Die Epigonen* und *Münchhausen*, die Erzählungen *Der Karneval und die Somnambule* sowie *Der neue Pygmalion* und das komische Heldenepos *Tulifäntchen* fanden Beifall. Dramen wie *Andreas Hofer*, *Cardenio und Celinde*, *Kaiser Friedrich der Zweite* oder *Merlin* wurden gedruckt, aber kaum aufgeführt, dafür kräftig kritisiert. Seine Trilogie über den „großen“ Peter und dessen Sohn Alexis kam in Preußens Hauptstadt nicht auf den Spielplan – aus Rücksicht auf den Männerfreund des Königs, den Zaren Alexander.

Nach wenigen Jahren des Experimentierens scheiterte Immermanns Projekt, ein städtisches Theater von hohem künstlerischen Anspruch zu betreiben. Die „Musterbühne“ rechnete sich nicht, wurde privatisiert und verlor ihren Ruf.

In Magdeburg erinnert wenig an den Sohn der Stadt: Außer dem Brunnen ein Straßenname, eine Buchhandlung und eine Tafel aus dem Jahre 1927, für die sich seit 1945 kein Gebäude gefunden hat, seit sein Geburtshaus und die späteren Wohnungen den Bomben zum Opfer fielen. Jedoch bemüht sich eine Immermann-Gesellschaft, die aus dem Kulturbund der DDR hervorgegangen ist, das Werk des Schriftstellers vor dem gänzlichen Vergessen zu bewahren. Interessenten finden seine Texte kaum in Buchhandlungen oder Antiquariaten, wohl aber im Internet unter: http://gutenberg.informatik.uni-hamburg.de/.

Friedrich Ludwig Jahn

geb. 11. 8. 1778 in Lanz in der Prignitz,
gest. 15. 10. 1852 in Freyburg
a. d. Unstrut.

Jahn in seinen letzten Lebensjahren, Steindruck von Friedrich Hickmann.

Des Turnvaters „Schwalbennest" unterm „Adlerhorst" Friedrich Ludwig Jahn in seiner Freyburger Verbannung

Kai Agthe

Friedrich Ludwig Jahn traf 1825 in Freyburg ein. Nach sechsjähriger Haft wegen „demagogischer Umtriebe", die er in Küstrin und Kolberg verbüßt hatte, erfolgte die Freilassung des Turnvaters nur unter strengen Auflagen. So war ihm weder der „Aufenthalt in Berlin und in einem Umkreise von zehn Meilen, noch in einer Universitäts- und Gymnasialstadt erlaubt". Daß er den Flecken an der Unstrut wählte, dürfte nicht nur an den landschaftlichen Reizen der Region, sondern auch an ihrer Nähe zu den Universitäts- und Gymnasialstädten Jena, Halle und Leipzig gelegen haben. Jahn sollte auf richterlicher Anweisung da, „wo er seinen Wohnsitz wählt, unter polizeilicher Aufsicht bleiben, ihm dagegen, solange er

Das Freyburger Jahn-Haus in der Schloßstr. Nr. 11, über dessen Eingang die Inschrift „Frisch, frei, fröhlich, fromm" steht.

diese Bedingungen hinsichtlich seines Aufenthalts pünktlich erfüllt und so lange sein Betragen tadellos bleibt, die Pension von Eintausend Talern, die er jetzt bezieht, belassen werden". So fügte er sich in ein Dasein zwischen Zuckerbrot und Peitsche, da er auf die Rente angewiesen war. „Diesen verlorenen Posten werde ich ritterlich behaupten ohne Klage und Groll!", soll er sein Schicksal selbst kommentiert haben.

Die Staatsmacht beobachtete ihn mit Argusaugen, so daß es 1828 zu einer weiteren Verbannung kam. Wegen unerlaubter Kontakte zu Gymnasiasten aus Merseburg, denen er ein Buch geliehen hatte, mußte Jahn bis 1835 ins thüringische Kölleda übersiedeln. Drei Jahre nach seiner Rückkehr ließ er sich in Freyburg ein eigenes Haus errichten, da seine Wohnung einem Brand zum Opfer gefallen war. Die deutsche Turnerschaft hatte dafür 4000 Mark gesammelt. So konnte zwischen 1838 und 1840 jenes reizvoll über der Stadt gelegene Gebäude in der Schloßstraße entstehen, das heute das Jahn-Museum beherbergt. An einen Bekannten schrieb er 1838: „Bringe ich diesen Bau zustande, so wohne ich alsdann wie die Schwalbe unter dem Adlerhorst." Mit dem Horst war die Neuenburg gemeint, die über der kleinen Stadt thront. Bereits ein Jahr nach des Turnvaters Ableben, 1853, mußte dessen Witwe das Gebäude wegen Geldmangels veräußern. In den folgenden Jahrzehnten wechselten häufig die Besitzer. So diente es u.a. als Lokal, bis die Deutsche Turnerschaft das Haus 1919 erwarb, um es als Jugendherberge und Turnerheim zu nutzen.

Geboren wurde Friedrich Ludwig Jahn am 11. August 1778 als Sohn eines Pastors in dem westlich von Wittenberge gelegenen Dorf Lanz bei Lenzen. Von seinen Eltern erhielt er den ersten Unterricht, bevor er Gymnasien in Salzwedel und Berlin bezog. Die Schulausbildung blieb ebenso ohne Abschluß wie sein anschließendes Studium der deutschen Philologie und Geschichte in Halle, Greifswald und Jena. Denn mehr noch als die Geisteswissenschaften studierte Jahn das „Faustrecht", was wiederholt zu Relegationen führte. Nach ausgedehnter Wanderschaft und Hauslehrertätigkeit in seiner Heimat, wechselte er nach 1806 an eine Berliner Privatschule, wo er das Turnen als Lehrfach einführte. 1811 legte Jahn in der Hasenheide den ersten Turnplatz an. Jedoch waren die Freiübungen weniger als Ausgleich zum Schulalltag gedacht, sondern vielmehr zur vormilitärischen Ausbildung der Jugend bestimmt. Im Zuge des Befreiungskrieges gegen die französische Fremdherrschaft schloß er sich 1813 dem

Lützowschen Freicorps an. Wieder in Berlin, verfaßte Jahn gemeinsam mit einem seiner ersten Turnschüler, Ernst Wilhelm Bernhard Eiselen, das theoretische Grundlagenwerk der Turnbewegung: die *Deutsche Turnkunst* von 1816.

Die Jahn-Büste von Schilling am Jahn-Haus.

Ernst Bloch nannte die Zeit des Turnvaters treffend den „Sturm und Drang des Leibs". Doch den „aufrechten Gang" mit „gestrafftem Rückgrat" zu üben, wie es die Turner vorexerzierten, war der deutschen Nation damals nicht gegeben. Die Karlsbader Beschlüsse, die zu Pressezensur, Verbot der Burschenschaften und Beobachtung der Universitäten führten, verkehrten die Reformansätze in ihr Gegenteil. Es kam zu den berüchtigten „Demagogenverfolgungen", denen auch Jahn zum Opfer fiel. Sein Verfahren sollte mehr noch in die Literatur- als in die Rechtsgeschichte eingehen. Denn Ernst Theodor Amadeus Hoffmann, der Dichter des *Klein Zaches* und des *Kater Murr*, war der für Jahn zuständige Richter bei der „Königlichen Immediat-Untersuchungskommission". Die Anklage warf dem Lehrer vor, das Turnwesen und die Burschenschaft mißbraucht sowie vor Jahr und Tag dem „teutschen Bund“ angehört zu haben, der „die hochverrätherische Tendenz“ gehabt haben soll, „die bisherigen Verfassungen umzustoßen und ganz Deutschland in eine Republik“ vereinigen zu wollen. Der Kammergerichtsrat Hoffmann teilte im April 1820 dem preußischen Justizminister Kircheisen mit, daß eine „Verbreitung gefährlicher Grundsätze durch das von dem Jahn geleitete Turnwesen“ nicht zu erkennen sei. Geholfen hat das Jahn nur bedingt.

Das Grab Jahns im Garten seines Hauses; im Hintergrund das Unstruttal mit seinen Weinbergen.

Alljährlich am vorletzten Augustwochenende wird in Freyburg mit dem Jahn-Gedenkturnen unter freiem Himmel an den Wegbereiter der deutschen Sportbewegung erinnert. Hunderte von Turnfreunden aus dem gesamten Bundesgebiet eifern in seinem Geiste um Höchstnoten an Barren und Pferd. Letzteres Sportgerät ist übrigens eine Jahnsche Neuerung. Das Original des historischen Turnpferdes steht im Freyburger Jahn-Museum. Dabei handelt es sich um eine Kuriosität, da es noch recht natürlich geraten ist: Es hat zwar keinen Kopf, wohl aber noch einen deutlich ausgeprägten Hals und – neckisch genug – einen schwarzen Schweif aus echtem Roßhaar. Seit 1998 ist in dem Haus auch eine neue Dauerausstellung zu sehen, die unter Federführung des „Friedrich-Ludwig-Jahn-Fördervereins“ gestaltet wurde.

Als Jahn an die Unstrut kam, hatte er seinen Zenit als „Turnlehrer der Nation“ und Staatstheoretiker längst überschritten. Überdies sorgte die Verbannung in die Provinz dafür, daß sein Stern am politischen Himmel sank. Er zehrte vor allem von seinem Ruhm als Verkünder eines neuen deutschen Selbstbewußtseins, das von ausgeprägtem Franzosen- und Judenhaß getragen war. Heinrich Heine bezeichnete Jahn, der noch als Siebzigjähriger 1848 in die Paulskirche einzog, daher verächtlich einen „Franzosenfresser“ und „Grobian“.

Der „Alte im Barte“, wie ihn seine Anhänger nannten, ist alles andere, als unumstritten. Daß des Turnvaters Andenken sowohl in der DDR als auch in der BRD kontinuierlich gewahrt wurde und wird, kann nicht darüber hinwegtäuschen, daß sich in seinen staatspolitischen Schriften Gedanken finden, die höchst fragwürdig sind. Diese Bedenken hat wohl keiner so genau benannt wie Peter Hacks in einem Essay zur Neuauflage von Jahns *Deutschem Volkstum*. Hacks deutet das üble Machwerk als vulgäre Paraphrase von Fichtes Staatslehre und populistisches Zeugnis eines turnväterlichen „Biertisch-Terrorismus“. Die Jahnsche Deutschtümelei zeitigte im 20. Jahrhundert schwerwiegende Folgen.

Das NS-Regime hatte keine Mühe, ihn zum Vorläufer zu erklären. „Jahn hat zum ersten Mal das Wort ‚Reich‘ für die ideale Einheit von Volk und Staat gebraucht, also in dem Sinne, wie wir es heute gebrauchen. Zwischen Adolf Hitler und Jahn steht kein Politiker oder politischer Denker, der diese große Anschauung von der ‚Erhaltungskraft‘ (des Volkstums) gehabt hätte“, beteuerte Alfred Baeumler 1940. Die Nationalsozialisten verlegten Jahns Grab auf das Grundstück an der Schloßstraße und erhoben es im Zuge der Berliner Olympiade zur nationalen Weihestätte.

„An irgendwas muß es liegen, daß während der Lektüre des Jahn mir hundert Mal der Hitler einfällt, der mir sonst nie einfällt“, notiert Hacks. „Das Naziartige an Jahn ist die beliebige Verfügbarkeit seiner Phrasen.“ Solche Sätze mögen die Turner empören, und doch sind sie vonnöten: Man kann den progressiven Turnvater nicht ohne den rückwärts gewandten Nationalisten haben. Beides will bedacht sein. Aber – wie Gregor-Dellin über Richard Wagner sagt: „Es sind immer erst die Nachfolger, die sich ihre Vorläufer erschaffen.“ Den Turnvater ficht das freilich wenig an. Er würde nur mit einem Satz aus dem *Volkstum* entgegnen: „Ich überstand den Krieg und überlebte den Frieden.“

Franz Kugler

geb. 19. 1. 1808 in Stettin,
gest. 18. 3. 1858 in Berlin.

Erinnerungstafel mit Bildmedaillon von Ernst Paul im Hof der Rudelsburgruine, 1893.

„An der Saale hellem Strande ...“
Fatale Burgenromantik in Bad Kösen

Kai Agthe, Jens-Fietje Dwars

Noch 1819 war über die Burgen an Saale und Unstrut im *Naumburger Wochenblatt* zu lesen, es werde „keinem geschmackvollen Wanderer einfallen, diese Trümmer der Vorzeit unter die Reize und Annehmlichkeiten zu zählen. Nur der Düsterische, Melancholische, Schwermütige möchte sich hier finden.“ Vier Jenaer Studenten hätten es gewagt, auf der Ruine der Rudelsburg zu nächtigen. Soviel Mut galt dazumal als ungeheuerlich. Doch nahmen die Burschen nur vorweg, was bald zur Regel, zum Ritual werden sollte: die Wanderfahrt ins Saaletal.

Es dauerte keine fünf Jahre, da hatten sich die „Trümmer der Vorzeit“ in akademischen Kreisen zum Geheimtip gemausert. Aus den nahen Universitäten Jena, Leipzig und Halle, selbst vom fernen Berlin her, zog man zur Rudelsburg. Seit dem Sommer 1824 wurden die Studiosi von einem gewissen Gottlieb Wagner mit kühlem Trunk empfangen. Drei Jahre dar-

Studenten auf der Rudelsburg, Federzeichnung von Rudolf Beck, 1833.

auf entstand im verfallenen Burghof eine erste Schänke, die der legendäre Wirt noch fast fünf Jahrzehnte betrieb. Ursprünglich oblag ihm die Bewirtschaftung eines Weinberges am Südhang der Burg. Hatten Gäste den Kalksteinfelsen erstiegen, so riefen sie ihr „Samiel hilf!“ in den Weinberg, auf daß das Faktotum die Keller mit dem erfrischenden Labsal auftun möge.

Auf den geheimnisvollen Zweitnamen tauften die Studenten ihren guten Geist wohl nach dem bösen Dämon des *Freischütz*, der „romantischen Oper“ Carl Maria von Webers, deren Arien nach ihrer Uraufführung 1821 wie Schlager in allen deutschen Landen gesungen wurden. In der gleich ausgelassenen Stimmung kam im August des folgenden Jahres Franz Kugler mit Kommilitonen aus Berlin. Der achtzehnjährige Stettiner hatte gerade das erste Semester beendet, ohne sich bis dahin auf ein Studienziel festgelegt zu haben. Hier nun geschah das Unerwartete, gelang ihm ein Gedicht. Eines seiner ersten und das einzige, das die Zeiten überdauern wird, wie ein Volkslied von Generation zu Generation weitergetragen: „An der Saale hellem Strande ...“

Einer spontanen Eingebung folgend soll Kugler in lauer Sommernacht die Verse im Rhythmus von Maler Müllers *Heute scheid' ich, morgen wandr' ich* gesungen und „in Ermangelung von Tinte, Feder und Papier“ auf den Tisch geschrieben haben, den die Freunde umgaben. Noch Jahrzehnte später hat der Sohn des einstigen Burgbesitzers, des Kammerherrn Friedrich von Schönberg, die Legende kolportiert: „Mein seliger Vater hat mir oft erzählt, daß er mit anderen und insbesondere auch mit Kugler an einem schönen Sommertage im Burghof der Rudelsburg gesessen hätte, an den damaligen einfachen ungehobelten Tischen auf vier in die Erde geschlagenen Pfählen, daß sie sich von der Entstehung der Burg usw. unterhalten hätten und daß Kugler ihnen nach einigem Nachsinnen das Lied vorgetragen habe (...). Alle seien entzückt gewesen, und Kugler habe, da kein anderes Schreibmaterial vorhanden gewesen, das Lied auf eine Tischtafel mit Kreide geschrieben. Die Tischtafel hat mein Vater abheben und auf unser Stammgut Kreipitzsch bringen lassen. Dort habe ich die Tafel selbst oftmals auf dem Boden angeschaut und das Gedicht gelesen. Wir Jungens haben sie wohl auch als Zielscheibe für unsere Steinwürfe benutzt. Bei dem großen Brande in Kreipitzsch Mitte der sechziger Jahre (des 19. Jahrhunderts) ist die Tafel mit verbrannt.“

Die Rudelsburg, Lithographie von C. W. Arldt nach Julius Fleischmann, 1846.

Und schließlich hat Kugler selbst im Vorwort seiner Gedichtsammlung von 1840 versichert, das Saalelied „in einer schönen Sommernacht auf einen Tisch“ der Rudelsburg notiert zu haben. Da war aus dem Studenten ein Professor für Kunstgeschichte geworden. Von seinen literarischen Ambitionen künden noch ein *Skizzenbuch* (1830), ein *Liederbuch für deutsche Künstler* (1833) sowie der Lyrikband. Mehr Erfolg hatte er jedoch mit einer Geschichte der Malerei, einem Handbuch zur Kunsthistorie und der *Geschichte Friedrichs des Großen*, die Adolph Menzel illustrierte. Zu Kuglers Studenten gehörte Jacob Burckhardt, der als Renaissance-Forscher hervortrat und Nietzsches Kollege in Basel werden sollte. Dem Schüler widmete er seine *Kunstgeschichte*, die seit 1835 in mehreren Bänden erschien.

Nietzsche ist als Gymnasiast von Pforta aus des öfteren mit Freunden über Kösen zur Rudelsburg und Saaleck gewandert. 1859 schrieb der Fünfzehnjährige:

Die Saaleck liegt so traurig
Dort oben im oeden Gestein.
Wenn ich sie sehe, so schaudert's
Mir tief in die Seele hinein.

Da klingt das Kugler-Lied nach, das er drei Jahre zuvor bereits parodiert hat:

Es steht eine Burg gar schauerlich
An der Saale prächtigen Strande
Und wen(n) der Wandrer von Naumburg wich
Um 12 Uhr die Burg er schon kannte
Es sitzen darinnen Gespenster gar viel(e)
Bei heitern Gelage beim lustigen Spiele
Bedient von einen Diener der -enten
Wen(n) man mit Stud i(h)n noch will schänden.

Er wird sie erlebt haben, die Corpsstudenten nahezu aller deutschen Universitäten, die sich 1848 im „Kösener Senioren-Convents-Verband" (KSCV) vereinigten und die Rudelsburg zu ihrer Wallfahrtsstätte erkoren. Jedes Jahr zu Pfingsten durften nun die „Füchse" die Burg stürmen, während die „Burschen" zur Verteidigung der Mauern Gläser voll Bier auf die Eindringlinge herabgossen. 1853 hatte König Friedrich Wilhelm IV. in der soeben errichteten Trinkhalle bei einem Manöver gefrühstückt. Als dessen Traum einer Wiedergeburt des Kaisereichs aus dem Geist mittelalterlicher Frömmigkeit und Vasallentreue sich 1871 mit unfromm kriegerischen Mitteln erfüllt, errichtet der KSCV vor den Toren der Burg ein Denkmal für seine 124 Gefallenen: eine Vorwegnahme der Berliner Siegessäule mit vergoldetem Reichsadler, der das Wappentier der französischen Legionen umkrallt.

Nach 17 Jahren wies das Zeichen des neuen Selbstbewußtseins erste Risse auf. Es wurde renoviert und 1890 durch einen Obelisken für den verstorbenen Kaiser ergänzt. Ernst Paul, der das Medaillon mit dem Porträt Wilhelms I. schuf, sollte zugleich auch eine Tafel zur Erinnerung an Franz Kugler entwerfen. Da man für letztere jedoch kein Geld übrig hatte, konnte sie erst drei Jahre später dank Besucherspenden im Burghof enthüllt werden. Ein weiteres Denkmal folgte zu Bismarcks 80. Geburtstag. Von Kugler wurde ein Altersbild gewählt, der greise Reichsgründer aber präsentierte sich als junger Bursche: Auf einem Stuhl lässig zurückgelehnt mit übereinander geschlagenen Beinen, einem Degen in der rechten Hand und seiner Deutschen Dogge Tyras II. zu Füßen – so wollte ihn nicht nur der Bildhauer Norbert Pfretzschner, selbst Corpsianer und Hauptmann a. D., sehen. Hans Hopfen, ein Berliner Schriftsteller und Ausschußvorsitzender im Altherrenverband des KSCV, reimte für den Sockel:

Das deutsche Volk in Einigkeit,
Ein neues Reich in neuer Zeit,
Millionen haben darüber gedacht,
aber nur Einer hat's fertig gebracht,
Einer der Unsern in Lieb und Zorn,
Ein Bursch von echtem Schrot und Korn,
Ein alter deutscher Corpsstudent,
Den alle Welt Fürst Bismarck nennt.
Dies Bild stellt ihn als Jüngling dar,
Dankt Gott, daß er der Uns're war.

Der restaurierte Obelisk mit dem Medaillon Kaiser Wilhelms I.

Das „Jung-Bismarck"-Denkmal.

1897, ein Jahr nach der Einweihung des Jung-Bismarck, erschien den „Alten Herrn" der „Fuchsensturm" nur allzu stumpfsinnig, ihrer Würde im Spiegel des „eisernen Kanzlers" nicht mehr angemessen. Fortan formierte man sich im Anschluß an die Kösener Pfingstkongresse zum Feierzug auf der Vorburg. *Heil Dir im Siegerkranz, Deutschland, Deutschland über alles* und die *Wacht am Rhein!* erklangen vor den Denkmälern der nationalen, der eigenen Größe. Bis aus den lustigen Männerspielen blutiger Ernst ward.

Danach beschloß der KSCV, auch seinen 2360 Gefallenen des Weltkrieges ein Denkmal zu setzen. Die Inflation verzögerte den Bau, doch dann erstand er, monumentaler denn je, in Form eines brüllend sich aufrichtenden Löwens, mit den Worten von Theodor Körner:

Sie hielten aus in Kampf und Sturmeswettern
Und standen treu bei Tugend Recht und Pflicht
Das Schicksal kann die Heldenbrust zerschmettern
Doch eines Helden Willen beugt sie nicht

Verse, die zum Widerstand gegen die Napoleonische Besatzung aufriefen und gegen die Servilität der feudalen Obrigkeit, die ihre Untertanen wider einander hetzen ließ, statt für das Selbstbestimmungsrecht eines einigen Volkes zu streiten. Doch war denn Tugend und Pflicht, auszuharren in immer sinnloseren Materialschlachten, die sieben Millionen Menschen in den Tod trieben? Wilhelm II. hielt noch im September 1918 seine Durchhalte-Rede im Krupp-Werk: In der Welt ringe das Gute mit dem Bösen, das Ja des Himmels mit dem Nein der Hölle. Versuchte er den Frauen, die ihren Männern die Granaten drehten, das nicht enden wollende Sterben zu erklären. Der Krieg sei die Verneinung der Existenzberechtigung des deutschen Volkes. Denn sein Fleiß, sein erfinderisches Insichgekehrtsein habe den Neid der anderen geweckt. „Der Neid veranlaßte unsere Gegner zum Kampf, und es kam der Krieg über uns, die wir ahnungslos waren."
So märchenhaft einfach war die Welt, wenn Ihre Majestät vergaß, daß Sie höchstselbst den Zweifrontenkrieg riskiert hatte in der Gewißheit, mit dem größten Rüstungspotential der Zeit in wenigen Wochen einen strahlenden Sieg zu erringen. In alledem aber blieb der einstmals Bonner Corpsstudent, der auch den Kösener Bismarck finanzieren half, seiner Sichtweise treu. Daheim und im Feld werde oft *Eine feste Burg ist unser Gott* gesungen. Ein Volk mit solchem Lied sei unbezwingbar. Daher wiederhole er seinen Schwur vom Kriegsbeginn, er kenne keine Parteien mehr, nur Deutsche. „Werdet stark wie Stahl, und der deutsche Volksblock, zu Stahl zusammengeschweißt, der soll dem Feinde seine Kraft zeigen." Wer dem folgen, wer die Treue halten wolle, der stehe auf und verspreche an Stelle der gesamten Arbeiterschaft: „Wir wollen kämpfen und durchhalten bis zum Letzten."

Das war die fatale Kehrseite der gemütvollen Burgen-Romantik, von der Kugler noch nichts ahnen konnte und die jene nicht mehr wahrhaben wollten, die seit 1926 vor dem Löwen den Mythos des deutschen Soldaten beschworen. Des Helden, der an der Front nie geschlagen ward, den nur Vaterlandsverräter in den Rücken stießen, wie Hagen dem unverwundbaren Siegfried. Bilder der Nibelungen zogen schon vier Jahre zuvor in den Rittersaal der Rudelsburg ein, saßen fest in ihren Köpfen, wie in Stahl geätzt, als die nächste Generation schmissiger Leutnants dem Kanzler des Dritten Reichs treu in den Zweiten Weltkrieg folgte. Obwohl Hitler den KSCV 1936 verbot und einige ihm am 20. Juli 1944 den Tod wünschten.

Die neuen Herren, die 1945 im Namen der Arbeiterschaft Krieg und Gewalt für immer ein Ende setzen wollten, hielten am Verbot der schlagenden Verbindungen fest, erklärten die Burg zum Volkseigentum, ließen das Gasthaus wieder öffnen und sangen darin das Saalelied. Nur mit den Denkmälern wußten sie nichts anzufangen. Anfang der fünfziger Jahre verschwand der Adler, beseitigt als Zeichen des preußischen Militarismus, dann Bismarck und die Inschriften zuletzt. Allein der Löwe, zur Kulisse einer Freilichtbühne umfunktioniert, galt als „künstlerisch wertvoll", sollte mit einer neuen Tafel versehen werden, wie der Obelisk mit „Sprüchen deutscher Patrioten". Ernst Moritz Arndt und Theodor Körner waren bald als Vorbilder einer Volksarmee in dem wieder zerrissenen Land gefragt. Nicht mit Durchhalteversen. Doch daß man keine anderen

Das Denkmal zur Erinnerung an die Gefallenen des Ersten Weltkrieges.

fand, daß die Male der Geschichte zu Staub zerfielen, war selbst ein Zeichen, ein Sinnbild mangelnder Souveränität, an der die neue Macht scheitern mußte.

Und werden wir jetzt anders, kritischer mit dem Erbe umgehen, da es in altem Glanze wiederaufersteht? Restauriert vom heimgekehrten KSCV, der nun auch seiner 3610 Gefallenen eines dritten Krieges gedenkt, in dem 54 Millionen starben.

Franz Kugler

An der Saale hellem Strande (1826)

An der Saale hellem Strande
stehen Burgen stolz und kühn.
Ihre Dächer sind zerfallen,
und der Wind streift durch die Hallen,
Wolken ziehen drüber hin.

Zwar die Ritter sind verschwunden,
nimmer klingen Speer und Schild;
doch dem Wandersmann erscheinen
auf den altbemoosten Steinen
oft Gestalten zart und mild.

Droben winken holde Augen,
freundlich lacht manch roter Mund.
Wandrer schaut wohl in die Ferne,
schaut in holder Augen Sterne,
Herz ist heiter und gesund.

Und der Wandrer zieht von dannen,
denn die Trennungsstunde ruft;
und er singet Abschiedslieder,
Lebewohl tönt ihm hernieder,
Tücher wehen in der Luft.

Wilhelm von Kügelgen

geb. 20. 11. 1802 in St. Petersburg,
gest. 25. 5. 1867 in Ballenstedt/Harz.

Wilhelm von Kügelgen in Ballenstedt

Heidi Ritter

Kaum seiner Leistung als Maler, sondern seiner Fähigkeit zum Erzählen ist es zu verdanken, daß der Name Wilhelm von Kügelgen bis in unsere Tage hinein lebendig geblieben ist. Seinen Zeitgenossen allerdings war er als Schriftsteller nicht bekannt, denn erst 1870, drei Jahre nach seinem Tod, erschienen die *Jugenderinnerungen eines alten Mannes*, an denen er über zehn Jahre gearbeitet hatte, ohne sie zu veröffentlichen.

Blick in den Kügelgen-Gedenkraum im Ballenstedter Museum.

Die Autobiographie, in der der Sohn des erfolgreichen Porträtmalers Gerhard von Kügelgen seine Dresdner Kindheit und Jugend beschreibt, ist für mehr als ein halbes Jahrhundert eine der beliebtesten Lektüren des deutschen Bildungsbürgertums gewesen. Heute wird sie weniger gelesen, in den zwanziger Jahren jedoch war das Interesse an Kügelgen noch so groß, daß man Briefe, die er zwischen 1840 und 1867 an seinen Bruder Gerhard schrieb, unter dem Titel *Lebenserinnerungen des Alten Mannes* (1923) und anschließend *Zwischen Jugend und Reife des Alten Mannes* (1925) herausgab.

Die Erinnerungen fesseln in ihrer erzählerischen Frische noch immer und entrollen ein ganzes Menschenleben, das sich zur Hälfte in der kleinen Residenzstadt Ballenstedt im Vorharz abgespielt hat, in die ihn 1833 der Herzog von Anhalt-Bernburg als Hofmaler berufen hatte.

Am 17. Oktober erreichten Wilhelm und seine Frau Julie mit ihren drei kleinen Kindern die Stadt: „Um sieben Uhr abends lag Ballenstedt vor uns. Die Allee hinauf nimmt kein Ende, ich ging zu Fuß voraus, um in der Dunkelheit dem Kutscher den Weg zu zeigen." Diesem Eindruck einer unendlich scheinenden Allee kann sich auch heute noch der Ankommende hingeben, wenn er die erst kürzlich wieder mit Kastanien bepflanzte Prachtstraße langsam hinaufschreitet bis zum großen Platz, über dem sich das Schloß erhebt und den links der wiedererstandene „Große Gasthof" abschließt. Hier nahm an jenem Abend die Familie Kügelgen ihr vorläufiges Quartier. Nach wenigen Wochen fand sie eine erste Wohnung im Simonschen Hause im oberen Teil der Allee, der heutigen Nr. 30, gegenüber dem Gasthof „Stadt Bernburg".

Das Simonsche Haus, Kügelgens erstes Quartier in Ballenstedt.

Zunächst fällt es Kügelgen schwer, sich an das Treiben des Hofes zu gewöhnen. Ausgleichend wirkt die Natur: der Weg nach Gernrode, zum Stufenberg oder in Richtung Quedlinburg, Wanderungen durchs Selketal und zur Burg Falkenstein. Wichtig wird später Alexisbad, der nahegelegene Kurort, in dem der Hof seine Sommer zu verbringen pflegt.

Schon 1835 sind die Kügelgens gezwungen, erneut nach einer Wohnung zu suchen. Vom Sattlermeister Machzum mieten sie schräg gegenüber „ein geräumiges und behagliches Haus“ – heute Allee Nr. 45. Sechs Kinder gehören inzwischen zur Familie, die sich in Ballenstedt heimisch fühlt. Kügelgen erhält genügend Aufträge, doch die Porträtmalerei befriedigt ihn immer weniger. Er weiß, daß er kein großer Maler ist; hinzu kommt eine wachsende Farbenblindheit: „Wenn mir der liebe Gott mein Auge auftun wollte, daß ich die Farben unterscheiden könnte (...). Noch gestern hielt ich ein grünes Sammetkleid für rotbraun. Alle Zeit und Mühe, die ein anderer auf Zeichnung und Helldunkel, das Wesentliche des Bildes, verwendet, verbrauche ich auf die Farbe, und dann kommt doch ein kleiner Rotzjunge und weist mir einen Fehler nach, und trotz aller Mühe habe ich nur ein schlechtes Kolorit.“

Seine Selbstzweifel verstärkt ein Hang zu depressiven Stimmungen, die ihn auch eine tiefe Glaubenskrise durchleben lassen, so daß ihm die umgebende Hofwelt mit ihren Regeln immer lästiger und verabscheuenswürdiger vorkommt. Entdeckt er jedoch hinter den Konventionen den Menschen, kann er sich ihm mit großer Anteilnahme zuwenden. Seit Beginn der fünfziger Jahre tritt er in ein vertrauteres Verhältnis zur Herzogin Friederike und wird schließlich 1852 Kammerherr des Herzogs.

Doch zuvor muß die Familie noch einmal, im Oktober 1842, umziehen. Man entscheidet sich für ein 1793 gebautes Haus in der Neuen Straße, der heutigen Kügelgenstraße Nr. 35 a. Drei Jahre später erwerben sie es, um nicht wiederum „ausgemietet“ zu werden, für 2500 Taler. Vielleicht ein bißchen viel, meint Kügelgen, „aber ich habe dafür eine sehr angenehme Lage – die Sonnenseite mit freier Aussicht. (...) Ich habe 14 Zimmer und Räumlichkeiten im Hause und überdem 2 Küchen und Vorhäuser, ein geräumiges Waschhaus mit Holzstall, eine Wagenremise und Stallung für 4 Pferde.“ Spätere Fotos zeigen das Kügelgen-Haus ganz von wildem Wein bewachsen, heute ist davon nichts mehr zu sehen. Leider steht das in Privatbesitz befindliche Gebäude zur Zeit leer, nur eine Tafel über dem Eingang erinnert an den einstigen Bewohner. Das Städtische Museum beherbergt jedoch ein Kügelgen-Zimmer, in dem sich auch zahlreiche seiner Gemälde finden.

Das Kügelgen-Haus in der heutigen Kügelgenstr. Nr. 35a.

Als Kammerherr begleitet der Maler den geistig erkrankten Herzog Mitte der fünfziger Jahre auf Schloß Hoym, nordöstlich von Ballenstedt, wo er ihn wie „im Inneren eines Zauberberges" bis in den Tod 1863 geduldig betreuen und zugleich die lebendig aufsteigenden Erinnerungen an seine eigene Jugend niederschreiben wird.

Wilhelm von Kügelgen

An seinen Bruder Gerhard am 17. Oktober 1853.
Aus den „Lebenserinnerungen des Alten Mannes" (1870)

Als Hellfeld dann zurückkehrte, setzte ich mich gleich in seinen Wagen und fuhr nun meinerseits auf zwei Tage nach Ballenstedt. Zwar schlug mir hier kein Herz entgegen, da die Meinigen ... alle in Salzbrunn waren, aber dennoch hielt ich mit freudiger Bewegung vor meinem Hause. (...) Ich trat nun in den Garten, der im herrlichsten Flor stand, tausende von Zentifolien glühten in der Abendsonne, während die größere Hälfte des Gartens im Schatten des Bosketts lag. ·Ich steckte mir eine Pfeife an, und seit sieben Wochen kam die erste Ruhe, der erste heimische Frieden über mich. Ich ging wie verzaubert von Busch zu Busch, von Beet zu Beet, um zu sehen, was der Garten leistete. Da wischte etwas ganz leise an meinem Schienbein hin, ich blickte nieder, es war unser weißes Hauskätzchen, das mit einem ungeheuren Buckel fortwährend ganz still und ohne ein Wörtchen zu sagen an meinem Stiefel hin und her strich. Ich nahm sie auf den Arm und setzte meine Promenade mit ihr fort, während der Hund mir folgte, wenn ich ging, und stehenblieb, wenn ich stand.

Was ich essen wollte? Ich gab dem Mädchen Geld und ließ mir eine tüchtige Bierkaltschale machen, Eier kochen und Salat aus dem Garten raufen. Um 8 war alles fertig. Ich setzte mich in Hemdärmeln an den Tisch und legte recht aus Übermut die Ellenbogen auf. Oh, was war das für ein Vergnügen! Nach siebenwöchentlichen Diners und Soupers im Frack, jeder Bissen mit Gemütsbewegung verschluckt, wieder einmal ohne Gêne am eigenen Tisch zu sitzen und vernünftige Kost zu genießen!

Louise Brachmann

geb. 9. 2. 1777 in Rochlitz/Sachsen,
gest. 17. 9. 1822 (Freitod) in Halle/Saale.

Louise von François

geb. 27. 6. 1817 in Herzberg (Elster),
gest. 25. 9. 1893 in Weißenfels.

Hedwig Courths-Mahler

eigentl.
Ernestine Friederike Elisabeth Mahler
geb. 18. 2. 1867 in Nebra/Unstrut,
gest. 26. 11. 1950 in Tegernsee.

Der Traum vom Glück Drei schreibende Frauen in Weissenfels

Ingo Bach, Jens-Fietje Dwars

Dem kursächsischen Geleits- und Landakzisekommissar Christian Paul Brachmann wurde 1787 für den Thüringischen Kreis Weißenfels angewiesen. Kurz zuvor war Erasmus von Hardenberg als neuer Salinedirektor in die Saalestadt eingezogen. Louise Karoline, die zehnjährige Tochter des einen, schloß schnell Freundschaft mit Sidonie, der des anderen. Wie schon ihre Mütter in Jugendtagen und ebenso ihre Brüder Christian und Friedrich. Letzterer wird sich bald Novalis nennen und Schiller die Gedichte der fünf Jahre jüngeren Louise zum Druck empfehlen.

Bereits 1797 hatte Sidonie die Verse der Freundin an den berühmten Mann gesandt. Doch bedurfte es erst der Zusprache des Bruders, um zwei Idyllen in den *Musenalmanach für das Jahr 1799* aufzunehmen. Ein paar weitere fanden Eingang in die *Horen*, deren XII. Stück sie mit der Widmung erhielt: „... ich ergreife die Gelegenheit, Ihnen für diese schönen Beiträge, sowie für Ihre Zuschrift Dank zu sagen. Unter dem Heer von Gedichten, welche dem Herausgeber ... zufließen, ist die Erscheinung einer schönen und poetischen Empfindung so wie sie in mehreren Ihrer Gedichte lebt eine desto angenehmere Überraschung."

So fing alles gut an. Auch im folgenden Jahr reichte sie ihre Texte in Jena ein, erneut von Novalis sekundiert. Die gleichen Briefe aber gingen an Johann Gottfried Seume, der bei Göschen für sie bitten möge, und an August Wilhelm Schlegel. Um die Jahrhundertwende erschienen nicht wenige Novellen, Kurzromane und Lieder der Brachmann, nur eben verstreut in der *Zeitung für die elegante Welt*, Cottas *Morgenblatt*, Kinds *Harfe*, der *Minerva*, *Urania* oder dem *Taschenbuch zum geselligen Vergnügen*. Davon leben konnte sie nicht, und war ebensowenig bereit, eine Konventionsehe zur Sicherung ihres Unterhalts einzugehen.

Am 7. September 1800, auf dem Höhepunkt des ersten Erfolgs, stürzte sich Louise vor den Augen ihres Vaters vom Gang im zweiten Stock seines Hauses herab. Ein vorspringendes Dach milderte den Fall und zwang sie, ihre Existenz weiterzuführen. Als Schiller zwölf Monate darauf durch

Louise Brachmann,
Schattenbild.

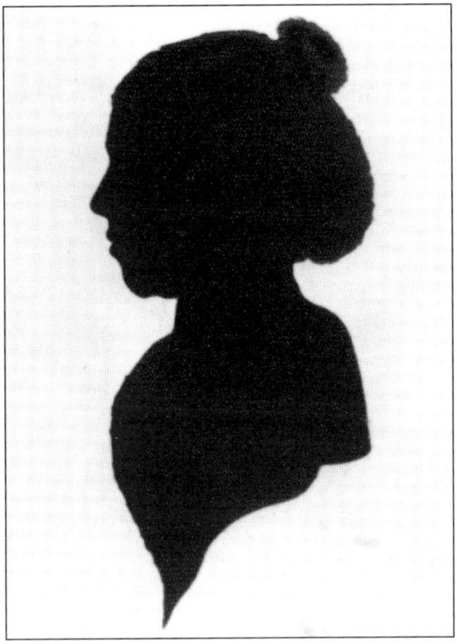

die Stadt reiste, „war in dem Gasthof, wo ich abstieg, meine erste Erkundigung nach Ihnen, und eben dort bestätigte man mir zu meiner großen Betrübnis Ihren Tod". Man hatte sie mit ihrer Schwester Amalie verwechselt, deren Verlust für Louise allerdings vernichtend genug war. Zumal ihr 1802/03 die Mutter und der Vater folgten sowie 1801 bereits Sidonie und deren Bruder vorausgegangen waren. Der Tod, der sie selber verschmäht, raubt ihr alles, was sie liebt.

Noch 22 Jahre wird sie dies Leben in einer Kleinstadt fortsetzen, in der das Militär oben im verwaisten Schloß den Ton angibt, das einst berühmte Gymnasium illustre in ein vorerst unbedeutendes Lehrerseminar übergegangen ist und kein Salon existiert, wo Frauen als Schreibende ernst genommen werden, nicht einmal eine öffentliche Bibliothek. Nur Adolph Müllner und Benedikte Naubert, die Verfasserin von 80 Romanen im benachbarten Naumburg, ermöglichen eine Verständigung über Arbeiten, die mehr schlecht als recht ein kärgliches Auskommen sichern. Allein die Napoleonischen Kriege bringen noch einmal Hoffnung in ihr Dasein: als Krankenschwester im Lazarett sich 1806 in einen französischen Arzt verliebend und 1813 in einen verwundeten Spanier. Der eine war verheiratet, der andere starb. Sie selbst erkrankte an Nervenfieber und überwandt die Gefahr eines zweiten Suizids, indem sie sich das versagte Glück auf dem Papier, in der Erzählung *Das Militär*, erträumt.

Erfüllung fand sie darin nicht. 1822, zur gleichen Zeit, da ihr Happyend

Das Wohnhaus der Familie François am Weißenfelser Markt Nr. 6, im Hintergrund Schloß Neu-Augustusburg.

Der „Mops mit der Zipfelmütze" im Hof des François-Hauses.

im Druck erschien, scheiterte Louise Brachmanns letzter Versuch, mit einem 18 Jahre jüngeren Offizier ein neues Leben zu beginnen, legt sie sich einen Stein um den Hals und springt vom Hölty-Felsen bei Halle in die Saale. Ihr Tod machte sie zur deutschen Sappho, nicht ihre Dichtungen, die 1824/26 das erste und letzte Mal in sechs Bänden erschienen. Seitdem sind sie vergessen und auch das Haus ihres Vaters wich 1897 einem Neubau in der Jüdenstraße Nr. 13.

Ungleich mehr Spuren haben sich von einer anderen Autorin erhalten, die 40 Jahre nach ihr zur Welt kam. Fast wäre sie in Novalis' Sterbehaus geboren worden, das Friedrich von François mit seiner Frau Amalie, der Tochter eines wohlhabenden Tuchhändlers, gerade bezogen hatte. Doch das Bataillon des Majors wurde nach Herzberg verlegt, wo Louise 1817 ins Leben trat. Im Jahr darauf starb der Vater, so daß die Witwe mit dem Mädchen und einem soeben geborenen Jungen im Haus ihrer Eltern am Marktplatz, der heutigen Nr. 6, unterkam. 1820 heiratete sie einen Justizbeamten, der ins Westpreußische geordert, aber schon bald nach Weißenfels zurück berufen wurde.

In dem dreigeschossigen Gebäude am Markt mit prächtiger Schaufassade und turmhoher Dachhaube, das nun auch die junge Familie aufnahm, verbrachte Louise von François nach ihrer frühen Odyssee eine

Die junge Louise von François, Pastell.

unbeschwerte Kindheit. Später schrieb sie in einem ihrer Romane, es throne über dem Platz wie ein „Mops mit der Zipfelmütze". Gleich einem Wappentier findet sich das Bild tatsächlich im Hof des Hauses, hundert Jahre danach von Erich Haase in Stein geschlagen. Die Kunst, die das Kind umgab, verkörperte Müllner, auf dessen Liebhabertheater einst ihre Mutter geglänzt hatte, und die völlig vergessene Autorin Fanny Tarnow, die von 1828 bis 1842 in der Stadt lebte.

Auf Tarnows Leseabenden lernte die bildschöne Louise einen Offizier kennen, doch verlor sie durch ihren Vormund das väterliche und durch Konkurs auch das Erbe der Mutter. Die Verlobung wurde gelöst, man verkaufte das Patrizierhaus und zog in den gegenüberliegenden Gasthof „Halber Mond" (heute Nr. 24). Um der Familie nicht zur Last zu fallen, übernahm die Dreißigjährige den Haushalt ihres Onkels, eines Generalleutnants in Minden, Halberstadt und Potsdam. Nach dessen Tod 1855 zurückgekehrt, sorgte sie für die erkrankte Mutter sowie den erblindeten Stiefvater und begann nun erst, in der Mitte eines entsagungsreichen Lebens, zu schreiben.

Unter Pseudonym entstehen zunächst kulturhistorische Skizzen der Region, kleine Miszellen, auf die Feuilletons folgen, Novellen und schließlich drei Romane: *Die letzte Reckenburgerin* (1871), *Frau Erdmuthens Zwillingssöhne* (1873) sowie *Stufenjahre eines Glücklichen* (1877). Langsam und still reift eine Stimme, die nicht nur Kritiker beeindruckt, sondern vor allem Marie von Ebner-Eschenbach und Conrad Ferdinand Meyer, die gewichtigsten Erzähler ihrer Zeit, bewegt, einen Briefkontakt zu der immer mehr sich zurückziehenden Frau zu suchen.

Seit 1860 wohnte Louise von François in dem schlichten Haus an der Promenade Nr. 25, das sie nach dem Tod der Eltern 1871/74 aufgab, um die letzten 19 Jahre in einer Mansarde der Großen Deichstraße Nr. 2 zu verbringen, unterbrochen von Reisen zu Meyer und Ebner-Eschenbach, und immer darauf bedacht, dem Sohn ihres Bruders ein bescheidenes Vermögen zu hinterlassen. So lebte die Schriftstellerin, wie die Gestalten ihrer Bücher – auf ihre Art tapfere Frauen, die in Kriegs- und Krisenzeiten den Mann im Haus ersetzten.

Nur waren dies ferne Zeiten, die Jahre ihrer glücklichen Kindheit, die sie nicht nostalgisch verklärt, aber im Licht einer vergangenen Sonne erinnert. Dunkel verblaßt alles Folgende, und dies mag der tiefere Grund sein, weshalb ihre Autobiographie in den Anfängen 1883 liegen blieb. Wie sollte sie die bewegten Jahrzehnte zur Sprache bringen, die ihre Familie im wörtlichen Sinne vom Zentrum der Stadt an deren Rand drängten? Von 1817 bis 1855 hatte sich die Einwohnerzahl auf Zehntausend verdoppelt und war bis zur Jahrhundertwende noch einmal um fast das Zweifache gestiegen. Die Eisenbahn öffnete das Nest zur Welt, Kleinfabriken wuchsen mit dem Abbau der Braunkohle ringsum und neuer Reichtum wie neues Elend wucherten.

Das François-Haus an der Promenade Nr. 25.

Hier, im sozialen Abgrund der aufbrechenden Moderne, beginnt der Lebensweg einer dritten Autorin, die mit 209 Romanen zur bis heute meistgelesensten der Welt aufsteigen wird. Deren Licht erblickte sie eher durch einen unglücklichen Zufall in Nebra. Denn die Weißenfelser Seilerstochter Henriette Mahler hatte sich in den Unteroffizier Ernst Schmidt aus der Unstrutstadt verliebt, der im Mai 1866 in den Deutsch-Österreichischen Krieg ziehen mußte. Zwar kam er nicht an die Front, doch brachte das Regiment die Cholera aus der Slowakei mit, an der Ernst bei seiner Rückkehr im September starb. Heiraten konnte er nicht mehr, aber wohl seine Eltern bitten, daß sie die Frau und ihr kommendes Kind aufnehmen.

Die Barbierfamilie Schmidt lebte bescheiden in der Nebraer Laternengasse Nr. 1. Da jedoch Ernestine Elisabeth später, als sie sich Hedwig nannte, dem Weißenfelser Museum ein Foto des stattlichen Baues Breite Straße Nr. 18 widmete, gilt letzteres als das Geburtshaus der Courths-Mahler, das seit 1989 eine entsprechende Tafel schmückt. Wie auch immer, Henriette kam schon bald zurück und gebar im Januar 1869 eine zweite Tochter, deren Vater sie im Mai zum Manne nahm. Der aber wollte von der ersten nichts wissen, so daß sie für Kostgeld dem Flickschusterehepaar Birkner übergeben wurde.

Dort blieb Elisabeth bis zu ihrem zwölften Lebensjahr, als die Mutter sich längst hatte scheiden lassen und nach Leipzig gezogen war. Gustav und „Bäbe" Birkner wohnten 1869 in der Langendorfer Straße Nr. 9, 1872

Hedwig Couths-Mahlers Geburtshaus in Nebra.

Langendorfer Straße Nr. 9 - ein Mahler-Haus?

am Georgenberg Nr. 2/4 und 1876 in der Kleinen Burgstraße Nr. 3. Die häufigen Umzüge lassen die Not der Leute ahnen, ihre Quartiere sind, bis auf das erstgenannte, längst verfallen. Das Mädchen aber, das quer durch die Altstadt zur 1. Bürgerschule ging, hat die Spuren seiner Kindheit gründlich verwischt.

Vielleicht spielte sie wirklich „so oft auf der Steinplatte des Grabes von Novalis“ und versetzte ihre „Phantasie in das Land der Träume“, wie Hedwig Mahler es im idyllischen Rückblick beschwor. Nur selten gesteht sie, als ein „armes Kind“ sich „gern mal Wurst und Fleisch auf meinen Stullen“ gewünscht zu haben. Und nie erfahren wir, wie sie und die große Masse der sich rasch vermehrenden Bevölkerung ein so armseliges Dasein Tag für Tag aushielten. Oder war es jener Traum vom Glück im Nirgendwo, der sie weiterleben ließ? War die Verfasserin edel kitschiger Liebesromane von adligen Fräuleins und schmucken Offizieren am Ende doch die größte, und deshalb so erfolgreiche, Realistin ihrer Zeit?

(Louise Brachmann)
Kindheit und Jugend

Als mich die dämmernden Täler der holden Kindheit umfingen,
War mein Erwachen noch still, ruhig im Schlummer mein Traum,
Du erschienst mir, o Göttin, mit deinem unendlichen Streben,
Und in der Glut des Gefühls floh mir die selige Ruh.
Aber das Schicksal gebeut; einst fliehest Du, lächelnde Hebe,
Und die verlorene Ruh kehrt mir doch nimmer zurück.
*Louise. ****
Aus: Schillers „Musenalmanach auf das Jahr 1798"

Ich habe nichts anderes getan, als später der Film: ich habe schwer arbeitenden Menschen jenes Leben gezeigt, nach dem immer ihre Sehnsucht ging, das sie jedoch nie kennenlernen würden. Ich habe Märchen für große Kinder erdacht.

Hedwig Courths-Mahler

Theodor Fontane

geb. 30. 12. 1819 in Neuruppin,
gest. 20. 9. 1898 in Berlin.

Fontane in den siebziger Jahren.

Modellstadt für eine Novelle
Theodor Fontanes Tangermünde

Axel Kahrs

Ich habe vor, im Laufe des Sommers eine altmärkische Novelle zu schreiben. Ort Salzwedel; Zeit 1660; Heldin: Grete Minde, Patrizierkind, das durch Habsucht, Vorurteil und Unbeugsamkeit von Seiten ihrer Familie, mehr noch durch Trotz des eigenen Herzens, in einigermaßen großem Stil, sich und die halbe Stadt vernichtend, zu Grunde geht."

Das backsteinerne Neustädter Tor in Tangermünde.

Fontanes Brief an Paul Lindau vom Mai 1878 bietet den Zugang zur literarischen Werkstatt des Dichters, zu seinem Wechselspiel von Fiktion und Realität, Örtlichkeit und Phantasie. Denn auch heute noch kann der Altmark-Reisende in den Stadtmauern von Tangermünde schnell erkennen, welche Bedeutung Fontane dem Schauplatz seiner ersten Novelle zumaß.

Der Dichter warf schon 1844 während einer Elbfahrt einen ersten Blick auf die ehemalige Kaiser-Residenz, „wo Reste einer aus den Tagen Karls IV. herstammenden Burg aufragen". Mögliche Impulse für seine Novelle erhielt er aber erst 1859 bei einer ausführlichen Wanderung, über die sein Begleiter, der Kunsthistoriker Wilhelm Lübke, berichtet: „Wir waren beide gut zu Fuß, beide mitteilsam, und so wurde unsere Reise durch die Altmark mir höchst genußreich. Während er in den Kirchen den historischen Erinnerungen nachging, machte ich Jagd auf ihre kunstgeschichtlichen Denkmäler. Wir besuchten Havelberg, Werben, Arendsee, das an kirchlichen Monumenten reiche Salzwedel, Seehausen und das hochbedeutende Stendal, endlich Tangermünde ..." Zwei weitere Reisen im April und Juli 1878 führten Fontane, nachdem er den Plan zur Novelle gefaßt hatte, in die Tanger-Stadt, um, „der Lokaltöne halber, die so wichtig sind", vor Ort „Kirche, Burg und Rathaus anzusehen" – so seine Briefe an Paul Lindau und Sohn Theodor. Im Fontane-Archiv Potsdam findet sich das Notizbuch dieser Fahrten mit zahlreichen Skizzen und Beschreibungen: die Architektur des Rathauses, die Innenausstattung der Kirche, Einrichtungen der Bürgerhäuser, Zeichnungen von Grabmälern und Kleidermoden.

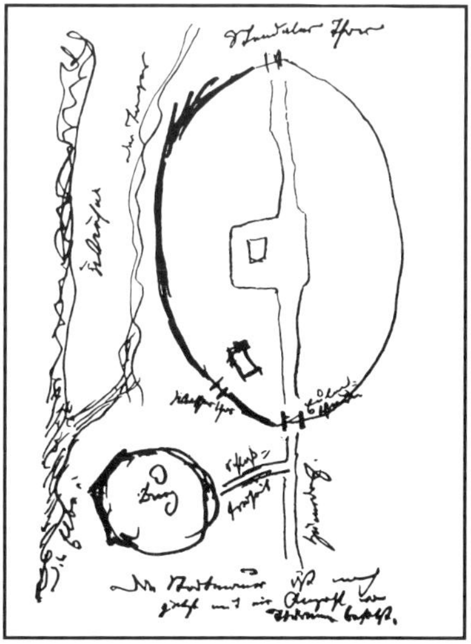

Fontanes Skizze der Stadt Tangermünde mit Burg.

Ein Blick auf Fontanes Grundriß der Stadt erklärt, warum der Autor die verwinkelte, unübersichtliche Hansestadt Salzwedel als ursprünglich vorgesehenen Schauplatz seiner Novelle aufgab: Tangermünde bot und bietet bis heute das klassisch-einfache Modell einer Stadt des Mittelalters. Die Zeichnung erkennt das sehr genau, erfaßt die „Bausteine“, aus denen sich städtisches Leben bildet: Der Elbstrom mit der Tanger zum Handel und Verkehr an der Flußmündung; außerhalb der Stadt dann die Burg mit der Schloßfreiheit als Zeichen weltlicher Landesherrschaft, daran anschließend die bis heute fast vollständig erhaltene Stadtmauer mit zwei Straßentoren und der Roßfurt zum Hafen, in der Stadt dann, in einer Sichtachse mit der Burg, die beiden dominierenden Bauwerke, die Hauptkirche St. Stephan und das Rathaus am zentral gelegenen Marktplatz.

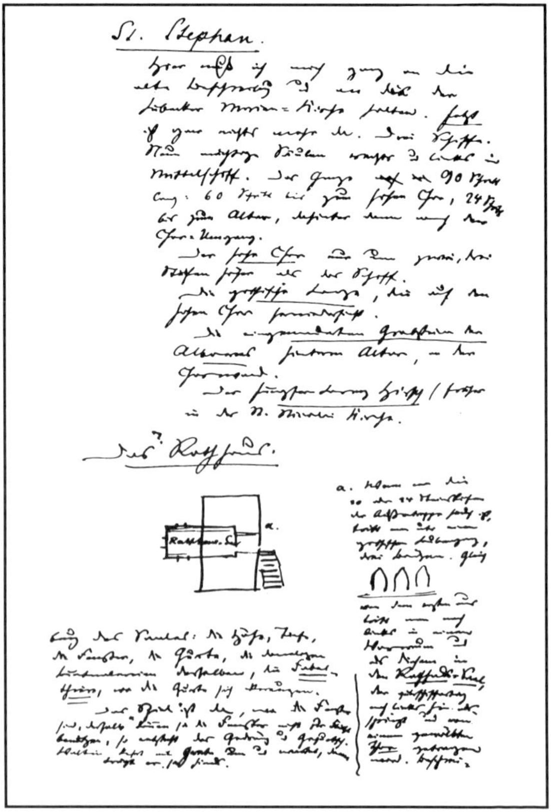
St. Stephan.

Aus Fontanes Notizen und Skizzen zu den Örtlichkeiten Tangermündes – hier zur Hauptkirche St. Stephan und zum Rathaus.

Fontanes 1880 erschienene Novelle *Grete Minde* aber ist die Geschichte eines dreifachen Scheiterns: die altmärkische Chronik einer verzweifelten Suche nach Anerkennung in einer sich selbst auf der Burg feiernden Gesellschaft, nach Recht vor den mächtigen Politikern einer reichen Markt- und Handelsstadt und nicht zuletzt die Suche nach Gnade und Vergebung vor einer dogmatisch erstarrten Kirchenobrigkeit. Tangermündes Bauwerke werden so zur steinernen Kulisse eines kleinen Lehrstückes. Ein heutiger Gang über Tangermündes Straßen und Plätze muß denn auch doppelgleisig verfahren: dem Auge erschließt sich eine Szenerie aus gotischen Baudenkmälern und spätmittelalterlichen Fachwerkhäusern, wie sie sich fast unverändert auch schon Fontane bot.

Hier lebte und starb im 17. Jahrhundert die historisch verbürgte Patriziertochter Grete Minde, Opfer und Täterin zugleich in einer tragischen Familienfehde, bei der es um Totschlag, uneheliche Geburt und daraus folgende Erbstreitigkeiten geht. Als Grete Minde glaubt, in einem Rechts-Vergleich vom Stadtrat um ihr legitimes Erbe gebracht worden zu sein, gerät sie in schlechte Gesellschaft und heiratet einen herrenlosen Landsknecht, mit dem sie umherzieht und bald ein Kind hat. Nachdem die Stadt Tangermünde durch Brandstiftung am 13. September 1617 fast vollständig zerstört wurde, wird Grete zusammen mit ihrem Mann und einem weiteren Verdächtigen als Brandstifterin verhaftet, gefoltert und am 22. März 1619 auf dem Scheiterhaufen hingerichtet. Mit bitteren Worten verfluchte der damalige Bürgermeister Caspar Helmreich Grete Minde: „O du lose Hure, wolte GOtt! du wärest an kein Tages=Licht gekommen ... Die schöne Gestalt der reichen Stadt, welche dich gespeist und gekleidet, hast du verdorben und zum Stein=Hauffen gemacht.“ Spätere Forscher, wie Ludolf Parisius, sehen dagegen einen Justiz-Skandal, bei dem die mächtige Patrizierfamilie Minde sich mit einem Schlag der lästigen Erbin entledigen konnte und zugleich einen Sündenbock für die Brandstiftung gefunden hatte.

Fontane hat diese Debatte mit Interesse verfolgt, alle verfügbaren Quellen geprüft und mit Parisius korrespondiert, aber seine Novelle geht andere Wege. Die Figur der Grete interessiert ihn, die psychologisch brisante Verstrickung von Schuld und Unschuld, und Dirk Mendes Bonmot von „Grete Minde und ihren Brüdern Karl Moor und Michael Kohlhaas“ deutet die Richtung an, die Fontane dabei verfolgt. Noch 1889 erläutert

er: „Ich habe die Geschichte geschrieben, als die Streitfrage noch schwebte, trat aber instinktiv auf die Seite derer, die von der Unschuld der Unglücklichen, die nur durch die Schuld andrer auf falsche Wege gedrängt wurde, überzeugt waren."
Und so läßt seine literarische Grete-Minde-Figur ihrer Verzweiflung gerade dann freien Lauf, wenn sie auf der Burg ihre Heimat als Idyll erfährt: „Zu Füßen hatten sie den breiten Strom und die schmale Tanger, die spitzwinklig in den Strom einmündete, drüben aber, am anderen Ufer, dehnten sich die Wiesen, und dahinter lag ein Schattenstrich, aus dessen Lichtungen hier und dort eine vom Abendrot übergoldete Kirchturmspitze hervorblickte." Doch Grete hat keinen Lebensmut mehr: „Aber der Tag drückt mich; jeder; heute, morgen, und der folgende wieder. Endlos, endlos." Sie bleibt auch ausgeschlossen, als ihre Familie bald darauf zum Empfang des Kurfürsten im Palast auf der Burg schreitet. (Im Band *Fünf Schlösser* seiner *Wanderungen* aus dem Jahre 1889 hat Fontane ein solches Fest auf dem „Schloß Tangermünde" noch einmal ausführlich ausgemalt). In der Kirche St. Stephan wird ihr nach dem Tod des Vaters ihre Isolation bewußt: „Grete war geblieben und huschte heimlich in die Kirche zurück und setzte sich auf die Bahre, die noch an alter Stelle stand (...) Und nun sah sie plötzlich auf und gewahrte, daß das Abendrot in den hohen Chorfenstern stand, und daß alles um sie her wie in lichtem Feuer glühte: die Pfeiler, die Bilder und die hochaufgemauerten Grabsteine. Da war es ihr, als stünde die Kirche rings in Flammen, und von rasender Angst erfaßt, verließ sie den Platz."

Das Motiv der Feuerfarbe durchzieht die gesamte Novelle, und auch die Verwundung Gretes bei einer Explosion im Rathausfestsaal wird zum Vorspiel des verzehrenden Brandes. Denn Gretes spätere Niederlage vor dem Stadtrat ereignet sich an gleicher Stelle: „Es war derselbe Saal, in dem, zu Beginn unsrer Erzählung, die Puppenspieler gespielt und das verhängnisvolle Feuerwerk abgebrannt hatten." Der berühmte gotische Schaugiebel des Rathauses weist hinüber zur Backsteinfassade von St. Stephan. Hier läßt Fontane Grete am Schluß der Novelle den Tod finden: Nicht auf dem Scheiterhaufen, wie es die Historie überliefert, sondern im Glockenturm der brennenden Kirche, wo sie, nach ihrer Brandstiftung dem Wahnsinn nahe, ihr Kind und das des Halbbruders in blindem Haß mit in den Tod reißt.

Der Turm von St. Stephan erhielt 1712 eine „Welsche Haube".

Fontane hatte im Notizbuch vermerkt: „Der Kirchplatz ist nüchtern, leer, langweilig; die Phantasie hat hier alles zu thun." Das liest sich dann so (am besten zu Füßen des größten Kirchturms der Altmark): „Und nun war sie selber oben und zog die letzte Leiter nach. Um sie her hingen die großen Glocken und summten leise, wenn sie den Rand derselben be-

Das Rathaus. – Für Ricarda Huch („Im Alten Reich") lag „der Backsteinbau des Rathauses ... inmitten der Stadt wie eine allerschönste Prinzessin in der Felsenburg eines Riesen". Zwischen Rathaus und Stephanskirche vollzog sich das Schicksal der Grete Minde.

rührte. Und nun trat sie rasch an die Schallöcher, die nach der Stadtseite hin lagen, und stieß die hölzernen Läden auf, die sofort vom Winde gefaßt und an die Wand gepreßt wurden. Ein Feuermeer unten die ganze Stadt; Vernichtung an allen Ecken und Enden, und dazwischen ein Rennen und Schreien, und dann wieder die Stille des Todes. (...) Alles ... drängte dem Portal der Kirche zu. Aber ehe noch die Vordersten es erreichen oder gar die Stufen der Wendeltreppe gewinnen konnten, stürzte die Schindeldecke prasselnd zusammen, und das Gebälk zerbrach, an dem die Glocken hingen, und alles ging niederwärts in die Tiefe."

Heute weisen viele Balkeninschriften und Jahreszahlen in den zahlreichen Fachwerkhäusern der Stadt auf den Wiederaufbau nach dem Brand hin, in der Langen Straße Nummer 42 vermutet man das ehemalige Anwesen der Mindes. Zur Brandtstifterin wahrte die Stadt Tangermünde lange Zeit ein distanziertes Verhältnis; die wenig ansehnliche Grete-Minde-Straße führt zum 1998 eröffneten Burgmuseum im ältesten Haus der Stadt in der Schloßfreiheit 5. Das Heimatmuseum am Markt zeigt im Rathauskeller verbliebene Spuren der Auseinandersetzung mit Grete Minde, darunter Ausgaben von Bühnenstücken Tangermünder Bürger.

Auch auf Peter Huchel wird verwiesen, dessen Hörspiel *Margarethe Minde* am Vorabend des Zweiten Weltkrieges gesendet wurde. Das „Theater der Altmark" aus Stendal führte es als Schauspiel 1992 auf dem Pfarrhof von St. Stephan während des jährlichen Burgfestes auf. Heidi Genee verfilmte die Novelle 1977 unter dem reißerischen Titel „Grete Minde. Der Wald ist voller Wölfe." Kulisse war allerdings das niedersächsische Hornburg. Barbara Bartos-Höppner hat 1993 in ihrem historisierenden Roman „Die Schuld der Grete Minde" noch einmal ein Geschichtspanorama der Stadt entworfen, über die Fontane 1878 spottete: „Wie leben doch die Leute in solcher Stadt. Mir war, als wär' ich in Reykjavik gelandet."

Und doch verhalf sie ihm zu bleibender Berühmtheit – und er ihr.

Theodor Fontane

Grete Minde. Aus dem letzten Kapitel

Den Tag danach saßen Ilse Schulenburg und die Domina wieder an der Efeuwand ihres Hauses, und alles war wie sonst. Die Fenster standen auf, und das Feuer brannte drinnen im Kamin, und der Spitzkopf des großen Wolfshundes sah wieder wartend zu seiner Herrin auf. Von jenseit des Sees aber klang die Glocke, die zu Mittag läutete.

Um diese Stunde war es, daß ein Bote vom altmärkischen Landeshauptmann. Achaz von der Schulenburg, gemeldet wurde, der, ein Großoheim Ilsens, das Kloster zu schneller Hülfeleistung und zu Betätigung seiner frommen und freundnachbarlichen Gesinnungen auffordern ließ. Ilse ging dem Boten entgegen und gab ihm Antwort und Zusage. Dann kehrte sie zu der Domina zurück.

„Was war es?" fragte diese.

„Ein Bote vom Landeshauptmann."

„Gute Nachricht?"

„Nein, böse. Tangermünde liegt in Asche."

„Und Grete?"

„Mit unter den Trümmern."

„Armes Kind ... Ist heute der dritte Tag ... Ich wußt es ..."

So ging ihr Gespräch.

Friedrich Nietzsche

geb. 15. 10. 1844 in Röcken (b. Lützen),
gest. 25. 8. 1900 in Weimar.

Der Vater: Carl Ludwig Nietzsche
Die Mutter: Franziska Nietzsche geb. Oehler

Ein Königskind wird geboren
Nietzsche im Pfarrhaus zu Röcken

Jens-Fietje Dwars

Du gesegneter Monat Oktober, in welchem mir in den verschiedenen Jahren alle die wichtigsten Ereignisse meines Lebens geschehen sind, das, was ich heute erlebe, ist doch das Größte, das Herrlichste, mein Kindlein soll ich taufen! O seliger Augenblick, o köstliche Feier, o unaussprechlich heiliges Werk, sei mir gesegnet im Namen des Herrn! – Mit dem tiefbewegtesten Herzen spreche ich es aus: nun so bringet denn dies mein liebes Kind, daß ich es dem Herrn weihe. Mein Sohn, Friedrich Wilhelm, so sollst Du genennet werden auf Erden, zur Erinnerung an meinen königlichen Wohltäter, an dessen Geburtstag Du geboren wurdest."

Man schrieb den 24. Oktober 1844, als der Pfarrer von Röcken die altertümlich pathetischen Worte sprach. Am gleichen Tag des Jahres 1813 hatte sein Vater, der Superintendent von Eilenburg Friedrich August Ludwig Nietzsche, ihn selbst auf den Namen Carl Ludwig getauft. Am 10. Oktober 1843, seinem 30. Geburtstag, ließ er sich von Pastor Oehler im nahegelegenen Pobles mit dessen Tochter trauen. Und daß nun ihr erstes Kind, *sein* Sohn, an einem 15. Oktober, dem Ehrentag des Königs, zur Welt kam, galt ihm als ein wundervoll gutes Zeichen. Denn von Friedrich Wilhelm IV. hatte er das Amt über drei Gemeinden zwischen Weißenfels und Lützen erhalten, nachdem sie einander am Altenburger Hof begegnet waren, wo Carl Ludwig die Erziehung dreier Prinzessinnen oblag. Stolz stellt der Mann, der hoffen darf, noch zu Höherem, gar nach Berlin berufen zu werden, die Taufe des Jungen unter Lucas 1, Vers 66: „Was, meinest du, will aus dem Kindlein werden?"

In Friedrich Nietzsches Erinnerungen taucht der Vater nur als das „vollendete Bild eines Landgeistlichen" auf: geist- und gemütvoll, mit allen Tugenden eines Christen geschmückt, habe er ein stilles, einfaches, aber glückliches Leben geführt. „Feines Benehmen" und Liebe zur Musik, an diesem Erbe einer jahrhundertelang, von Generation zu Generation überlieferten, immer höher gezüchteten, Pfarrhauskultur wird er bis zuletzt, auch nach seinem Bruch mit der christlichen Religion festhalten.

Das Röckener Pfarrhaus.

Der Kanzelaltar in der Röckener Kirche, auf dem der Vater wie Gott erschien.

Es sind die frühesten Eindrücke, die schon das Kleinstkind am stärksten prägen. Wenn es greint, setzt der Vater sich ans Klavier, spielt traumhafte Phantasien, daß der Junge staunend lauscht. Freilich beginnt er auch erst mit zweieinhalb zu sprechen. Er braucht es nicht eher, da jeder seiner Wünsche erfüllt oder sanft übertönt wird. Dem Vierjährigen mag der Vater für Augenblicke wie Gott erscheinen, wenn er vom Kanzelaltar herab die Erlösung von allem Leid verkündet. Um so furchtbarer erlebt das Kind die Macht einer nicht enden wollenden Krankheit.

Ende Februar 1848 hatte die Mutter den Bruder Joseph geboren, zwei Jahre zuvor die Schwester Elisabeth. Nur der Aufruhr in Berlin, der den König zwang, sich vor den Märzgefallenen zu verneigen, warf einen leichten Schatten auf das junge Glück. Dem Vater ging die Demütigung seines Patronatsherren derart zu Herzen, daß er sich stundenlang einschloß. Im August begann er über Kopfweh zu klagen, das ihn für Tage, Wochen und Monate aufs Bett zwang. Immer wieder unterbrochen von Momenten scheinbarer Besserung, bis er erneut aufschrie vor Schmerz, sein Augenlicht verlor und man endlich einen berühmten Arzt aus Leipzig befragte, der ratlos auf „Gehirnerweichung“ schloß.

Wie oft mußte die Familie den gütigen Herrn im Himmel anflehen, er möge sich ihres Oberhauptes, seines treuen Dieners erbarmen, ihn verschonen von der unverdienten Qual? Nicht nur Frau und Kinder, auch die Mutter des Vaters sowie dessen Schwestern Auguste und die selbst „an den Nerven“ leidende Rosalie lebten und bangten ja mit ihnen im engen Pfarrhaus.

Doch aller innigsten Bitten zum Trotz starb der geliebte Mann, Sohn und Bruder am 30. Juli 1849. Und als sei der Schrecken nicht genug, folgt ihm ein halbes Jahr darauf sein jüngstes Kind. Friedrich aber befiel in der Nacht, bevor das „Josepchen“ dem Zahnfieber erlag, eine merkwürdige Vision: „... ich hörte in der Kirche Orgelton wie beim Begräbniß. Da ich sah, was die Ursache wäre, erhob sich plötzlich ein Grab und mein Vater im Sterbekleid entsteigt denselben. Er eilt in die Kirche und kommt in kurzen mit einem kleinem Kinde im Arm wieder. Der Grabhügel öffnet sich, er steigt hinein und die Decke sinkt wieder auf die Oeffnung. Sogleich schweigt der rauschende Orgelschall und ich erwache. – (...) Mein Traum war vollständig in Erfüllung gegangen. Die kleine Leiche wurde auch noch in die Arme des Vaters gelegt. – Bei diesen doppelten

Das Erbebegräbnis der Familie Nietzsche an der Röckener Kirche mit dem Grab des Philosophen.

Unglück war Gott im Himmel unser einziger Trost und Schutz." Schrieb der Dreizehnjährige mit einer Grammatik, die ihn heute auf jeder Grundschule sitzenbleiben ließe.

Was bedeutet dieser Horrortraum, den er nicht vergessen kann oder will? Spricht er von der Sehnsucht, beim Vater, im Himmel, zu liegen? Von einer Angst, der Tote könne ihn noch ergreifen, ihn unter die Erde hinabziehen? Oder gar vom Wunsch, sich des Bruders zu entledigen, der auf den Namen Carl Ludwig getauft und an Stelle des Erstgeborenen zu Vaters Liebling wurde? Wie auch immer man die Motive im einzelnen deuten mag, das Ganze bleibt ein hellsichtiger Ausdruck das Kind zerreißender Nöte.

Der Traum schärft den Blick für Risse im allzu verklärten Idyll seiner Herkunft. Das Paradies, aus dem er im April 1850 vertrieben wird, um Platz für den nächsten Prediger zu schaffen, war längst brüchig. Schon vor der Erkrankung des Vaters zog der Vierjährige sich zurück, dem der Hausherr auch mit Schlägen Anfänge von „Widerspenstigkeit" austrieb. Sein Lieblingsplatz war ein großer freier Garten mit Teichen, dann erst die väterliche Bibliothek und nie die Kirche, deren Inneres er nur düster und dumpf beschreibt.

Nietzsche, der sich zuletzt als „Antichrist" verstand, als Psychologe, der die Umwertung ursprünglicher Werte im Glauben seiner Väter enträtselt, die (un-)heimliche Selbsterhöhung eines schwachen, aber kunstvoll raffinierten Geistes bis in die feinsten Verästelungen ihrer Seele verfolgt, dieser große Verächter aller Erdenverachtung hätte wohl kaum an der altromanischen Kapelle begraben sein wollen. Seine Schwester hat dies Wunder vollbracht. Nach einer Geld- und Buchspende für die Gemeinde und deren Schule durfte der Leichnam des Umnachteten, der sich im Wahn für Friedrich Wilhelm IV. hielt, an die Seite seiner Eltern gebettet werden. Und obgleich Lisbeth sich noch im Tod zwischen sie zu drängen wußte, haben wir ihr zu verdanken, das nun an einem Ort vereint liegt, was vielleicht doch zusammengehört.

Friedrich Nietzsche

Im Freien (1858)

Geh ins Freie, lerne kennen
Jede Schönheit der Natur
Denn willst du das ganze nennen
Suche es im einzeln nur.

Sieh, ein Buch ist aufgeschlagen
Selig, wer nur darin ließt
Schwinden da nicht Leiden, Klagen
Wo der Herr des Lebens ißt.

Singe zu des Herren Ruhme
Steige mein Gebet empor! -
Denn in seinem Heiligthume
Tönt der Schöpfung hoher Chor. -
d. 4 Mai.

Peter Gast
(d.i. Heinrich von Köselitz)
im Namen der Freunde an Nietzsches Grab (1900)

– Und nun, da Dein Leib, nach der ungeheuren Odyssee Deines Geistes, zur Heimaterde zurückkehrt, rufe ich Dir als dein Schüler, und im Namen Deiner Freunde, ein heisses „habe Dank“ in Deine grosse Vergangenheit nach.

Wie konnten wir Deine Freunde sein? Doch nur indem Du uns überschätztest!

Was Du als weltbewegender Geist warst, das liegt vor Aller Augen; und was Du als Mensch des Herzens warst – gewiss verkündet es jeder Deiner Gedanken. Denn auf all Deinem Denken lag die Weihe der Grösse – und alle grossen Gedanken kommen, wie Vauvenargues sagt, aus dem Herzen.

Wir aber, die wir das unendliche Glück hatten, Dir im täglichsten Leben nahe sein zu dürfen, wir wissen nur zu gut, dass mit Buch und Schrift sich nicht wiedergeben lässt, was den Zauber gerade Deines Wesens ausmachte. Das ist nun für immer dahin. –

Was der Blick Deines Auges, was Dein liebreicher Mund sagte – es war voll Schonung und Güte, es war ein Verbergen Deiner Majestät: Du wolltest (um an eines Deiner zartesten Worte zu erinnern) – Du wolltest uns Scham ersparen. Denn dem Reichthum Deines Geistes, dem Trieb Deines Herzens Anderen Freude zu machen – wer von uns hätte ihm etwas Gleiches entgegensetzen können?

Du warst einer der edelsten, der lautersten Menschen, die je über die Erde gegangen sind.

Und obschon dies Feind wie Freund weiss, so halte ich es doch für nicht überflüssig, dies Zeugnis laut an Deiner Gruft abzulegen. Denn wir kennen die Welt, wir kennen das Schicksal Spinoza's. Auch um Nietzsches Andenken könnte die Nachwelt Schatten legen. Und darum schliesse ich mit den Worten: Friede Deiner Asche! Heilig sei Dein Name allen kommenden Geschlechtern.

Friedrich Nietzsche

Friedrich Nietzsche mit seiner Mutter in Naumburg, 1892.

Mutterhaus ohne Vaterstadt Friedrich Nietzsche in Naumburg

Kai Agthe

Franziska Nietzsche bezog 1858 mit ihren Kindern Friedrich und Elisabeth ein paar Räume in der Straße Weingarten Nr. 355. Es war die dritte Naumburger Wohnung der Pastorenwitwe. Nach dem frühen Tod ihres Mannes kam sie 1850 zunächst bei dessen Mutter unter. Das Haus, in dem auch noch die beiden unverheirateten Schwestern Ludwigs lebten, befand sich in der Neugasse, der heutigen Neustraße. Es wurde im Zweiten Weltkrieg zerstört.

Das Leben im Kreise der drei Nietzsche-Frauen gestaltete sich für die sensible Franziska und ihre Kinder äußerst schwierig. Friedrichs Großmutter Erdmuthe führte ein strenges Regime. Sticheleien gegen die erst Dreiundzwanzigjährige waren an der Tagesordnung. Und daß Friedrich zwischen fünf Frauen aufwuchs, das gab der psychologischen Nietzsche-Deutung zu denken. Den Umzug in eine kleine Wohnung an der Marienmauer dürfte die junge Frau als Befreiung empfunden haben. Auch dieses, nördlich der Altstadt gelegene Haus ist nicht erhalten.

Friedrich besuchte von 1850 bis 1853 die Knabenbürgerschule am Topfmarkt, danach das „Institut" des Kandidaten Karl Moritz Weber am Kramerplatz sowie ab 1855 das Domgymnasium. Befreundet war er mit Wilhelm Pinder und Gustav Krug, Söhnen von Oberlandesgerichtsjuristen. Bei ihnen mag der Junge gefühlt haben, was seiner Kindheit fehlte: die Geborgenheit einer intakten Familie. Mit den Freunden gründete er auf der nahen Schönburg einen Verein, den sie „Germania" nannten. Doch außer ihm hielt sich keiner an die Verabredung, Vorträge für ihre Sitzungen zu erarbeiten. In kleinen Dichtungen und Kompositionen verband er das literarische Talent des einen Freundes mit dem musikalischen des anderen.

Auch im Haus am Weingarten waren die Frau Pastor und ihre Kinder zunächst nur Untermieter. Just zu dem Zeitpunkt, da man in den vier Wänden heimisch zu werden begann, ging der vierzehnjährige Fritz, dank einer Freistelle der Stadt Naumburg, im Oktober 1858 nach Schulpforta.

Das Nietzsche-Haus am Weingarten Nr. 18 in unmitttelbarer Nähe der Stadtmauer. Seit 1994 beherbergt das restaurierte Gebäude ein Museum.

Der Alumnus Portensis kam in den nächsten sechs Jahren nur in den wenigen Ferienwochen nach Hause, die man den Schülern zugestand. An den Sonntagen traf er Mutter und Schwester gewöhnlich auf halbem Wege zwischen Pforta und Naumburg, in einem Lokal in Almrich. Sein Heimweh konnte der lernbegierige Schüler in all dieser Zeit kaum ablegen. Oft schrieb er Briefe und begann bereits im Herbst mit dem Abfassen seines Weihnachtswunschzettels. Die Liste wurde in den Wochen bis zum Christfest mehrfach korrigiert. Franziska schickte dem Filius indes Pakete nach Pforta, die neben viel mütterlicher Liebe vor allem praktische Dinge wie das unentbehrliche „Chokoladenpulver“ enthielten, da er als Schüler eine Abneigung gegen Milch besaß.

Die Ausbildung war in der Landesschule so gediegen, daß sich das anschließende Studium der Altphilologie in Bonn (1864/65) und Leipzig (1865/67) für den Portenser Primus als universitärer Spaziergang erwies. 1867/68 meldete er sich zum einjährig-freiwilligen Militärdienst in Naumburg. Während dieser Zeit wohnte Nietzsche bei seiner Mutter. Er gefiel sich in der Uniform, wie ein Foto mit gezogenem Säbel zeigt. Doch zog sich der Rekrut beim Aufspringen auf ein Pferd eine langwierige Ver-

Das Schul-„Institut“ von Karl Moritz Weber am Kramerplatz, das Nietzsche 1853/55 besuchte.

Das Krugsche Haus am Naumburger Markt, in dem Nietzsche als Schüler ein und aus ging.

letzung der Brustwirbel zu, die über Wochen im Kurbad Wittekind bei Halle behandelt werden mußte. Kaum nach Leipzig zurückgekehrt, wohin der Student drei Jahre zuvor seinem Bonner Lehrer Friedrich Ritschl gefolgt war, erhielt der erst vierundzwanzigjährige „Privatgelehrte“ im Februar 1869 einen Ruf als außerordentlicher Professor nach Basel.

Auch nach der Ubersiedlung in die Schweiz blieb er seiner Familie eng verbunden. So wurden die Möbel des Junggesellen daheim gefertigt und nach Basel transportiert. Franziska schickte weiterhin Pakete, vor allem mit Naumburger Schinken, den ihr Sohn so liebte. Und noch manches Buch bestellte er beim Buchhändler Domrich in der Herrenstraße.

Zwar kam er selbst nur noch selten zu Besuch, doch war es seinem Professorengehalt zu verdanken, daß Franziska das Haus am Weingarten 1878 kaufen und nun ihrerseits vermieten konnte. Nur ein Jahr später bat Nietzsche wegen eines zunehmenden Augenleidens die Universität Basel um Pensionierung. Im Sommer 1879 versuchte der nach Naumburg Zurückgekehrte, auf einem dem Haus der Mutter gegenüber gelegenen Grundstück, zwischen den Stadtmauern, „Gemüsebauerei“ zu betreiben. In seinem Garten wollte Nietzsche bescheiden wie Epikur leben. Als Domizil hatte er sich den „Landskrone“ genannten Wehrturm ausgesucht, „ein kleines burgartiges Stück der mittelalterlichen Stadtbefestigung“. Doch seine angegriffene Gesundheit ließ schwere körperliche Betätigung nicht zu. So verbrachte er den Winter 1879/80 „als Schatten in Naumburg“.

Das Dasein in der biederen Kleinstadt wäre ihm ohnehin nicht bekommen. Neben dem Klima waren es vor allem der provinzielle Mief und die verlogene pietistische Frömmigkeit, die ihn vertrieben – und die er in seinen Briefen verächtlich als „Naumburger Tugend“ bezeichnete. Noch im März 1885 schrieb Nietzsche über die Stadt an Mutter und Schwester: „Ihr wißt, es bekommt mir schlecht und der Ort hat nichts in meinem Herzen was für ihn spricht. Ich bin dort nicht geboren und niemals ‚heimisch‘ geworden.“

So begann für den fortan als freier Schriftsteller lebenden Gelehrten Anfang der achtziger Jahre eine unstete Wanderschaft, die ihn von den alpinen Höhen regelmäßig zum Mittelmeer und kurzzeitig immer wieder nach Naumburg führte. In der klaren Luft des Hochgebirges und dem milden Klima der mediterranen Landschaft suchte er Linderung seiner Leiden. Hier entstanden seine bedeutendsten Werke: von der *Fröhlichen*

Nietzsche 1867 während seines Militärdienstes in Naumburg.

Wissenschaft (1882) und *Also sprach Zarathustra* (1883/86) bis *Zur Genealogie der Moral* (1887). Phasen gesteigerten Schaffens wechselten beständig mit physischen Krisen. Ein treuer Weggefahrte dieser Zeit war der Komponist Heinrich Köselitz, dem Nietzsche das Pseudonym Peter Gast antrug. Daß sein eigener gesundheitlicher Niedergang in dem Alter begann, in dem sein Vater gestorben war, deutete er in der autobiographischen Schrift *Ecce homo*, seinem letzten Buch, als Zeichen des nahenden Endes.

Tatsächlich brach Nietzsche kurz darauf zusammen. Im Januar 1889 fiel er in Turin auf der Straße einem Droschkengaul um den Hals, der von seinem Besitzer geschlagen wurde, und schrieb seinen Freunden die vielzitierten „Wahnsinnsbriefe“, die er mit „Dionysos“ und „Der Gekreuzigte“ unterzeichnete. Über Basel kam der Kranke in die Binswangersche Klinik nach Jena. Dort diagnostizierte man progressive Paralyse als Spätfolge einer Syphilisinfektion, die er sich schon als Student zugezogen haben muß. Die geistige Umnachtung war nicht zu heilen. Im Mai 1890 durfte seine Mutter ihn endlich nach Hause holen. Die greise Frau pflegte ihn acht lange Jahre aufopferungsvoll bis zu ihrem eigenen Tod im April 1897 im Haus am Weingarten.

Elisabeth hatte mit vierzig Jahren den radikalen Antisemiten Bernhard Förster geheiratet und war ihm 1886 nach Südamerika gefolgt. Nach dem

Der Wehrturm an der Stadtmauer, in dem Nietzsche im Winter 1879/80 wohnen wollte.

Scheitern des „reinrassigen" Siedlungsprojektes „Nueva Germania" in Paraguay und dem Selbstmord ihres Mannes sah sie in der Krankheit des Bruders und dem erstarkenden Interesse an seinem Werk ihre Chance zur gesellschaftlichen Rehabilitation. Noch vor ihrer endgültigen Rückkehr im September 1893 ließ sie durch Peter Gast in Naumburg eine Gesamtausgabe anfertigen. Diese erste Edition wurde jedoch auf Elisabeths Geheiß eingestampft und Gast entlassen. Fast gleichzeitig mit der offiziellen Gründung des Nietzsche-Archivs im Haus der Mutter im Februar 1894 wurde die zweite Gesamtausgabe von Fritz Koegel begonnen. Der Philosoph und einstige Berliner Mannesmann-Direktor hatte sich für das Nietzsche-Archiv in Naumburg und gegen eine Karriere als Diplomat im Dienste der preußischen Regierung entschieden. Wie Gast vor und noch so viele Redakteure nach ihm schied auch Koegel später im Streit. Zwei Jahre darauf zog Elisabeth – die zwischenzeitlich das Archiv in ihre Wohnung in der Grochlitzer Straße 7 verlegt hatte – nach Weimar.

Die Schwester sonnte sich im Ruhm des Bruders, den sie nach dem Tod der Mutter an die Ilm holte. Nietzsches Schriften, zu des Verfassers

geistigen Lebzeiten im deutschen Raum fast unbeachtet, wurden nun als Offenbarung gefeiert. Das Nietzsche-Archiv, das seit Juli 1897 in der Villa „Silberblick" im Weimarer Süden residierte, erwies sich als ein kommerziell erfolgreiches Unternehmen. Das Mutterhaus am Weingarten verkaufte Elisabeth erst 1899. Auf ihre und der Stadtverwaltung Naumburg Veranlassung hin, wurde dort 1918 eine Tafel angebracht. Die vergoldete Inschrift bezeugt, wie es die Schwester mit der Wahrheit nahm: „Hier wohnte der Philosoph Friedrich Nietzsche zum Besuche bei seiner Mutter in den Jahren zwischen 1890-1897." Das waren aber genau jene Jahre, in denen der Kranke hier als „Schatten seiner selbst" in Obhut der Mutter und der Magd Alwine lebte. Schwerer wiegen freilich die Eingriffe, die sie in seinem Werk vornahm. So fälschte Elisabeth nicht nur so manchen Brief von und an Nietzsche, sondern kompilierte auch viele lose Fragmente aus dem Nachlaß zum angeblichen Hauptwerk *Der Wille zur Macht*. Damit einher ging die erfolgreiche Anbiederung des Archivs an das NS-Regime, das Schlagworte aus Nietzsches Schriften für die Propaganda instrumentalisierte und die Einrichtung finanziell förderte.

Das Naumburger Nietzsche-Haus blieb davon unberührt. Es diente von der Jahrhundertwende bis 1990 durchweg als Wohnhaus. Und obwohl Nietzsche in der DDR zur Unperson erklärt wurde und seine Schriften in den „Giftschränken" der Bibliotheken ruhten, konnte man die Tafel am einstigen Wohnhaus auch in den vier DDR-Jahrzehnten lesen. Wer nach Spuren Nietzsches suchte, der fand sie – in Naumburg wie in Röcken und Weimar. Nach der politischen Wende rekonstruierte die Stadt das Haus mit großem Aufwand und eröffnete es zum 150. Geburtstag Nietzsches 1994 als Museum. In dem schlicht eingerichteten Haus sind seither eine Dauerausstellung zum Leben des Philosophen sowie drei- bis viermal jährlich Expositionen zu literarischen Themen und zur bildenden Kunst zu sehen. Die Besucher, das zeigt ein Blick ins Gästebuch, kommen aus allen fünf Erdteilen in Friedrich Nietzsches Mutterhaus, das nicht in seiner Vaterstadt steht.

Friedrich Nietzsche
An Franz Overbeck (9. September 1882)

Sie (Elisabeth) hat an meine Mutter geschrieben, „sie habe in Tautenburg meine Philosophie in's Leben treten sehen und sei erschrocken: ich liebe das Böse, sie aber liebe das Gute. Wenn sie eine gute Katholikin wäre, so würde sie in's Kloster gehen und für all das Unheil büßen, was daraus entstehen werde." Kurz, ich habe die Naumburger „Tugend" gegen mich ...

Elisabeth Förster-Nietzsche
Der junge Nietzsche (1912)

Zu Hause erzählten sie (die Knaben der Bürgerschule) dann wunderbare Geschichten von dem kleinen Nietzsche: „Er könne Bibelsprüche und geistliche Lieder mit einem solchen Ausdruck hersagen, daß man fast weinen müßte." Sie nannten ihn immer: den „kleinen Pastor" ...

Eines Tages strömte gerade am Schluß der Schule ein tüchtiger Platzregen hernieder; wir sahen alle die Priestergasse entlang nach unserem Fritz aus. Alle Jungens stürmten wie das wilde Heer nach Hause, – endlich erscheint auch Fritzchen, welcher ruhig daherschreitet, die Kappe unter der Schiefertafel verborgen, sein kleines Taschentuch darüber gebreitet. (...) Da unsere Mutter ihm, als er vollkommen durchnäßt ankam, darüber Vorwürfe machte, sagte er ernsthaft: „Aber Mama, in den Schulgesetzen steht: Die Knaben sollen beim Verlassen der Schule nicht springen und laufen, sondern ruhig und gesittet nach Hause gehen."

(...)

Wenn auch kein strenges „du sollst" meinen Bruder beeinflußt hat, so doch sicherlich das Milieu, in welchem wir lebten. Die Wohlanständigkeit, die zarte Rücksicht unter einander, die Liebe zur innerlichen und äußerlichen Ordnung und Sauberkeit ... waren in unserer Häuslichkeit so stark ausgeprägt, daß ... sie sicherlich von dem größten Einfluß auf die Bildung seines Charakters und Geschmackes sein mußten.

Max Klinger

geb. 18. 2. 1857 in Leipzig,
gest. 4. 7. 1920 in Großjena
bei Naumburg.

Selbstbildnis mit Brille, Radierung, 1909.

Der poetische Zeichner
Max Klinger im Blütengrund

Jochen Gericke

Der Zeichner, Radierer, Maler und Bildhauer Max Klinger war vor allem mit seiner polylithen Marmorskulptur *Beethoven* (1897/02) europaweit berühmt geworden. Bis heute weniger bekannt ist seine Bedeutung als Kunstschriftsteller. Dabei hat er mit dem Traktat *Malerei und Zeichnung* von 1891 als einer der ersten die Eigenart grafischer Ausdrucksmittel zu beschreiben versucht. Betrachtet man zudem seine 14 Radierzyklen als große Erzählungen von epischer Brillanz, so läßt sich der vielseitige Künstler wohl ohne Übertreibung ein „Dichter mit dem Griffel" nennen.

Wie aber kam der Leipziger in den Blütengrund bei Naumburg? Bei einem Glas trockenen Unstrutweines, oder gar hiesigen Champagners, verbrachte er manche Stunde mit seinem Hausarzt Dr. Rudolph Schenkel. Natürlich sprach man auch über die Notwendigkeit des Ausspannens vom Streß und Lärm der Großstadt. Da konnte Schenkel auf seine guten Erfahrungen mit einem Weinberg am Blütengrund verweisen. Klinger hörte gespannt zu, und dem Freund fiel es nicht schwer, ihm nach und nach vier Parzellen von seinem eigenen Berg zu verkaufen.

So erhielt er 1903 das untere Weinberghaus. Im Türfutter zum Hauptraum ritzte Klinger neben seinem Jugenstilmonogramm die Jahreszahlen 1903, 1906, 1909 und 1910 ein. Das Haus wurde mit einem eisernen Kanonenofen beheizt und diente fortan als Radierwerkstatt, woran noch vor Jahren eine bewegliche Radierplatte erinnert hat.

„Hier oben ist ganz anders arbeiten", gestand er Dr. Schenkel. Seine Begeisterung über die Gegend spricht uns auch in kleinen Aquarellen an. „Und unten in der Gerste wirkliche Rehe und Böcke", schwärmte er in einem Brief vom 2. September 1919 an den Malerfreund Graf Leopold von Kalkreuth. In einem Gasthaus am Weg zur Blütengrundfähre verkündete eine Tafel: „Hier hielt Prof. Max Klinger bei seinem Sommeraufenthalt oft und gern Einkehr."

Klingers „Radierstübchen" auf dem Weinberg im Blütengrund.

Auf seinem Weinberg stand noch ein oberes Haus, die „Hütte" genannt, das der Künstler neben seinen Ateliers in Leipzig, Rom, Florenz und Paris für Bildhauerarbeiten nutzte. Nach eigenen Skizzen ließ er an die „Hütte" durch den Naumburger Baumeister Gustav Menzel ein Landhaus mit Veranda errichten – das eigentliche „Max-Klinger-Haus". Hinzu kamen Bäume und Sträucher, so daß ein kleiner Wald entstand. Aber erst Ende April 1920 zog er von Leipzig nach Großjena, das nun sein endgültiger Wohnsitz wurde. Da hatte ein Schlaganfall ihn bereits rechtsseitig gelähmt. Acht Wochen später, am 4. Juli 1920, starb er auf dem Weinberg, wie man sagt, in seinem geliebten Ohrensessel.

Im Grab auf dem Berg fand er, wie gewünscht, seine letzte Ruhe. Die engsten Freunde erschienen zum Abschied, unter ihnen Graf von Kalkreuth und Käthe Kollwitz, die ihm nachrief: „Alle Register des Lebens zog er auf, das gewaltige und traurige Leben faßte er und deutete es uns. Dafür danken wir dir, Max Klinger."

Hinter der gewölbten Grabplatte erhebt sich auf schwerem Sockel seine Bronzeplastik *Athlet*. Ein Zeitgenosse Klingers, der Direktor des Leipziger Kunstmuseums Dr. Julius Vogel, hat sie als „Gestalt eines von seinem Gegner niedergeworfenen Ringers" gesehen. Doch wer war dieser Gegner? Ein Gipsmodell der Plastik zeigt uns, wie der Mann mit einer Frau ringt, der er schließlich unterliegt. In ihr erkennen wir die Wiener Schriftstellerin und Frauenrechtlerin Elsa Asenijeff, mit der Klinger nach Spanien und Italien gereist war, um in Steinbrüchen Blöcke für seine Bildhauerei zu sichten. Durch sie wird der Weinberg auch zu einem „echten" Dichter-Haus: 1903 erschien bei Seemann ihr *Kuß der Maja. Traumfugen über das Leben*, 1905 publizierte sie im *Musikalischen Wochenblatt* die Abhandlung *Das Musikalische in Klingers Schriften* und 1907 folgte das umfangreiche Gedicht *Epithalamia* (Hochzeitslieder), das Klinger mit Federzeichnungen umrahmte.

Die Liaison mit der exzentrischen Dame währte vierzehn Jahre. Bis Ende 1910 die Dachdeckerwitwe Bock auf der anderen Unstrutseite beschloß, mit ihren Töchtern Ella und Gertrud dem berühmten Bildhauer einen Besuch abzustatten. Letztere gefiel mit ihren siebzehn Jahren Klinger auf Anhieb. Sie wurde sein neues Modell, seine Hausdame, und am 22. November 1919 seine Ehefrau.

Elsas Eifersucht und Zorn war folgenschwer. An zwei dunkelgrünen

Klingers Grab mit seiner Bronzeplastik „Athlet".

Grabmal Max Klingers auf seinem Weinberg Großjena, Marmor-Stelen mit seinem Kopf und dem seiner Frau.

Kachelöfen im oberen Haus ist das Liebesdrama nachvollziehbar. Aus der Tiefe der dunkelgrünen Schüsselkacheln bewegen sich schlanke weiße Gestalten in der Figürlichkeit der Gertrud Bock. Diese Kleinplastiken sollten Klingers letzte Lieblingsbeschäftigung werden. Sogar beim Brennen in Saalfeld war er dabei. An der Oberkante des einen Ofens aber leuchtet unübersehbar eine Reliefkachel mit dem Porträt der Asenijeff, der Frau, die er nie vergaß, neben seinem Selbstporträt.

Johannes Schlaf

geb. 21. 6. 1862 in Querfurt,
gest. 1. 2. 1941 ebd.

Das anläßlich seines 70. Geburtstages enthüllte Bronzebildnis des Dichters von Karl Otto.

Der Dichter aus „Dingsda“
Anfang und Ende der Lebensreise von Johannes Schlaf in Querfurt

Kai Agthe

Zwischen dem Anfangs- und Endpunkt des Lebensweges von Johannes Schlaf liegen 78 Jahre, eine nahezu unüberschaubare Zahl literarischer und philosophischer Werke – und doch nur wenige hundert Meter. Geboren 1862 als Sohn des Kaufmanns Ferdinand Schlaf und dessen Frau Luise am Lederberg in Querfurt, rundete sich des Dichters Biographie in der Nebraer Straße seiner Vaterstadt, nur einen Steinwurf vom Elternhaus entfernt. Sowohl am Geburts- als auch am Sterbehaus befinden sich heute Gedenktafeln. Im Burgmuseum sind, da eine eigene Schlaf-Gedenkstätte nicht existiert, die Schreibzimmermöbel des Dichters und eine Büste zu sehen. Hier wird auch sein Nachlaß verwahrt.

Das Geburtshaus von Johannes Schlaf am Lederberg Nr. 16.

Arno Holz und Johannes Schlaf 1890 in Berlin.

Die ersten 12 Lebensjahre verbrachte der Junge in dem damaligen „Kreishauptstädtchen“. 1874 zog die Familie nach Magdeburg, wo er als Schüler bis 1884 das Domgymnasium besuchte. Schwankend zwischen Theologie und Philologie entschied er sich 1885 an der Universität Halle für die philosophische Fakultät. Doch sah Schlaf die Hörsäle kaum von innen, sondern studierte zunächst „gründlich das Couleurleben auf Kneipe, Paukboden und Mensur“. Noch im selben Jahr wechselte er nach Berlin, wo er sein „Brotstudium“ zwar mit Eifer, aber dennoch „mit großer Unlust und ohne wirklichen Beruf zum Philologen“ fortführte.

In Berlin begegnete Schlaf dem ein Jahr jüngeren Arno Holz, mit dem er zwischen 1887 und 1890 eine künstlerische Arbeits- und Lebensgemeinschaft einging. Sie wohnten in Niederschönhausen, das damals noch außerhalb Berlins lag. Über ihre spartanischen Lebensverhältnisse hat Holz in seinem Buch *Die Kunst* anschaulich berichtet. Zeugnisse dieser Kooperation sind u.a. die Prosaskizze *Papa Hamlet* (1889), die zunächst unter

dem norwegisch akzentuierten Pseudonym Bjarne P. Holmsen erschien, sowie das Drama *Familie Selicke* (1890) – beides zentrale Werke des Naturalismus. „Aus dieser Zusammenarbeit“, so Schlaf im Abstand von 23 Jahren, „ging das naturalistische Drama hervor, dessen eigentlicher, berufener Dramatiker dann aber Gerhart Hauptmann wurde.“

1892 gaben sie ihre Arbeiten in dem Band *Neue Gleise* heraus. Im selben Jahr entstand mit *Meister Oelze* auch Schlafs erstes eigenes und bekanntestes Drama. Er läßt es in einem „mitteldeutschen Marktflecken“ spielen und in „thüringisch-sächsischer Dialektfärbung“ sprechen. Man muß dabei sogleich an Querfurt denken. Schlaf selbst zählte das Stück mit bemerkenswertem Selbstbewußtsein neben Hauptmanns *Webern* zu den Meisterdramen des Naturalismus, obwohl es weder beim Publikum noch bei der Kritik Erfolg hatte.

Zum Bruch zwischen Holz und Schlaf kam es 1898, als sie sich gegenseitig den Anteil aufrechnen wollten, den der jeweils andere an den gemeinsame Werken trug. 1889 hatte Holz in einem Leserbrief nach dem Erscheinen des *Papa Hamlet* über die Arbeitsteilung berichtet: „Oft flossen uns dieselben Worte desselben Satzes gleichzeitig in die Feder, oft vollendete der eine den eben angefangenen Satz des anderen. Wir könnten so vielleicht sagen, wir hätten uns das Buch gegenseitig ‚erzählt‘.“

Keine biographische Marginalie, aber als solche in der Literatur behandelt, war Schlafs Nervenleiden, daß ihn zwischen 1893 und 1897 wiederholt zu Aufenthalten in Heilanstalten zwang.

Nach seiner psychischen Genesung und dem Zerwürfnis mit Holz zog er sich wieder in die Einsamkeit der Dichterstube und in die Provinz zurück, wo sie sich zu dieser Zeit am mondänsten gab. Er übersiedelte 1904 nach Weimar, das als Kunst- und Kulturstadt noch in einem „silbernen Zeitalter“ schwelgte. Nach der Jahrhundertwende und der Abkehr vom Naturalismus wählte er die literarische Darstellung von Dekadenz und Künstlertum als neues Thema. Sein Erzählwerk sollte die Vision einer neuen und gesunden Welt verkünden. So u.a. in dem Roman *Die Wandlung*, der 1922 in Dessau erschien. Vielfältige Anregungen verdankte er dabei der Lektüre Friedrich Nietzsches. Elisabeth Förster, die stadtbekannte Schwester des weltberühmten Philosophen, führte ihr Archiv seit 1896 in Weimar wie einen Sesam des Geistes. Schlaf hatte sich schon früh in jene Phalanx eingereiht, die das Werk des um 1900 heftig umstrittenen Philosophen vehement verteidigte. Mit der Schrift wie *Der ‚Fall' Nietzsche. Eine Überwindung* (1907) trug er zum Grabenkampf bei.

Sein „philosophisch-wissenschaftliches" Wirken, wie er es nannte, erstreckte sich in den ersten zwanzig Jahren dieses Jahrhunderts auch auf den Kosmos. Er durchmaß mit einem Teleskop das Universum, beseelt von dem Wunsch, Makro- und Mikrokosmos harmonisch in eins zusammenzuführen. Es gibt eine flüchtige Skizze, die der Weimarer Maler Hugo Gugg von seinem Freund Schlaf anfertigte und die ihn am Refraktor zeigt. Der Esoteriker im Dichter versuchte nichts weniger, als anhand der wechselnden Anzahl von Sonnenflecken nachzuweisen, daß die Erde, nicht die Sonne, im Zentrum der Galaxis stehe. Diese These – „geozentrische Feststellung" und „religiöse Weltanschauungslehre" in einem – faßte Schlaf in der Schrift *Religion und Kosmos* (1911) zusammen. War dies eine Rückkehr ins ptolemäische Zeitalter, die die kopernikanische Revolution zu revidieren versuchte, oder nur die fixe Idee eines naturwissenschaftlichen Dilettanten? Schlaf nahm sein Forschen ernst und dachte als Philosoph im großen, kosmischen Maßstab. Auf dem Höhepunkt seiner „Weltanschauungs-Entwicklung" publizierte er denn auch mit dem Band *Das absolute Individuum und die Vollendung der Religion* (1910) ein Hauptwerk, das eine ganz eigene „Polaritäts-Philosophie" darlegte. Allerdings ist der Inhalt ebenso verwirrend wie ihr Titel.

Johannes Schlaf beschäftigte sich in seiner Weimarer Zeit auch mit der zeitgenössischen Dichtung. Spätestens hier zeigt sich, daß sein philolgisches Brotstudium doch von erklecklichem Wert war. Resultat dieser Bemühungen sind u.a. Studien über Walt Whitman, Emile Verhaeren und Maurice Maeterlinck, deren Werke er neben denen von Emile Zola, Honoré de Balzac und Paul Verlaine ins Deutsche übertrug. Schlaf war als Dichter und Philosoph, Übersetzer und Naturforscher mit unübersehbarem Hang zu obskurer Weltsicht eine erstaunliche Schaffenskraft gegeben, die er sich bis ins hohe Alter erhielt.

Seinen Lebensabend verlebte er in der Stadt seiner Kindheit. Querfurt diente ihm bereits seit den 1892 erschienenen Geschichten *In Dingsda* als Schreibvorlage. *Neues aus Dingsda* ließ der Erzähler 1933 folgen. Die Rückkehr in die Vaterstadt im Jahre 1937 wurde als Rückzug in die innere Emigration gedeutet. Zunächst war der Intellektuelle durchaus empfänglich für die Heilsversprechungen der Nationalsozialisten gewesen, distanzierte sich jedoch bald von dem Regime, das ihm keinerlei Beachtung zuteil werden ließ. In Querfurt ehrte man den Dichter aber unverdrossen.

Anläßlich seines 70. Geburtstages im Jahre 1932 hatte man dem großen Sohn der kleinen Stadt neben einem Stein, in dem ein bronzenes Porträt des Schriftstellers eingelassen wurde, auch eine Linde gewidmet. Das war ein Gunstbeweis und gleichsam ein Akt tieferer Symbolik. Denn dieser Baum findet sich oft in Schlafs Dichtung: „Begrabt mich einst, / Bergt meine Asche / Unter deutschen Linden, / Hohen, alten, breitgewipfelten Bäumen", beginnt eines seiner späten Gedichte. Daß die Linde, die heute einen beträchtlichen Umfang und eine gefährliche Neigung aufweist, an der Friedhofskapelle ihren Platz fand, mag Zufall gewesen sein. Aber Johannes Schlaf, der am 2. Februar 1941 starb, wurde tatsächlich nur wenige Meter entfernt von dieser seiner Linde begraben.

Das Sterbehaus in der Nebraer Straße Nr. 38.

In „Dingsda" erinnert seither viel äußerer Schmuck an eine schillernde Künstlerpersönlichkeit, deren verstörend-ambivalentes Werk das Schicksal Dornröschens teilt. Nur wenig ist von dem Autor geblieben. Selbst Spezialbibliotheken erweisen sich in Bezug auf sein Lebenswerk als gähnend leere Schlaf-Stätten.

Otto Reutter

eigentl. Pfützenreuter
geb. 24. 4. 1870 in Gardelegen,
gest. 3. 3. 1931 in Düsseldorf.

Otto Reutter im Jahre 1890.

Zwischen Spott und Frust
Otto Reutters Villa „Waldschnibbe" in Gardelegen

Axel Kahrs

„Eine gewisse Pietät" forderte einst Theodor Fontane gegenüber den altmärkischen Städten, bei denen der große Wanderer den „Abstand zwischen einst und jetzt nur umso fühlbarer" spürte. Das gilt in besonderem Maße für Gardelegen, wo die einst stolze Hansestadt mit weitbekannter Bierbrauer-Tradition zum Provinznest heruntergekommen war, das auch durch den Eisenbahnanschluß nach Berlin im Jahre 1870 nicht aus dem Abseits treten konnte.

Im gleichen Jahr wurde dem ehemaligen Ulanen Andreas Pfützenreuter sein erster Sohn Otto geboren. Am 24. April war die Gebärende allein im elterlichen Haus in der Sandstraße (heute abgerissen), der Mann kämpfte im Krieg gegen Frankreich, kehrte aber unversehrt heim und führte danach gegenüber seinem Sprößling ein strenges, katholisch geprägtes Regiment, das in der Kleine-Leute-Gegend „Hinter dem Draht" wenig Abwechslung zuließ.

Der Gasthof von Friedrich Fischer in Gardelegen – Otto Reutters Geburtshaus.

Ottos Lebensweg schien bestimmt; der Vater setzte, allen Widerständen und frühen theatralischen Kostproben des Stammhalters zum Trotz, eine Kaufmannslehre durch, die der junge Pfützenreuter mehrfach abbrach, an anderen Orten erneut aufzunehmen und schließlich doch erfolgreich zu beenden hatte. Harte Lehr- und Wanderjahre als Statist, Bühnenarbeiter und Kulissenschieber folgten, ehe die große Karriere des Mannes begann, der sich nun den Künstlernamen Otto Reutter zulegte.

Er war kein begnadeter Sänger, sondern ein findiger Wortkünstler, der dem Volk buchstäblich aufs Maul schaute und ihm in seinen Couplets den Narrenspiegel vorhielt: Kurt Tucholsky erkannte neidlos, aber spöttisch an: „Er war aus Gardelegen in der Altmark, und so sang er auch. Und doch, wie ... gut hat er das gemacht!" Seine Klassiker wie *Der Überzieher* oder *Bevor du sterbst* wurzeln so auch im Gardelegener Winkel, dem Reutter durch alle Zeiten und Wirren hindurch treu blieb.

Otto Reutter um 1930.

Immer wieder kehrte er zurück in die „kleine Vaterstadt“, erholte sich vom Bühnen-Streß und feierte ausgiebig seine Geburtstage. 1916 muß er hier seinen einzigen Sohn begraben, der in dem Krieg fiel, den Reutter in seiner Zeitgeist-Revue „1914“ noch glorifiziert hatte. Im Februar 1919 dann kauft er die Villa Waldschnibbe vor den Toren Gardelegens als Alterssitz. Hier will er ein wenig Landwirtschaft betreiben, den Park gestalten und zusammen mit seiner zweiten Frau Freunde bewirten. Alte Fotos zeigen die Eingangshalle des mächtigen Baus, eine Mischung aus Mittelalter-Imitat und Bürgerstolz, und noch heute führt die Leitung der Jugendherberge „Otto-Reutter-Haus“ gerne ins angrenzende Kaminzimmer mit Erinnerungsstücken an den Sänger.

Die Zeichnung der Villa zierte das Gardelegener Notgeld mit Reutters Stoßgebet: „Bescher uns wedder – hart un stark, / De Ollmark we de olle Mark“. Doch die großen Erfolge auf der Bühne, aber auch im Radio und im Stummfilm der zwanziger Jahre forderten ihren Tribut. Reutters ständiges Engagement ließ ihm zu wenig Zeit, 1926 verkaufte er die Ländereien, 1929 das Gut Waldschnibbe, auch auf Drängen seiner Frau hin. Nur zwei Jahre später, am 3. März 1931, stirbt Reutter an Herzversagen. Die Trauerfeier auf dem Friedhof von Gardelegen vereint die Großen aus der Welt des Kabaretts, die Abschied nehmen von dem „Unsterblichen des deutschen Variétes“.

Reutter, über dessen Geburt der Schatten des Krieges lag und der seinen einzigen Sohn vor Verdun verlor, blieb es erspart mitzuerleben, wie im April 1945 über tausend KZ-Häftlinge über die Bismarcker Straße am Friedhof vorbei in die Scheune von Isenschnibbe getrieben wurden, um dort ermordet zu werden.

Hier verstummen Lied und Gedicht.

Otto Reutter über Otto Reutter

Siebzig geboren – Vater im Kriege -
ich in der Wiege -
Mutter im Bett – schönes Terzett!
Sag's ungeniert, hab nicht studiert,
leider nie höhere Bildung gekannt.
Teils in' nem Städtchen und teils auf dem Land
zur Schule gewesen! Schreiben und Lesen
lernt ich zur Not, aber weiter nichts.
Pfeife noch heute auf den Schulunterricht.
Schlich zum Theater – Zwist mit dem Vater.
Mutter versöhnlich – wie das gewöhnlich.
Weil ich nach ihr schlug, drum schlug sie mich nie!
Fröhlich und heiter zog ich nun weiter.
Dünkt mich als Held. Mein war die Welt.
Künstler zu werden, schien mir auf Erden
herrliches Los, doch ich wußte nicht wie.
Glaubte, ich sei ein verkanntes Genie.
(...)

Otto Reutter
In fünfzig Jahren ist alles vorbei
(Auszug)

Denk stets, wenn etwas dir nicht gefällt:
„Es währt nichts ewig auf dieser Welt."
Der kleinste Ärger, die größte Qual
Sind nicht von Dauer, sie enden mal.
Drum sei dein Trost, was immer es sei:
„In fünfzig Jahren ist alles vorbei."

Und ist alles teuer, dann murre nicht,
Und holt man die Steuer, dann knurre nicht.
Und nimmt man dir alles, dann klage nicht.
Und kriegst du den Dalles, verzage nicht –
Nur der, der nichts hat, ist glücklich und frei,
Und in fünfzig Jahren ist alles vorbei.

Und ist auch ein andrer klüger als du,
Dann sei nicht dämlich - und lach dazu.
Was nützt sein Wissen - stirbt der vorher,
Bist du am nächsten Tag klüger als der.
Wer da weiß, daß er nichts weiß, weiß vielerlei –
Und in fünfzig Jahren ist alles vorbei.

...

Drum: Hast du noch Wein, dann trink ihn aus,
Und hast du ein Mädel, dann bring's nach Haus
Und freu dich hier unten beim Erdenlicht.
Wie,s unten ist, weißt du – wie oben nicht.
Nur einmal blüht im Jahre der Mai,
Und in fünfzig Jahren ist alles vorbei – –

Du Rindvieh, dann ist es vorbei!

Hans Schomburgk

geb. 28. 10. 1880 in Hamburg,
gest. 27. 7. 1967 in Berlin

Ein Querfurter Ehrenbürger
Der Afrikaforscher Hans Schomburgk

Jens-F. Dwars

Im Jahre 1898 betrat ich als Siebzehnjähriger zum ersten Male afrikanischen Boden. Ich taugte nicht für die Heimat. Das Blut meiner Forscher-Ahnen war zu mächtig in mir. Voller Abenteuerlust zog ich hinaus und bin trotzdem nicht in Afrika gescheitert."

Schrieb Hans Schomburgk 1922 über seine Herkunft. „Mein Großonkel, der Forschungsreisende Sir Robert Hermann Schomburgk, erforschte 1835-1839 für die Geographische Gesellschaft London und 1840-1844 im Auftrage der britischen Regierung Brit.-Guayana. Die Ergebnisse seiner wissenschaftlichen Forschungen legte er in einem großen englischen Werke (1840) nieder, sein Bruder Otto übertrug es ins Deutsche (1841) und A. von Humboldt gab ein Geleitwort dazu. 1848 wurde er zum Konsul und Geschäftsträger bei der Republik Santo-Domingo ernannt, wo er 1850 einen wichtigen englischen Handelsvertrag abschloß, und 1857 als Generalkonsul für Siam nach Bangkok versetzt."

Auf der Spur solcher Vorfahren bereiste der gebürtige Hamburger Urwald und Steppe, drang in Gebiete vor, die bis dahin noch kein Europäer betreten hatte, wurde zum Entdecker des Zwergflußpferdes und einer nach ihm benannten Büffelart sowie zum Pionier der Tierfoto- und Kinematografie in Afrika. Anders als die Handelsvertreter gleichen Namens zog es Schomburgk jedoch nicht als Kolonisator auf den schwarzen Kontinent, behielt er einen wachen Blick für die „Opfer der Kultur": Die Zulus und Induna, die einst stolz in ihren Waffen schritten. „Was blieb, traurige Gestalten in europäischem Tand. (...) Ich kannte euch noch, ihr Mashukulumbwe am Kafuefluß (Nordwest-Rhodesia) im Schmucke eurer hohen Haarfrisuren. Gänzlich unbekleidet kamt ihr daher, tapfere Krieger, aber gegen die Hinterlader der Europäer waret auch ihr machtlos. Eure Haartracht meterhoch. Die Haare eurer Frauen flochtet ihr ein. (...) Sie waren euer ganzer Stolz, und mußten fallen. Die Kultur verlangte es. Mit einer meterhohen Haarfrisur lassen sich keine Lasten tragen; doch tragen mußtet ihr, so gebot es das Gesetz eurer weißen Herren."

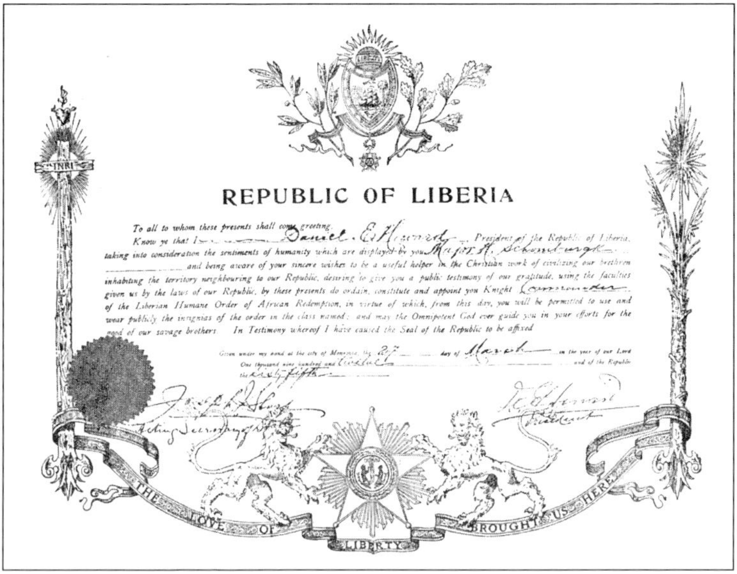

REPUBLIC OF LIBERIA

To all to whom these presents shall come greeting.
Know ye that I Daniel E. Howard President of the Republic of Liberia, taking into consideration the sentiments of humanity which are displayed by you Major H. Schomburgk and being aware of your sincere wishes to be a useful helper in the Christian work of civilizing our brethren inhabiting the territory neighbouring to our Republic, desiring to give you a public testimony of our gratitude, using the faculties given us by the laws of our Republic, by these presents do ordain, constitute and appoint you Knight Commander of the Liberian Humane Order of African Redemption, in virtue of which, from this day, you will be permitted to use and wear publicly the insignias of the order in the class named; and may the Omnipotent God ever guide you in your efforts for the good of our savage brothers. In Testimony whereof I have caused the Seal of the Republic to be affixed

Given under my hand at the city of Monrovia, the 27 day of March in the year of our Lord One thousand nine hundred and twelve and of the Republic the sixty-fifth

Acting Secretary of State

President

Mit dieser Urkunde ehrte ihn der Präsident der Republik Liberia für seine Erkundungen im Land, wozu auch die Karte gehörte, und für die gemachten Entdeckungen in Tierwelt.

Als Wissenschaftler, Jäger, Fotograf und nicht zuletzt auch mit Hilfe eines kleinen Zauberkastens erschloß er sich das Vertrauen und die Achtung der Eingeborenen, sie selbst achtend in ihren eigenen Sitten und Gebräuchen. Aus Dankbarkeit für seine Vermittlungen um einen Friedensschluß zwischen den Gola und den Kwe-Pesse wurde der seltsame Weiße gar in den Bundu aufgenommen, einen Frauenorden, der selbst für schwarze Männer streng verboten war.

Ein Jahrzehnt später begegnete ihm dafür in seiner Heimat Hohn und Verachtung. Rückblickend mußte Schomburgk 1947, auf dem ersten und einzigen gesamtdeutschen Schriftstellerkongreß der Nachkriegsjahre, konstatieren, daß auch die meisten Reiseschriftsteller nicht den Verlockungen des „Dritten Reichs" zu widerstehen vermochten. Er selber hatte das NS-Angebot einer Amerika-Tournee abgelehnt und bis zu seiner Verhaftung 1940 jede Gelegenheit genutzt, „in meinen Büchern wenigstens gegen den Rassenwahn und für die Völkerverständigung zu arbeiten".

Mit der gleichen Haltung übernahm er 1945 den Vorsitz des Kulturbundes in Berlin-Wilmersdorf und ließ sich in den folgenden Jahren der Teilung Deutschlands nicht davon abhalten, regelmäßig nach Sachsen-Anhalt zu reisen, in die kleine Stadt Querfurt. Denn hier, im „Schomburgk-Haus" am Freimarkt 17, mit der Justitia über dem Portal, lebten einst seine anderen Ahnen: Bürgermeister und Ratsherren seit dem 17. Jahrhundert. Schon als Kind war er oft bei einem Onkel in der Nebraer Straße zu Gast. Später kam der Abenteurer gern zu Lichtbildervorträgen oder las aus seinen Reisebüchern und Tiergeschichten.

Das Schomburgk-Haus in der Nebraer Str.

Vielleicht hat ihm gerade diese doppelte Abstammung von ins Ferne strebenden Forschern und lang eingesessenen Bürgern jene Toleranz ermöglicht, in der sich Weltoffenheit und die Liebe zu einer Region glücklich ergänzen. Denn gewöhnlich war es nicht, daß der Westberliner am 29. Juli 1959, in den Hochzeiten des Kalten Krieges, einen Teil seiner Afrika-Sammlung dem Querfurter Museum übergab und die Ehrenbürgerschaft der Stadt annahm. Widersprach doch jeglicher Kontakt mit Behörden der „Zone“ dem Alleinvertretungswahn der Bundesregierung und galt Kosmopolitismus in der DDR als bürgerliche Abweichung vom einzig wahren Klassenstandpunkt.

Auch daran sollte denken, wer heute die Masken und Speere Hans Schomburgks im Burgmuseum bestaunt.

Hans Schomburgk
In Afrika

Die Blätterwand des liberianischen Urwalds ist undurchdringlich. Mehr als einmal habe ich die Erfahrung gemacht, daß Elefanten nur wenige Schritte von mir entfernt durch das Gewirr von Bäumen, Blattpflanzen, Lianen gezogen sind, ohne daß ich sie vor meine Augen bekommen hätte.
Plätschert der Regen ohne jede Unterbrechung auf dieses Gewirr von Blättern, vierundzwanzig Stunden am Tag, sieben Monate im Jahr, so bemächtigt sich auch des „ältesten“ Afrikaners eine Stimmung, die der Nervenarzt als chronische Depression bezeichnen mag. Alles wird einem gleichgültig, man hegt nur einen Wunsch, den nach Licht und Trockenheit.
Eines nachts wurde ich wach. Etwas Ungewöhnliches mußte geschehen sein, der Mensch, der an die Wildnis gewöhnt ist, hat ein untrügliches Organ dafür. Ich horchte in die Dunkelheit, nichts, kein Geräusch. Kein Geräusch? Eben das war es. Es hatte aufgehört zu regnen. Die Stille hatte mich wachgemacht.

Hans Schomburgk
Über den Fang meines ersten Zwergflußpferdes am 1. März 1912

Kurz vor Dunkelwerden ... kam einer der Männer ... und schrie mir schon von weitem zu: „Massa, Massa, dem Mwe done catch!“ (Herr, Herr, ein Flußpferd ist gefangen.) Das Echo nahm den Ruf auf. Von allen Seiten brach es auf mich ein: „Massa, dem Mwe done catch!“ Endlich - mein Ziel erreicht! Nässe und Kälte, Hunger und Krankheit, den ewigen Kampf mit dem Urwald und seinen Bewohnern, alles hatte ich geduldig ertragen. Aber gelitten hatte ich, bitter gelitten unter dem Unglauben meiner eigenen Landsleute. (...) Wer die Einsamkeit kennt, weiß, was es heißt, allein zu kämpfen und zu ringen, einem Phantom nachzujagen. Allein saß ich abends an meinem Lagerfeuer. Gedanken kamen und gingen. Pläne, kaum geboren, wurden verworfen, Hoffnungen begraben, bevor sie entstanden. Ich hatte keinen Menschen, der mich verstand, nicht hier, nicht in der Heimat. „Er läuft einem Tier nach, das es nicht gibt“, sagte man dort ...
Jetzt stand ich wie erstarrt. Wie ein wildes Tier sprang der Ruf auf mich zu, packte mich und rüttelte mich bis ins Innerste: „Massa, dem Mwe done catch!“ – Ich flüchtete in mein Zelt. Brach zusammen. Flog wie in Fieberschauern. Dann kamen mir die Tränen, mir, dem harten afrikanischen Großwildjäger. Bwakukama, „der Herr Elefant, der keinen Widerstand kennt“ (so nannten mich die eingeborenen), Bwakukama weinte. Lächerlich, nicht wahr?

Max Hoelz

geb. 14. 10. 1889 in Moritz bei Riesa,
gest. vermutl. 18. 9. 1933 in Gorki
(heute Nishni-Nowgorod).

Berta Lask

geb. 17. 11. 1878 in Wadowice
bei Krakau,
gest. 28. 3. 1967 in Berlin (Ost).

Walter Bauer

geb. 4. 11. 1904 in Merseburg,
gest. 23. 12. 1976 in Toronto/Kanada.

Stimmen aus dem Leunawerk Dichtung im mitteldeutschen Industrierevier

Jens-Fietje Dwars

Noch immer fahren Züge mitten durchs Werk. Nur der beißende Geruch von Ammoniak kriecht nicht mehr in die Fensterritzen der Reichsbahnwagen. Silbern glänzende Tanks spiegeln das Sonnenlicht, ein Geflecht funkelnder Rohre zieht vorbei und selbst der weiße Rauch aus hohen hellen Schloten scheint mit den Wolken zu spielen.

Dennoch wird wohl niemand dieser sich seltsam erneuernden Landschaft ein Gedicht widmen. Vor acht Jahrzehnten sah es anders aus. Im Westen und Osten Europas tobte ein Krieg von bis dahin unbekanntem Ausmaß. Zum ersten Mal übernahmen Maschinen das Töten. Die Tapferkeit der Frontsoldaten war nun weniger entscheidend als die Produktion im Hinterland. Denn Materialschlachten verlangten unentwegt nach Kupfer und Sprengstoff für immer mehr Geschosse. Das Edelmetall wurde seit Jahrhunderten im Mansfelder Land abgebaut und Ammoniak zur Sprengstoffherstellung sollte ein neuer Betrieb in der für Bomben noch unerreichbaren Mitte Deutschlands liefern. Die Nähe zur Braunkohle im Geiseltal, das Kühlwasser der Saale und der Anschluß an die Bahnstrecke Berlin-Frankfurt am Main sprachen für Merseburg.

Das Leunawerk 1930.

Das Leunawerk heute.

So entstand 1916 im Schatten des Beamtenstädtchens, auf den enteigneten Feldern rings um das Dorf Rössen das Leunawerk: ein Gigant, der im Auftrag der Obersten Heeresleitung in nur zwölf Monaten aus dem Boden schoß, mit der Kraft von 8000 Arbeitern errichtet, die zur Hälfte bis 1921 in einer Barackensiedlung hausten. Und so entstand zugleich das mitteldeutsche Industrierevier, das von Sangerhausen bis Merseburg, von Halle bis Weißenfels immer mehr Menschen den Rhythmus der Maschinen anerzog, sie zu Massen formte, deren Nöte und Hoffnungen die Grenzen der überkommenden Ordnung zu sprengen drohten.

Mit dem Scheitern der Novemberrevolution wurde aus dem Hinterland die Front eines neuen, eines latent schwelenden Bürgerkrieges. Hier stieß der Putsch des Hauptmanns Wolfgang Kapp auf erfolgreichen Widerstand, hier vereinigte sich die Mehrheit der USPD, die bei den Reichstagswahlen 1920 im Bezirk Halle-Merseburg fast 45 Prozent aller Stimmen errang, mit der bis dahin unbedeutenden KPD zur ersten linken Massenpartei Deutschlands und hier wollte die Reichsregierung ein Exempel statuieren. Während man die „Rote Ruhr-Armee" mit Hilfe der eben noch hochverräterisch den Dienst verweigernden Reichswehr blutig zerschlug, hielten die mitteldeutschen Arbeiter ihre Gewehre aus der Rätezeit versteckt. Im März 1921 besetzten kasernierte Hundertschaften der „Schutzpolizei" Eisleben und Hettstedt, um die letzte Hochburg der Revolution zum Waffengang zu provozieren und den Siegermächten von Versaille zu beweisen, daß das Militär nicht weiter reduziert werden dürfte.

Wie erwartet rief die KPD zum Generalstreik auf. Doch die Führung des eigentlichen Aufstandes übernahm einer, den die Partei gerade wegen seines anarchischen Aktionismus ausgeschlossen hatte: Max Hoelz, der zweiunddreißigjährige Sohn eines Ackerknechtes, zu dessen Ergreifung 50 000 Reichsmark ausgesetzt waren, weil er im Vogtland auch nach dem Kapp-Putsch noch für den bewaffneten Kampf gegen die bestehende Ordnung eintrat. Als eleganter Bürger getarnt war er sofort von Berlin nach Eisleben gereist, gab sich als Parteibeauftragter aus und riß in freier Rede die Zögernden mit sich. Hoelz schreckte nicht vor Geiselnahmen und Lösegelderpressungen zurück, sprengte Bahnhöfe, Banken und Villen, um den Nachschub des überlegenen Gegners zu stören und im Schutz der Staubwolken die eigenen Leute mit ihrer spärlichen Ausrüstung zu retten. Seine Beute, Geld und Nahrungsvorräte, ließ er an Bedürftige verteilen, wie ein neuer Robin Hood, von dem noch lange die unglaublichsten Erzählungen im Mansfelder Land umgingen.

Max Hoelz in den zwanziger Jahren.

Der von den Leuna-Arbeitern gebaute Panzerzug.

Natürlich war der Aufstand aussichtslos. Und doch so verzweifelt und gerecht, wie der vom 17. Juni 1953, an den die Herrschenden der Bundesrepublik so gern gemahnt haben, wie jene in der DDR an die Märzkämpfe im Leunawerk. Aus Solidarität mit den Mansfeldern waren die meisten der damals schon 20 000 Beschäftigten dem Generalstreik gefolgt. Zweitausend blieben im Werk, um es gegen die heranrückenden Truppen zu verteidigen. Selbst einen Panzerzug bauten sie, und setzten ihn doch nicht ein. Denn im Angesicht der erdrückenden Übermacht waren die Streikenden am Morgen des 29. März 1921 zur kampflosen Übergabe bereit. Der Betriebsdirektor aber wies ihr Angebot zurück und ließ die Artillerie das Feuer eröffnen. Jetzt konnte die rebellische Belegschaft entlassen und jeder einzeln nach strenger Prüfung wieder eingestellt werden.

Berichte über den Aufstand und seine Niederlage sind die ersten literarischen Zeugnisse der mitteldeutschen Arbeiterbewegung. Bereits 1922 veröffentlichte Joseph Schneider *Die blutige Osterwoche im Mansfelder Land. Tatsachenmaterial aus der Märzaktion*. Er hatte die „Kriegskasse" verwaltet und war nach Wien geflohen, wo sein Buch erschien: ein karger

Tatsachenbericht, wie der Untertitel es betont. Hoelz wurde verraten und zu lebenslänglichem Zuchthaus verurteilt. Nach acht Jahren bewirkte ein Komitee, dem auch Thomas und Heinrich Mann angehörten, die Amnestierung dieses radikalen Menschen, der glaubte, Gewalt nur mit Gewalt beseitigen zu können, ohne sich selbst zu bereichern oder andere zu ermorden. Seine Erinnerungen an die kurze Zeit der Erhebung und die lange des lebendigen Begrabenseins danach brachte der Malik-Verlag 1929 unter dem Titel *Vom ,Weißen Kreuz' zur roten Fahne* heraus. Gleichfalls betont sachlich geschrieben und gegen die doppelte Verklärung seiner Gestalt zum Held der Armen und Schreckgespenst der Reichen gerichtet, enthält das umfangreiche Buch fesselnde Passagen, in denen sich Leid, Zorn und Wagemut zu eindrucksvoller Sprache verdichten.

Bewußt stilisiert wirkt dagegen die epische Szenenfolge *Leuna 1921* von Berta Lask. Das Stück wurde gleich nach seinem Erscheinen 1927 als „landesverräterisches Druck-Erzeugnis" beschlagnahmt, wie schon zwei Jahre zuvor das Textbuch ihres *Thomas Münze*r, eines „Massenspiels", das Gustav von Wangenheim Pfingsten 1925 zum 400. Jahrestag des Bauernkrieges vor und mit 15 000 Zuschauern in Eisleben aufgeführt hatte. Auch die Leuna-Szenen der neunundvierzigjährigen Fabrikantentochter, die im Inflationsjahr 1923 der KPD beigetreten war, sollten eine Selbstbegegnung der Massen, ein Sichbewußtwerden ihrer Kraft ermöglichen, weshalb sie jede Individualisierung als „bürgerliches" Ausweichen vor dem Massenschicksal ablehnte.

Wieder anders klang die *Stimme aus dem Leunawerk*, ein schmaler Band mit Gedichten und Kurzprosa von Walter Bauer, im Jahre 1930. Daß hier ein einzelner hervortrat, um von dem zu berichten, was Tausende tagtäglich erfuhren, und dennoch individuell kenntlich blieb, mit einer unverwechselbar eigenen Stimme sich an andere wandt, das hat damals Literaten wie Ernst Toller, Kurt Tucholsky oder Stefan Zweig begeistert und vermag noch heute unvoreingenommene Leser anzusprechen.

Dabei ist Bauer selbst nie in Leuna gewesen. Als fünftes Kind eines Fuhrknechts 1904 in Merseburg geboren, sah er das Werk in seiner Jugend wuchern, kam nach der Volksschule auf ein Lehrerseminar, wanderte zu Fuß durch Deutschland, Österreich, Italien und war für kurze Zeit Hauslehrer bei einem leitenden Angestellten in Neu-Rössen. Dennoch sprach er aus, was den „echten" Arbeitern geschah: ein Dasein in Kolonnen, im Wechsel der Schichten, ausgelaugt, immer in der Gefahr eines tödlichen Unfalls, und die wenigen Augenblicke des Glücks – dies alles unsentimental bezeugt in spröden Versen und knappen Sätzen voll stiller Bilder.

Offenbar braucht es Verbundenheit und Distanz zugleich, um ein mitgeteiltes Leben dauerhaft zur Sprache zu bringen. Vielleicht war das der Grund, warum ein Vierteljahrhundert später die Leuna-Gedichte auf dem Bitterfelder Weg so verdorren mußten. Oder konnte der „Kampf" um die Planerfüllung keine Stimmen hervorbringen, die nach Menschlichkeit verlangen in unmenschlichen Verhältnissen?

Buchumschlag der Erstausgabe.

Walter Bauer

Stimme aus dem Leunawerk (1930)

Ich muß doch auf! Zwanzigtausend müssen auf und rinnen schweigend den Bahnhöfen zu, müdigkeitsdurchzuckte, graue Ströme, füllen die Wartesäle, Treppen, ersticken Reisende, verurteilen Schaffner zur Ohnmacht, fahren den Werken entgegen; eingesogen, ausgespien – und etwas bleibt im Werk.
Aber ich bin jetzt krank! Frei von den Werken! (...) Ich lag auf der Erde im Gras, Dinge waren um mich, unbekannte, mir dennoch vertraute, als stünde ich in unsagbarer Verbindung mit jedem von ihnen. (...) Ich sehe sie alle, den Strom, verteilt zwischen Silos, neunhundert Bauten, Kokshalden, Benzinwäschereien. In den Pumphäusern pulsiert das, was wir zurücklassen, wenn wir aus der Schicht kommen: unsere Kraft. In den Röhren strömt sie, lagert in den Silos, Kraft von Zwanzigtausend.
Aus: Krank! Frei von den Werken!

Dies ist ein Wort vom großen Werk,
das Menschen frißt wie Tiere Gras,
das Menschen trinkt wie Meere Fluß,
wie Sonne Schnee, wie Nacht den Berg.

Dies ist ein Wort vom großen Werk,
als Abfall stirbt der sanfte Reim,
zwölftausend kommen her zur Schicht,
zwölftausend kehren heim vom Werk.
Es ist ein Schrei und kein Gedicht,
Gedichte gelten lang nicht mehr,
des Frühlings Stimme hörst du nicht,
im Gas des Werks wird Sanftheit stumm.
Aus: Wort ohne Ende

Erich Weinert

geb. 4. 8. 1890 in Magdeburg,
gest. 20. 4. 1953 in Berlin.

Georg Kaiser

geb. 25. 11. 1878 in Magdeburg,
gest. 5. 7. 1945 in Ascona (Schweiz).

Georg Kaiser in den zwanziger Jahren.

Das Literaturhaus in Magdeburg Erinnerungen an Erich Weinert und Georg Kaiser

Gisela Zander

In Magdeburg-Buckau, dem alten Industrie- und Arbeiterwohnviertel, steht in der Thiemstraße Nr. 7 ein graues Mietshaus, das Geburtshaus Erich Weinerts.

Von 1961 bis 1989 ist das Gebäude als Gedenkstätte für den kommunistischen Dichter genutzt worden. Die letzten Mieter zogen um 1980 aus. Ausstellungsräume, ein kleiner Kinosaal und die Bibliothek entstanden. 1990, zum 100. Geburtstag des Dichters, wurde eine große Erich-Weinert-Ausstellung eröffnet, die Lebensweg und Wirken in allen Höhen und Tiefen darstellte. Mit Sensibilität und Feingefühl ging man in den Wendejahren daran, die Gedenkstätte inhaltlich umzugestalten. Literarische Vereine und Gesellschaften wurden gegründet, die sich auch mit anderen Magdeburger Autoren befassen: Georg Kaiser, Dramatiker und Zeitgenosse Weinerts, erhielt Raum im Haus. Ebenso die Immermann-Gesellschaft und nicht zuletzt Gegenwartsautoren mit ihren Vereinen und Verbänden.

Die Stadt tat das ihre und stellte Mittel zur Verfügung, daß aus der Gedenkstätte für einen Dichter ein Haus der Literatur mit einer regen Veranstaltungstätigkeit, mit Büros für literarische Vereine, einer Bibliothek und einem Archiv für Literaten der Region entstehen konnte. Hier wird nun über Autoren, für die es anderswo keine Sammlungen gibt, Material zusammengetragen und von Zeit zu Zeit der Öffentlichkeit vorgestellt. Georg Rollenhagen, Carl Leberecht Immermann, Heinrich Zschokke, Friedrich Spielhagen, Robert Seitz, der unbekannte Oskar Schönberg, Brigitte Reimann, Christa Johannsen und viele andere Schriftstellerinnen und Schriftsteller sowie Gegenwartsautoren wurden mit Lebenszeugnissen, Fotomaterial und Dokumenten im Frühjahr 1998 präsentiert. Zudem zeigte die Sonderausstellung „LiteraturRäume“ mit Exponaten der städtischer Bibliotheken und Museen, aber auch mit Hilfe vieler privater Leihgeber, welch umfangreiches Material zum literarischen

Das Literaturhaus in der Magdeburger Thiemstraße Nr. 7.

Leben der Region existiert. Für regionale Forschungen, zu denen diese erste Überschau anregen wollte, stehen Archiv und Bibliothek des Literaturhauses jedermann – und Frau – offen.

Die umfangreichsten musealen Bestände sind auf Grund der Geschichte des Hauses natürlich Erich Weinert gewidmet. 1890 wurde er als Sohn eines Ingenieurs geboren. Der Vater stand der Sozialdemokratie nahe und bewog den Sohn, eine Lehre als Lokomobilbauer in der Buckauer Maschinenfabrik „R. Wolf" aufzunehmen. Weinert war später sehr stolz auf diese Tätigkeit. Sein Herz schlug aber damals schon für die Kunst. Er besuchte Abendkurse an der Magdeburger Handwerker- und Kunstgewerbeschule und legte nach einem Direktstudium in der Maler- und Graphikerklasse sowie einem Zusatzstudium in Berlin das Staatsexamen als Zeichenlehrer ab.

Erich Weinert 1930.

Seine satirische Begabung stellte er auf Schulfesten und Kostümbällen unter Beweis. Er war Organisator und oft wohl auch Mittelpunkt vieler lockerer Feierlichkeiten. Die Elbestadt bot mit ihren zahlreichen Operetten- und Varietébühnen zunächst genügend Anregung für den Studenten. Der Erste Weltkrieg brach hart in das Bohéme-Leben ein. Nach dem Krieg wollte er nicht nur malen und tingeln, er wollte etwas bewirken. Weinert schloß sich in seiner Heimatstadt der sich sehr antibürgerlich gebärdenden Künstlervereinigung „Die Kugel" an, in der sich eine Reihe von Malern, Musikern und Literaten zusammengefunden hatte. In der gleichnamigen Zeitschrift veröffentlichte er seine ersten Gedichte, die im expressionistischen Ton gehalten waren. Durch die Maler J.F. Bartels, B. Beye, M. Dungert u.a., bestand eine enge Verbindung zur Berliner Novembergruppe. Die Literaten beriefen sich auf den jungen Johannes R. Becher.

Doch schon bald zerfiel die Magdeburger Vereinigung. Auch Weinert verließ die Stadt. An seine Mutter schrieb er, daß er glaube, mit dem

Wort besser und unmittelbarer wirken zu können als mit dem Zeichenstift. In Leipzig, im Kabarett „Retorte", erprobte er die Wirkung aktueller Texte. *Der verbogene Zeitspiegel* war sein erster öffentlicher kabarettistisch-satirischer Kommentar zur bürgerlichen Gesellschaft. Abend für Abend aktuell, hielt er den Leipzigern den Spiegel vor.

In Magdeburg hatte Weinert seine junge Frau Irma und die Tochter Marianne zurückgelassen. Irma starb 1925, seine Eltern zogen zur Tochter nach München. So verband ihn nicht mehr viel mit der Elbestadt. Unterdessen feierte er in Berlin große Erfolge als Kabarettist und politischer Satiriker. Die spitze Feder, vor allem aber sein lebendiger Vortrag, waren so gefürchtet, daß er Ende der zwanziger Jahre oftmals Auftrittsverbot erhielt.

Die Erstausgabe von 1923 mit der Titelblattzeichnung von Erich Weinert.

Von den Nationalsozialisten verfolgt und ins Exil gezwungen, suchte er, wie viele seiner linken Zeitgenossen, Asyl in der Sowjetunion. Hier begann der Kampf ums Überleben auf andere Weise. Weinert stellte sich nach dem Überfall Deutschlands auf die Sowjetunion der Propagandaabteilung der Roten Armee zur Verfügung. Nach Stalingrad wurde er mit der Gründung des Nationalkomitees Freies Deutschland zu dessen Präsidenten ernannt.

Erst 1946 kehrte er nach Berlin zurück. Bereits tuberkulosekrank, versuchte er, beim Aufbau eines neuen Bildungswesens mitzuwirken. Weinert starb 1953 an seiner Krankheit. Als Lyriker war er schon längst verstummt. Der große Redner, der vom gesprochenen Wort lebte, der am Ende der Weimarer Republik nahezu 100 Gedichte jährlich verfaßt hatte, brachte in den acht Jahren seit seiner Rückkehr nur noch 24 aufs Papier, als würde er an dem geteilten Land ersticken.

Ganz anders, aber doch geprägt durch die gleichen Zeitereignisse, verlief der Lebensweg Georg Kaisers, des ebenfalls in Magdeburg aufgewachsenen Dramatikers, den das Literaturhaus in einer zweiten Dauerausstellung vorstellt. Kaiser wurde 1878 in der Kreuzgangstraße Nr. 3, in einem der ältesten Stadtteile, nahe dem Kloster Unser Lieben Frauen, geboren. Der Vater war Kaufmann und Generalagent einer Versicherung, Georg der fünfte von sechs Söhnen. Trotz oder gerade wegen der großen Familie wuchs er, seiner eigenen Darstellung zufolge, als einsames Kind auf, war kränklich und von Ängsten geplagt.

Er ging in eine angesehene Schule, in das Pädagogium des Klosters. Seine Brüder waren dort gut vorangekommen. Nur Georg verweigerte sich der Schule, wollte sich nicht anpassen. An den Sitzungen des literarischen Schulvereins „Sappho", den die Schüler gegründet hatten, nahm er aber gern teil. Kaiser führte das Leben eines begüterten jungen Mannes. Wie es sich für einen Angehörigen seiner Gesellschaftsschicht gehörte, ging er ins Theater und besuchte Opernvorstellungen. Es gibt ein Foto von ihm, das ihn als Fußballspieler zeigt, auch Tennis spielte er. Fußball war damals eine neue Sportart. Sein Hang zum Extravaganten, Außergewönlichen wird hier schon deutlich. Trotz allem war er sehr introvertiert.

Die im Zweiten Weltkrieg zerstörte Kreuzgangstraße, in der Kaiser geboren wurde.

Die Schulerlebnisse verarbeitete Kaiser später in den Stücken *Der Fall des Schülers Vehgesack* und *Rektor Kleist*. Er hatte die Schule abgebrochen und war als Lehrling in die Buchhandlung Rathke eingetreten, konnte es aber nicht ertragen, mit den Büchern als Ware umgehen zu müssen. Auch die Lehre in einem Export-Import-Geschäft beendete er nicht. Vielmehr reiste er 1898 nach Südamerika, nach Buenos Aires.

Der Ausbruch aus den Pflichten in seiner Heimatstadt endete in einem Büro der AEG auf dem anderen Kontinent. Wiederum blieb ihm eigentlich nur die geistige Welt: „Nicht in Deutschland sein, war herrlich. Ich war so allein! Sogar die Sprache hatte ich für mich. Es konnte kein Mensch an mich heran dort."

Krank kehrte Kaiser nach Hause zurück. Es begannen Jahre, in denen er in psychotherapeutischer Behandlung war. Er lebte abwechselnd bei seinen Eltern und Brüdern, beschäftigte sich mit den Stoffen seiner künftigen Stücke und schrieb bereits an ersten Fassungen. Die Krankheit verschaffte ihm Freiräume zum Denken. Später sagte er über die Zeit: „Fünf Jahre war ich zu hause, in den fünf Jahren schleppte ich mich durch das Leben ohne Beschäftigung, ohne Interesse. Ich wurde das Gefühl der

Krankheit nicht los; ich hatte unüberwindliche Schlaflosigkeit ... Am Ende dieser Zeit schrieb ich mein erstes Drama. Auf Spaziergängen fiel mir das irgendwie zu. Wie das kam? Ich stehe noch heute unter dem Eindruck: es wird mir gegeben, jedes neu! ...“

1905 lernte Georg Kaiser seine zukünftige Frau Margarete Habenicht kennen. 1908 heiraten beide gegen den Willen ihrer Familie. Mit der Mitgift der jungen Frau konnte das Paar einige wenige Jahre gut leben. Sie zogen nach Seeheim und Weimar. Kaiser schrieb und veröffentlichte ein Stück nach dem anderen. Mit dem Drama *Die Bürger von Calais* gelang ihm der Durchbruch. Seine Stücke wurden in den zwanziger Jahren von vielen Theatern aufgeführt. Von seinem künstlerischen Erfolg zeugt die Berufung zum ordentlichen Mitglied der Preußischen Akademie der Künste.

Noch 1933 erregte die Ring-Uraufführung vom *Silbersee* in Magdeburg, Leipzig und Erfurt Aufsehen. Die Machtübernahme Hitlers beendete Kaisers glänzende Karriere. Er litt unter dem Spiel- und Schreibverbot. 1938 entschloß er sich zur Emigration, zusammen mit Maria von Mühlfeld und der gemeinsamen Tochter ging er in die Schweiz. Dort starb er, zermürbt durch seine wirtschaftliche Situation, und dennoch voller Pläne für die Zukunft.

Erich Weinert
Verein zur Bekämpfung usw. (1925)

Von Leuten verschiedener Gesellschaftsstufen
Wurde ein Verein ins Leben gerufen
Gegen das Tragen von Parteiabzeichen,
Orden, Medaillen und sonst dergleichen.
Als die Vereinsmitglider zusammentraten,
Wurde zuerst das Wichtigste beraten:
Es seien Vorschläge einzureichen
Für ein geschmackvolles Vereinsabzeichen!

Das Kloster Unser Lieben Frauen mit der Schule, die Immermann und Kaiser besuchten.

Erich Weinert
Das Antisemeeting (1923)

Nachts um zwölfe
Versammelten sich die blonden Wölfe
Mit großem Gebelfe.
Und einer hielt ein Referat:
Es dürften im Blonde-Wölfe-Staat
Die proletarischen Hammelherden
Auch nur von blonden Wölfen gefressen werden,
Und deshalb könnte nur eines helfen:
Nieder mit den schwarzen Wölfen!

Und als man zu Tätlichkeiten schritt,
Da machten sogar die Hammel mit.

Georg Kaiser
Aphorismen

Es kommt nur darauf an: den Menschen zu sagen, was sie sind – nicht, was sie sein sollten.

Vor dem Grauen des Lebens flüchten die Menschen ins Märchen: kommen sie nicht bis zur Kunst – rasten sie bei der Religion.

Der Staat soll eine Hilfe für alle sein und nicht ein Geschäft für wenige.

Revolution? Der Besitz wechselt die Taschen.

Hans Lorbeer

geb. 15. 8. 1901 in Klein-Wittenberg,
gest. 7. 9. 1973 in Wittenberg-Piesteritz.

Chemiearbeiter, Poet und Bürgermeister Hans Lorbeer in Piesteritz

Jens-Fietje Dwars

Ich habe mich bewährt, wenn man das so sagen darf. Nicht Konzentrationslager, nicht Gefängnis und Zuchthaus, nicht die Verfolgung der Gestapo konnten mich weich machen. Ich wurde fester, immer härter. Du schriebst (...) im Exil Deine Gedichte, vielleicht die besten (...); ich schrieb im KZ, schrieb in der Zelle, in Zuchthausbaracken, im Moorlager, im Steinbruch. Vieles ging verloren, so manches brachte ich durch, – frag mich nicht wie. Ein Bleistiftstummel und Zeitungsränder ... Und dann zu Hause – zwischen Gestapobesuch und Gestapobesuch – arbeitete ich, Seite um Seite. Ein Blatt in die Hände der Henker, und der Strick war mir sicher. Wie ein wildes Tier schleppte ich meine Arbeiten von Schlupfwinkel zu Schlupfwinkel, jeden Tag konnte es mich treffen ...

Aber ich glaubte an den Tag, da die Henker in den Abgrund fahren, ich war glücklich in der Vorfreude auf eine Zeit, in der ich mich in den Strudel geistigen Schaffens stürzen konnte.

Es kam alles ganz anders. Die Verhältnisse griffen mich auf einen Amtsstuhl und zwingen mich seither, meinen schönsten Plänen zu entsagen.

Gewiß, Brot ist wichtiger als Gedichte. Und ich will mich auch nicht beklagen. Ich könnte froh sein in der Beobachtung dessen, was andere für mich tun. Wenn ich nicht immer mehr erkennen müßte, daß ich auch dieses Mal wieder ‚zu spät kommen' werde. Die Herren nehmen ihre Plätze schon ein. Sie werden den Ton angeben, den Text bestimmen. Ich würde mich nicht wundern, wenn auch die Herren Pohl, Barthel, Binding, von der Vring und ähnliche sich einfänden. Herr Fallada ist ja schon da, Herr Heinrich Mann, der der ‚demokratischen' Gummiknüppelpolizei im schönen Preußenlande damals so hochherzige Worte zu sagen wußte, Herr Hauptmann und wie sie alle heißen. Vor ihnen wird man eines Tages, wenn man den Bürgermeisterrock abgelegt hat und den Poetenrock wieder anziehen möchte, kaum Gnade finden. Denn man muß ein Künstler sein ‚von Gottes Gnaden'. Mit Gesinnung und Mut, mit Aufrichtigkeit und Treue hat das nichts zu tun; es kommt auf den Wortreichtum an."

Ein bitterer Brief, der mit seltener Schärfe die Differenz von Kunst und Moral zur Sprache bringt. Hans Lorbeer hat ihn im Dezember 1945 geschrieben. Gäbe es Gerechtigkeit in der Kunst, hätte er zu den anerkanntesten Poeten der Nachkriegszeit gehören müssen. Denn so tapfer haben nur wenige die zwölf schwärzesten Jahre deutscher Geschichte durchstanden.

Etwa 250 Autoren flohen 1933 vor politischer und rassischer Verfolgung ins Ausland. Die meisten blieben, zogen sich in Nischen zurück, die sie später ihre „innere Emigration“ nannten, einige gingen in den Widerstand und andere arrangierten sich mit den Herrschenden, die sie heimlich verachteten. Darunter Hauptmann und Fallada, den die Rote Armee, wie Lorbeer, als Bürgermeister eingesetzt hatte. Daß er in dieser Funktion vollkommen versagte, aber dennoch von Johannes R. Becher, dem Präsidenten eines „Kulturbundes zur demokratischen Erneuerung Deutschlands“ und Adressaten des Briefes, umsorgt wurde, mußte den Genossen und Freund aus Piesteritz kränken.

Der war als unehelicher Sohn eines Dienstmädchens bei proletarischen Pflegeeltern in der Feldstraße von Klein-Wittenberg aufgewachsen und seit 1915, seinem 14. Lebensjahr, Hilfsarbeiter in Chemiefabriken. 1921 trat er der KPD bei, wurde vier Jahre darauf wegen Agitation im Betrieb entlassen und blieb bis 1933 arbeitslos. 1925 erschienen seine *Gedichte eines jungen Arbeiters*. Fortan versuchte Lorbeer, mit Reportagen und Kurzgeschichten seine Familie zu ernähren. Auch andere erwarteten eine Verbesserung ihrer Lage, als sie mit Becher 1928 den Bund proletarisch-revolutionärer Schriftsteller gründeten. Doch obwohl der Berliner Genosse ihm beim Schreiben seines Romans *Ein Mensch wird geprügelt* half und 1930 einen russischen Verlag für den Druck gewann, kam die deutsche Fassung erst 1959 – unter dem Titel *Der Spinner* – heraus.

Es war aussichtslos: Die Proleten kannten das eigene Elend zur Genüge. Wenn sie lasen, dann Courths-Mahler und Karl May, um wenigstens in ihrer Phantasie einer anderen Welt teilhaftig zu sein. Und die Bürger interessierte die Not nur, sofern sie stilvoll ästhetischen Genuß bereitet, wie Hauptmanns *Weber* oder Brechts *Dreigroschenoper*. Verloren zwischen den Lagern, weder als Arbeiter noch Schreiber belohnt, ward er zudem 1930 aus der Partei ausgeschlossen. Selbst daß er recht hatte mit seiner Ablehnung ihrer sturen Gewerkschaftspolitik, war kein Grund zur Freude. Denn nun kamen die Nazis, warfen ihn 1933/34 ins KZ, 1937/39 in Zuchthäuser und stellten den Hilfsarbeiter bis Kriegsende unter Gestapo-Aufsicht.

Über Nacht stieg er 1945 in das ungewollte Amt auf, in die verhaßte Rolle des Herrschenden, der die Befehle der neuen (Besatzungs-)Macht an seinesgleichen weitergab und selbst nicht weiter sah in einer Zeit, in der es schlicht an allem fehlte. Nach fünf Jahren erfüllte sich endlich sein Traum, als freier Schriftsteller zu arbeiten. Doch war er schon wieder in die Abhängigkeit von Parteisekretären geraten, die meinten, besser zu wissen, wie man einen Betriebsroman schreiben müßte.

Noch mehrfach klagte er Becher sein Leid. Das Bitterste war nur, daß er doppelt recht hatte: Daß Kunst tatsächlich wenig mit „Gesinnung und Mut, mit Aufrichtigkeit und Treue" zu tun hat. Der Präsident des neuen Bundes, der ihn aufforderte, Texte für den Aufbau-Verlag zu schicken, sah mit Erschrecken auf die Gedichte des Freundes. Was sollte er mit Versen anfangen, wie: „Mein Deutschland, schuldbeladenes Land, du bist / der Grund, um den es lohnte hart zu kämpfen, / du bist doch arm und windest dich in Krämpfen, / ein Opfer räuberischer Hinterlist"?

Das war mit Herzblut in äußerster Bedängnis geschrieben, aber trotzdem schlecht. Becher nannte dergleichen „rhetorische Tiraden" und bemühte sich nicht nur aus Prestigegründen um den greisen Hauptmann und Fallada. Denn der schlechtere Bürgermeister schrieb mit *Jeder stribt für sich allein* jenen Roman über den alltäglichen Widerstand kleiner Leute im Dritten Reich, den er sich nur von ihm erhoffen konnte. Auch den Chemiearbeiter vergaß er dabei nicht, sondern riet ihm zu einem Stoff, der Lorbeer schließlich die lang ersehnte Anerkennung seines echten Talents bringen sollte: Die Romantrilogie *Die Rebellen von Wittenberg*, bestehend aus den Bänden *Das Fegefeuer* (1956), *Der Widerruf* (1959) und *Die Obrigkeit* (1963), wurde mit hohen Auflagen zu einem neuen Volksbuch über die Geschichte der Reformation.

1951 zog er mit seiner Familie aus einer Amtswohnung im Rathaus in das selbst erbaute Haus Nr. 32 b der später nach Johannes R. Becher benannten Straße von Wittenberg-Piesteritz. Deren Fortsetzung trägt noch immer den Namen Hans Lorbeers. Nur die Schule nebenan hat ihn abgelegt. Warum eigentlich?

Hans Lorbeer

Die Wälder meiner Kindheit

Als Junge schon schritt ich durch diese Wälder;
sie waren groß und rauschten endlos weit;
in ihren Armen lagen stille Felder
und reiften Früchte süßer Einsamkeit.

Der Tauber gurrte, und der Häher lachte.
Die Morgensonne floß wie goldner Wein
durch grüne Wipfel. – Und ich Menschlein dachte:
Die Bäume ragen auf – doch ich bin klein –.

Ich wußte schon vom Baum in meiner Seele,
der voller Sehnsucht durch das Weltall rauscht.
Ein ungesungen Lied in junger Kehle,
hab' wartend ich in mich hineingelauscht.

Im Tale leuchteten die weichen Wiesen,
in Gras und Blumen glitzerte der Tau.
Ich sah den Bach durch Kraut und Binsen fließen,
am gelben Kiesel hing des Himmels Blau.

Der Fink pfiff in der dichten Brombeerhecke.
Das Reh sprang leicht den steilen Hang hinan.
Geruhsam wanderte die schwarze Schnecke.
Ein Kuckuck hob ganz nah zu rufen an.

Ich war allein im Zuge andrer Jungen;
singend durchstreiften sie Feld, Forst und Grund.
Und als ihr Lied der Lust schon längst verklungen,
lag mir das meine, werdende, noch stumm im Mund ...

Brigitte Reimann

geb. 27. 7. 1933 in Burg,
gest. 20. 2. 1973 in Berlin (Ost).

„Brauche die Arbeit wie ein Rauschmittel …" Die Burger Jahre der Brigitte Reimann

Ulrich Kaufmann

Wer heute in Burg, dem Städtchen am Elbe-Havel-Kanal, nach Spuren Brigitte Reimanns sucht, wird kaum Erfolg haben. Keine Straße, kein Platz, keine Tafel erinnern an sie. Auch auf dem Friedhof in der Berliner Straße nicht, der in Literaturführern als ihre Begräbnisstätte genannt wird. Seit 1986 aber trägt die städtische Bibliothek den Namen der Erzählerin, der nach 1989 gegen Widerstände verteidigt werden konnte.

Ihr Geburtshaus stand in der Bahnhofstraße Nr. 5. Seit 1934 bewohnten die Reimanns zur Miete die obere Etage eines geräumigen Einfamilienhauses in der Neuendorfer Straße Nr. 2. Zu dem Haus der Bäckerfamilie Leilich, welches sie später erwarben, gehörte ein Garten, den die Familie nutzte. Noch mit 27 Jahren hatte die Tochter ein Zimmer in der unteren Etage.

Aus den jüngst publizierten und stark beachteten Tagebüchern (1955-1970) Brigitte Reimanns erfahren wir wenig über ihre Kindheits- und Jugendjahre. Burg, am ehesten durch sein Knäckebrot bekannt, bot als literarischer Ort kaum Anregung. Immerhin arbeitete Fontane die drei letzten Monate des Jahres 1840 beim Apotheker Kannenberg. Hier entstand sein satirisches Epos *Burg an der Ihle*, das erst 1928 zum Druck gelangte.

Fünf Jahre später erblickte Brigitte als erstes von vier Kindern der Familie Reimann das Licht der Welt. „Uns ist gestern", lesen wir in der Sonnabendausgabe der örtlichen Zeitung vom 22. Juli 1933, „ein gesundes, kräftiges Töchterchen geboren. In dankbarer Freude Elisabeth und Willi Reimann." Lexika berichten, der Vater sei Journalist gewesen. Erlernt hat der Druckereiarbeitersohn und alteingesessene Burger indessen den Beruf des Bankkaufmanns. Von der Mutter, einer katholisch erzogenen Tochter eines kleinen Kölner Goldleistenfabrikanten, die die sechsköpfige Familie durch schwere Zeiten zu bringen verstand, ist in den

Nachschlagewerken nicht die Rede. „Auf jeden Fall ist sie die gütigste, opferbereiteste aller Mütter," notierte die Tochter 1963 im Tagebuch. Der Vater hat in der Druckerei und im Verlag seines Freundes Paul Hopfer gearbeitet. Hier erschienen das *Tageblatt* für den Kreis Jerichow sowie die Buchreihen *Deutsche Bauten* und *Heimbücher der Kunst*. So dürfte vor allem der Vater in dem Kind die Liebe zum Buch und ein ausgeprägtes Interesse für Fragen der Architektur geweckt haben. In dem Roman *Franziska Linkerhand*, ihrem letzten und unvollendet gebliebenen Buch wird sie unerbittlich die Frage stellen, wie menschenfreundliche Architektur mit ökonomischem Bauen zu vereinbaren ist.

Die Vierzehnjährige (links im Bild) in ihrer Heimatstadt.

Die wesentlichen Bücher Brigitte Reimanns – *Ankunft im Alltag* (1961), *Die Geschwister* (1963), in dem sie fast zeitgleich mit Christa Wolf das Motiv des „geteilten Himmels" aufnahm, sowie *Franziska Linkerhand* (1974) – entstanden in Hoyerswerda und Neubrandenburg. Burg aber war prägend für ihr Leben und Schreiben. Zu diesen Prägungen gehörte, daß das so „gesunde und kräftige" Mädchen 1947 an Kinderlähmung erkrankte und fortan unter einer Gehbehinderung litt. Aus dem Gefühl, einen Teil der Jugend verpaßt zu haben, entwickelt sie eine starke Lebenslust, ja Lebensgier.

Schon 1948, mit fünfzehn, wollte sie Schriftstellerin werden. Wesentliche Impulse hat sie ihrem Deutschlehrer zu verdanken. Das Schreiben wurde bereits in der Schulzeit zur Passion. Die Achtzehnjährige gewann im Landesmaßstab einen Preis für den besten Aufsatz. Später wird der Vater auf die Erfolge der Tochter stolz sein, die Mutter hingegen soll keines ihrer Bücher je gelesen haben.

Brigitte Reimann legte, trotz schwacher Leistungen in Mathematik, 1951 das Abitur ab. Wenige Monate später stand sie – ohne ein Studium absolviert zu haben – in ihrer Heimatstadt bereits selbst vor einer Klasse. „Ich bin Lehrerin – meine Kinder schwärmen für mich. Ich habe Geld und kann meine Launen und Passionen bezahlen, ... Ich habe erstaunlich viele Anbeter, die nach meinen dunklen Augen verrückt sind." Mit Zwanzig heiratete sie den Arbeiter Günter Domnik. Die Ehe ging nach kurzer Zeit in die Brüche. Auf eine Fehlgeburt 1954 folgte ein Suizidversuch. Noch oft wird Brigitte Reimann an die Möglichkeit denken, ein Kind zu haben. Aber stets entscheidet sie sich für ihren Beruf als Schriftstellerin. In Magdeburg trat sie der „Arbeitsgemeinschaft Junger Autoren" im Schriftstellerverband bei. Zugleich leitete sie in ihrer Heimatstadt einen „Zirkel schreibender Arbeiter" und führte ein – heute verschollenes – Brigadetagebuch. Mitte der fünfziger Jahre erschienen gleich drei Erzählungen von ihr: *Der Tod der schönen Helena* (1955) sowie *Die Kinder von Hellas* und *Die Frau am Pranger* (beide 1956). Der letztgenannte Text, den das Fernsehen 1962 verfilmte, fand eine beträchtliche Resonanz. Erzählt wird die tragische Liebesgeschichte einer verheirateten Bäuerin in Hitlerdeutschland, die ein Kind von einem sowjetischen Zwangsarbeiter erwartet.

1958, resümierte die Reimann am Silvestertage, sei für sie das „schlimmste und herrlichste" Jahr gewesen: Ihr Ehemann, von dem sie sich trennen wollte, saß wegen eines Alkoholdelikts im Gefängnis. Diese Zwangslage benutzte die Staatssicherheit, sie zu intensiverer Mitarbeit zu bewegen. Statt Kollegen auszuhorchen, deckte die Erzählerin jedoch in Absprache mit Wolfgang Schreyer ihre Kontakte im Schriftstellerverband auf.

In jenen Tagen lernte sie den Autor Siegfried Pitschmann kennen. „Niemals habe ich so stark das Gefühl gehabt, dem Menschen begegnet zu sein, der mir ganz entspricht." Er arbeitete langsam und gründlich, war scheu und weniger erfolgreich. Die Reimann hingegen schrieb schnell,

Das Elternhaus in der Neuendorfer Straße.

in rauschhaften Schüben, hatte früh, wohl zu früh, wie sie selbst sagte, Erfolg. Nicht selten verdiente vor allem sie das notwendige Geld. Pitschmann, der „Daniel" ihrer Tagebücher, wurde ihr zweiter Ehemann. Mit ihm lebte sie noch für kurze Zeit im Burger Elternhaus: „... in einem Zimmer, das wir durch einen Bücherschrank trennten, über den wir uns während der Arbeit Zettelchen und Liebesbriefe zuwarfen; es ging uns hundeschlecht, wir hungerten (was wir natürlich vor meinen Eltern stolz verbargen), trotzdem waren wir glücklich und voller Anmaßung ..."

Zu Beginn des Jahres 1960, der Zeit des „Bitterfelder Weges", folgte für das Schriftstellerpaar das Abenteuer „Schwarze Pumpe". Endlich konnte Brigitte Reimann mit ihrem Mann im sächsischen Hoyerswerda eine eigene Wohnung beziehen. Aus dem behüteten, bürgerlich geprägten Burger Domizil im Grünen wechselte die Autorin in eine nüchterne Neubauwohnung.

Die sterblichen Überreste der so früh einem Krebsleiden Erlegenen wurden 1973 im großelterlichen Grab ihrer Heimatstadt beigesetzt. Die Urne hat man zu Beginn der neunziger Jahre nach Oranienbaum umgebettet, wo auch die Eltern der Schriftstellerin ihre letzte Ruhe fanden.

Brigitte Reimann
An ihre Jugendfreundin Veralore Schwirtz am 30. Juli 1972

Zwanzig Jahre, du lieber Gott! Der Blick zurück – ich glaube, es wird nicht leicht werden. Eine Lebensgeschichte, die sich vor drei Jahren noch gut und erfreulich angehört hätte; heute ist es eine Geschichte, über der stehen müßte: „Es war einmal –" Es war einmal eine höchst lebendige Frau, die zweimal ein Studium begann, zweimal den Hochschulen entlief, aus Rebellion gegen ihre Herren Lehrer, provisorisch Lehrerin wurde, während sie ihr erstes Buch schrieb (diese „Frau am Pranger" – Herrje, damals war ich beinahe noch ein Kind), eine Menge Männergeschichten hatte, eine Menge Dummheiten beging – die sie bis heute nicht bereut –, viermal heiratete, kein Kind wollte – was sie heute ein bißchen bereut –, weil sie schreiben für wichtiger hielt, und die Kneipen und Luxusbars, Hinterhofwohnungen und die Villen der Prominenz kennenlernte; es war einmal eine Schriftstellerin, die zu früh und zu viel Erfolg hatte, manchmal hungerte und manchmal wahnsinnig viel Geld verdiente, einen Haufen Orden bekam und so ziemlich alle Literaturpreise, die hierzulande verliehen werden, an eine Große Sache glaubte und an einer Großen Sache zweifelte, sich nach fremden Ländern sehnte und nur die Nachbarschaft zu sehen bekam, Polen, Prag, Moskau – und allerdings das herrliche, unvergeßliche Sibirien, Baikalsee und die Taiga, und die in jungen Jahren verhaftet wurde und eingesperrt werden sollte, und die zehn Jahre später am Tisch von Walter Ulbricht Abendbrot aß, mal ganz unten und mal ganz oben war, mit berühmten Malern und Literaten verkehrte und als Hilfsschlosser in der Brigade im Braunkohlenkombinat arbeitete – kurzum: es war einmal, und es war gut so, und auch das Schlimme und Dreckige war in seiner Art gut.

Der Bitterfelder Kulturpalast

Der „Bitterfelder Weg"
Nur ein bitterer Feldweg?

Dieter Strützel

Dieser kleine Palast im Stil eines klassizistischen Baus des 19. Jahrhunderts erinnert nicht an einen oder ein paar Schriftsteller. In ihm waren seit seiner Eröffnung 1954 bis zum Ende der DDR fast alle namhaften Autorinnen und Autoren des Landes zu Gast. Manche fanden hier auch ein Publikum, wenn ihre Bücher „verschwunden" waren. Und die Gewerkschaftsbibliothek des Hauses vervielfachte ihre Leserschaft durch kostenlose Ausleihe und intensive Werbung vor Ort.

Doch all das unterscheidet das Klubhaus des einstigen „Elektrochemischen Kombinats" in Bitterfeld nicht von den großen Kulturhäusern der ehemaligen SAG-Betriebe. So hießen jene industriellen Kerne der SBZ und frühen DDR, die nach wechselhaften Schicksalen der Demontage entgangen waren und aus ihrer laufenden Produktion für ganz Deutschland die Reparationen an die Sowjetunion und Polen erbrachten. Zur Unternehmensphilosophie dieser Betriebe gehörten die „Kulturpaläste", die den Beschäftigten ein möglichst allseitiges Angebot bringen und damit helfen sollten, die Arbeitssphäre in ihren zentralen Lebensort zu verwandeln.

Hier aber fanden zwei Konferenzen statt, die 1959 und 1964 einen besonderen Weg kultureller Entwicklung für die DDR markierten. Von Anbeginn war dieser „Bitterfelder Weg" viel geschmäht. Und in der Tat hat er seltsame Blüten getrieben, doch zugleich eine merkwürdige Subkultur geschaffen.

Als die SED-Führung 1959 eine Autorenkonferenz des Mitteldeutschen Verlages zur kulturpolitischen Neuorientierung aufmotzte, liefen in der Losung „Greif zur Feder, Kumpel, die sozialistische Nationalkultur braucht dich!" verschiedene Bestrebungen zusammen. Zum einen belegt sie, daß die Partei lange vor dem Mauerbau ihre Fiktion von den zwei Nationen und Kulturen durchzusetzen versuchte. Im Unterschied zu dem von Johannes R. Becher bis zu seinem Tode verfolgten Konzept einer kulturellen Klammer für ein wiederzuvereinigendes Deutschland.

Erwin Strittmatter auf der ersten Bitterfelder Konferenz.

In den Anfangsjahren war diese Vorstellung noch von der Erwartung begleitet, die neue Nationalkultur werde von Arbeitern und Bauern getragen und geschaffen. Sie wurde schon bald als von der Realität widerlegtes Überbleibsel aus der Zeit des Proletkults fallengelassen. Daß Werner Bräunig, der als Wismutkumpel gefeierte Autor des Aufrufs, der in Wirklichkeit nur verlesen hatte, was andere formulierten, ein Zeitungsredakteur war, sprach sich schnell herum. Auch die anderen Autorinnen und Autoren, die Anfang der sechziger Jahre die ersten erfolgreichen Bücher des „Bitterfelder Weges" vorlegten, waren kaum Kumpel, sondern vielmehr Journalisten, Lehrer, Bibliothekare. Die vielen „Zirkel schreibender Arbeiter" brachten es zwar zu zahlreichen Anthologien, aber wer sich von dort aus zu eigenständigem Werk entwickelte, ging den klassischen Weg des freien Schriftstellers.

Von der Idee einer Nationalkultur von unten blieb neben der Laien-

oder Dilettantenkunst – ca. 200 000 dichtende, malende, tanzende, schauspielernde oder komponierende Werktätige aller Couleur, jeden Alters und beiderlei Geschlechts in etwa 12 000 Zirkeln, Ensembles, Chören, Theatern, Kabaretts oder gar Orchestern – eine lebendige Verbindung der meisten Künstlerinnen und Künstler mit „ihren“ Betrieben, in die vor allem die jüngeren für Wochen und Monate zogen, um den Arbeitsalltag nicht nur von außen zu beschreiben.

Gewiß steckte hinter diesem Konzept vom Bündnis zwischen Künstlern und Werktätigen die kulturpolitische Absicht der Partei, die Intellektuellen nach den Unruhen von 1956/57 zu kontrollieren und einer höheren Autorität zu unterwerfen. Beispiele ließen sich genug anführen, ebenso aber Fälle, in denen sich Arbeiter schützend vor „ihre“ Künstler stellten.

Vor allem erwuchs aus den wirklichen Kontakten ein beträchtlicher Kreis kunstsinniger Menschen in Milieus, die unter anderen gesellschaftlichen Verhältnissen dafür kaum in Frage kamen. Menschen, die Kunst als eine spezifische Form von Arbeit verstehen und achten lernten. Umgekehrt brachen die Härten und Widersprüche der Arbeitswelt nicht nur im Auftrag der Partei in die Sphäre der Künste ein. Dabei war es ein weiter Weg von den verklärenden Gestaltungen, wie sie Anfang der sechziger Jahre Erik Neutsch in „Spur der Steine“ oder Werner Bräunig, der nicht ein einziges Mal unter Tage gewesen war, weil er sich davor fürchtete, in der großen Bergmann-Szene seines verbotenen Romans *Rummelplatz* geschaffen hatten, bis zu solchen Schöpfungen wie Angela Krauß' *Das Vergnügen* (1984) oder Paul Gratzkis *Transportpaule* (1977).
Aber gerade in ihrer Vielfalt und lebendigen Auseinandersetzung mit dem Thema trugen Künstler wesentlich zu jener „Autorität der Werktätigen“ (Benno Besson) bei, vor der sich 1989 der hochgerüstete Machtapparat der SED beugen mußte.

Nicht zuletzt stand die Kunst des „Bitterfelder Weges“ im Dienst eines Sozialismuskonzepts, das in der Bewegung der „Brigaden der sozialistischen Arbeit“ zum Ausdruck kam: Deren Losung „sozialistisch arbeiten, lernen und leben“ war ein Versuch, die Arbeit zu intensivieren und das Leben komplex zu regulieren, aber auch das offene Eingeständnis, daß politische Macht und Staatseigentum allein nicht genügen, um ein Mehr an Lebensqualität zu erreichen.

Werner Bräunig auf der ersten Konferenz.

Daß die Kulturpolitiker der SED mit alledem eine andere als die von ihnen beabsichtigte Wirkung erzielten, wurde bereits auf der zweiten Bitterfelder Konferenz 1964 sichtbar. Zu ihr war alles angereist, was in Kunst und Politik Rang und Namen hatte. Nach dem Referat des damaligen Kulturministers Hans Bentzien setzte in der Diskussion mit den Beiträgen der Erfolgsautoren und Parteimitglieder Christa Wolf, Erwin Strittmatter und Erik Neutsch eine so massive Kritik an der kulturpolitischen und anderer gesellschaftlichen Bevormundung ein, daß die von Walter Ulbricht geführte Delegation des ZK der SED das Schlimmste befürchtete und in der für den Abend einberufenen Sitzung des Parteiaktivs die sofortige Ablösung des Ministers beschloß.

Ulbricht arbeitete in der Nacht ein großes Referat aus, weil er meinte, die Parteipolitik sei nur nicht richtig vermittelt worden. In einer mehr als einstündigen Rede entwarf er seine Strategie für einen gewaltigen zivilisatorischen Aufbruch der DDR im Zeichen der wisschenschaftlich-technischen Revolution, unter deren Einfluß alle gesellschaftlichen Verhältnisse der Welt gründlich verändert und an den moralischen Ansprüchen einer sozialistischen Kultur gemessen werden würden. Ohne Intelligenz, Jugend und Kultur sei dieser Umbruch nicht zu gestalten. Dafür würden alle gebraucht, seien Gängelei und Bürokratie gefährliche Hemmnisse.

Es war ein Gesellschaftskonzept, das Ulbricht im gleichen Jahr durch die „Zeitschrift der jungen Intelligenz", das *FORUM*, breit propagieren ließ, in dem die Romane *Der geteilte Himmel* und *Spur der Steine* in großer Aufmachung erschienen und Alfred Kurella die heftige Kampagne der SED-Bezirksleitung Halle gegen Christa Wolf zurückpfiff. Hier zeigten die jahrelang verfemten Wissenschaftszweige der Genetik, Informatik, Systemtheorie, Psychologie und Soziologie ihre ersten zarten Spitzen, wurden das Schul- und Bildungssystem der DDR zur Diskussion freigegeben und ökonomische Kategorien wie Wert und Markt debattiert. Noch zwei Jahre später faßte Ulbrichts persönlicher Sekretär, Otto Gotsche, als Autor des Mitteldeutschen Verlages auf einer internen Konferenz dieses Konzept in die schockierenden Worte: „Wir werden nicht länger auf die anderen Länder des RGW warten. Schließlich können wir sie nicht am Portepee in den Sozialismus schleppen."

Der ungewöhnliche, so nicht zu organisierende Beifall der kritischen Autoren für die Rede Ulbrichts gab ihm scheinbar recht. Nur vergaß er, daß ein Konzept des globalen zivilisatorischen Aufbruchs, in dem der Sozialismus seine Lebensfähigkeit erst unter Beweis zu stellen hatte, auch eine andere Stellung der Kunstschaffenden erforderte. Spätestens im Dezember 1965 zerschlug das 11. Plenum des ZK der SED alle Ansätze eines solchen Denkens.

Die Bitterfelder Rede gehörte zu jenen Auftritten, die Ulbricht später als Eigenmächtigkeit vorgeworfen wurden, um seine „Ablösung" zu begründen. Sie war der letzte kulturpolitische Vorstoß der SED. Als der Mitteldeutsche Verlag 1969 überlegte, ob er eine dritte Konferenz im Palast von Bitterfeld vorbereiten sollte, wurde ihm beschieden: „Wißt Ihr eine neue mobilisierende Idee?"

„Schwimmerin", Plastik vor dem Bitterfelder Kulturpalast.

Franz Fühmann
An Kulturminister Hans Bentzien, 1. 3. 1964

Man geht in eine Brigade und noch in eine und noch in eine und noch – dabei kommt nicht viel heraus. Denn zwei Gebiete ... werde ich beim besten Willen nicht mehr erobern können: das weite Land der Erinnerung an Herkunft, Familie, Schule, Lehrzeit, erste Liebe, erstes Glück, erstes Leid, an jene Dimension also, die jedes Stück Literatur braucht, um nicht flach zu bleiben. Zum zweiten liegt „jenseits" der weite Bezirk der allgemein-menschlichen Gefühle, die im literarischen Werk nur dann glaubhaft gestaltet werden können, wenn man sie in ihrer, durch die gesellschaftliche Spezifik geprägten Individualität zeigt. Die aber kenne ich nicht, und ich komme „von außen" zu wenig in sie hinein; es gelangt zu einer politischen Debatte, aber nicht zu einer künstlerischen Gestaltung. Was zum Beispiel empfindet ein Mensch, der weiß, daß er sein Leben lang so ziemlich dieselbe Arbeit für so ziemlich dasselbe Geld verrichten wird, als beglückend und was als bedrückend an eben dieser Arbeit; wo bringt sie ihm Reize, wo Freude, wo Leid, in welchen Bildern, auf welche Weise erscheint sie in seinem Denken und Fühlen, usw. usw. Ich weiß es nicht und kann es nicht nachempfinden, und der Arbeiter spricht, obwohl er mein Freund ist, nicht darüber, weil es für ihn die allerselbstverständlichsten Dinge sind, so selbstverständlich, daß man die Frage danach gar nicht versteht, weil man die Antwort eben in Fleisch und Blut hat, nicht im Mund.

Martin Gregor-Dellin

geb. 3. 6. 1926 in Naumburg,
gest. 23. 6. 1988 in Gröbenzell
bei München.

Literarische Rückkehr in den Saalebogen Martin Gregor-Dellin aus Weissenfels

Kai Agthe

Martin Gregor-Dellin war in beiden deutschen Staaten zu Hause. Seit 1958 in der Bundesrepublik lebend, befanden sich die Schauplätze seiner literarischen Arbeiten fast ausschließlich im Osten des geteilten Landes; genauer in dessen Mitte, aus der er selbst stammte: der Landschaft an der Grenze zwischen Thüringen und Sachsen, zwischen Ilm und Elbe, im Raum von Reformation und Aufklärung, der Heimat von Dichtern und Künstlern, die sein eigenes Schaffen anregten: Heinrich Schütz und Novalis, Richard Wagner und Friedrich Nietzsche.

Martin Gregor verlebte seine Kindheit bis zum Abitur in Weißenfels an der Saale. Geboren wurde er in Naumburg, da Emil Erich Schmidt und dessen Frau Margarethe Frieda, geb. Rüdiger, zum Geburtstermin einen Arzt des Vertrauens in der nur wenige Kilometer entfernten Domstadt aufsuchten. Das war am 3. Juni 1926. Die Taufe erfolgte am 1. August in der Weißenfelser Stadtkirche St. Marien, und zwar auf die Namen Gustav Albert Martin Schmidt. In der damals bedeutenden Industriestadt wohnte die Familie an prononcierter Stelle: an der südlichen Seite des Marktplatzes, im Haus Nr. 5, im Schatten des Schlosses Neu-Augustusburg, mit Blick auf die Marienkirche. Nur wenige Meter sind es von hier zu den einstigen Wohnhäusern von Novalis, Johann Beer und Adolph Müllner. Louise von François hatte einst im Haus neben dem der Schmidts gelebt, an dessen Rückfront noch das Denkmal des steinernen Mops mit der Zipfelmütze an die einstige Bewohnerin erinnert. Es darf gerätselt werden, welchen Einfluß diese Weißenfelser Dichter auf den jungen Mann, seine ersten Schreibversuche und literarischen Themen gehabt haben.

Dem Abitur 1944 folgte der Kriegsdienst, der ihn an die Westfront und schließlich in amerikanische Gefangenschaft führte. Erst 1946 kehrte er in die Heimatstadt zurück. Seit 1951 als Lektor beim Mitteldeut-

Das Wohnhaus der Familie Schmidt am Markt Nr. 5.

schen Verlag in Halle tätig, betreute der damals Fünfundzwanzigjährige u.a. Bruno Apitz' Buchenwald-Roman *Nackt unter Wölfen*. Hier erschienen auch seine ersten eigenen literarischen Arbeiten, so die Erzählung *Catherine* (1954), unter dem Pseudonym Martin Gregor, dem er zusätzlich den Nachnamen seiner Frau Annemarie Dellin anhing. Drei Jahre vor dem Mauerbau ging das Ehepaar in die Bundesrepublik. Zunächst als freier Autor in Bayreuth lebend, übersiedelte er, nach einem Intermezzo als Literaturredakteur beim Hessischen Rundfunk, nach München. Die bayerische Landeshauptstadt blieb fortan der Wohnort des Dichters, der ferne „Saalebogen" aber seine geistige Heimat.

Gleichsam in einer Art heimlicher Selbstverortung schrieb Gregor-Dellin im Nachwort für eine Reclam-Ausgabe der Wagner-Schriften Friedrich Nietzsches: „Von Anfang an gab es viel, was sie verband. Sie kamen aus der gleichen Gegend. Nietzsche war nur wenige Kilometer vom Haus, aus dem Wagners Mutter stammte, geboren: im Dorfe Röcken vor Weißenfels, an der Straße nach Leipzig, Wagners Geburtsstadt. Beide fühlten sich in jener mitteldeutschen Kulturlandschaft, zwischen Eisleben, Naumburg und Leipzig, der Heimat von Martin Luther, Heinrich Schütz und Novalis, die Thomas Mann später zu Kaiseraschern zusammenzog, zwar tief verwurzelt, aber nicht sonderlich und nur mit Unlustgefühlen heimisch."

Ob *Jakob Haferglanz* – zuerst 1956 in Halle unter dem Titel *Jüdisches Largo* erschienen – oder *Der Kandelaber*, beide Romane sind in Orten angesiedelt, die unschwer das Weichbild jener Städte aus der Region links und rechts der Saale erkennen lassen, die Gregor-Dellins Schreiben zeitlebens prägten: Naumburg und Weißenfels, Merseburg und Wittenberg. Die wiederholte literarische Rückkehr in die Landschaft der Kindheit, die jenseits des Eisernen Vorhangs lag, war sicherlich ein Resultat der räumlichen Entfernung zu ihr.

Im *Kandelaber* (1962), Gregor-Dellins reifstem Werk, werden aber nicht nur eine mitteldeutsche Kleinstadt, ihre Einwohner sowie der wenig anpassungsbereite Lehrer und ehemalige KZ-Häftling Blumentritt porträtiert. In einer Nebenhandlung geht es auch um die Würdigung eines fiktiven Komponisten namens Balthasar Kempff, der – wie Heinrich Schütz – „zur Zeit des Dreißigjährigen Krieges" lebte. Dieser Tonsetzer ist das Verbindungsglied zum Roman *Jakob Haferglanz*, in dem der musikalisch begabte Titelheld jüdischer Herkunft besonders von den Werken Kempffs beeinflußt wird.

Balthasar Kempff bzw. Heinrich Schütz schlagen den Bogen vom Romancier zum Biographen Gregor-Dellin. Auch als Verfasser von Lebensbeschreibungen blieb er vor allem jenen Persönlichkeiten der Literatur und Musik verbunden, die aus dem mitteldeutschen Raum stammten oder dort ihren Wirkungskreis hatten. Sein bekanntestes monographisches Werk ist die monumentale, hoch gelobte und oft zitierte Biographie über Richard Wagner, die 1980 erstmals erschien. Zwar wurde der Komponist selbst in Leipzig geboren, aber dessen Mutter, die Bäckerstochter und Mätresse des Prinzen Constantin von Sachsen-Weimar, Johanna Rosine Pätz, stammte aus Weißenfels. Dieser umfassenden Lebensbeschreibung des Bayreuther Meisters gingen allein fünf Wagner-Bücher Gregor-Dellins voraus.

Eine ausführliche Biographie widmete er ebenso dem „Vater der deutschen Musik", Heinrich Schütz (1984), der in Weißenfels seine Kindheit und seinen Lebensabend verbrachte. In kleineren Arbeiten beschäftigte sich der Schriftsteller mit musikalischen Meistern wie Georg Friedrich Händel, dessen Talent einst an der Orgel der Weißenfelser Schloßkapelle entdeckt worden sein soll, und Johannes Brahms. Ferner zeichnete Gregor-Dellin – der zwischen 1982 und 1988 dem westdeutschen PEN-Zentrum als Präsident vorstand – als Herausgeber der Werke Klaus Manns und Bruno Franks sowie der erstmals unzensiert veröffentlichten Tagebücher Cosima Wagners verantwortlich. Kurz vor seinem Tod begann er mit ausführlichen Vorarbeiten für eine Biographie, die er abermals einer Persönlichkeit aus seinem unmittelbaren Lebens- und Erfahrungsraum widmen wollte: Novalis, dem Dichter der Frühromantik.

Kaum bekannt ist, daß Gregor-Dellin, der 1988, im 63. Lebensjahr, starb, neben der Novalis-Monographie noch eine literarische Hommage an den bedeutendsten deutschen Romancier dieses Jahrhunderts, dem wir das fiktive Kaisersaschern im Saalebogen verdanken, unter der Feder hatte: *Partheys gänzlich erfolglose Reise zu Thomas Mann* lautete der Arbeitstitel eines Fragment gebliebenen grotesken Romans. Darin berichtet er in Anlehnung an einen ähnlichen Fall aus Goethes Leben über die vergebliche Reise eines norddeutschen Buchhändlers zu Thomas Mann an den Zürichsee. Schade, daß wir nicht mehr über diese Geschichte wissen. Denn wie der Nachlaß Gregor-Dellins, so befindet sich auch diese letzte Arbeit im Besitz seiner Tochter, die aber, wie der Verlag des Autors mitteilt, unbekannt verzogen ist.

Um das Nachwirken Martin Gregor-Dellins steht es derzeit nicht zum besten: Wie ein Blick in das Verzeichnis des Buchhandels zeigt, erinnern sich die Verlage kaum noch an den Biographen und gar nicht mehr an den Erzähler: Außer der fulminanten Wagner-Biographie war bis zur Abfassung dieses Beitrages kein einziges seiner Bücher lieferbar.

Das Haus des Mitteldeutschen Verlages

Wo um Bücher gerungen wurde Der Mitteldeutsche Verlag in Halle

Dieter Strützel

Robert-Blum-Straße Nr. 37. In diesem Haus saß bis 1968 der heute nahezu unbekannte Mitteldeutsche Verlag, ehe er auf Drängen des SED-Bezirkschefs Horst Sindermann in eines der modernen Bürohäuser am Thälmann-Platz umzog: Man müsse es dem Management der Konzerne und Banken im Westen gleichtun.

Der Verlagsname mutete damals seltsam unberührt an in Zeiten des Kampfes um die Anerkennung der Oder-Neiße-Grenze und der deutschen Zweistaatlichkeit. Mit ihm bekannte man sich zu einer Jahrzehnte zurückliegenden Tradition, als das rote Mitteldeutschland Zeichen des Wegs in die Moderne war. Der Name erinnerte aber auch an die sozialdemokratische Herkunft des Verlages, bis er 1946 beim Zusammenschluß von SPD und KPD als Verlag für Adreßbücher und Amtsformulare in den Besitz der SED überging. In die Buchgeschichte schrieb er sich mit dem selbstgewählten Beinamen „Verlag der jungen Autoren" ein.

Das war ein dreifacher Etikettenschwindel: Der Verlag gehörte nicht seinen Autoren. Als nach 1968 der Verdacht entstand, er sei in deren Hand geraten, reagierte die Partei 1970 mit ungewöhnlicher Härte. Und die Autorinnen und Autoren, die ihn seit 1948 überhaupt erst zu einem belletristischen Verlag machten, waren alles andere als jung: Bertolt Brecht, dessen *Kalendergeschichten* zuerst hier und nicht bei „Aufbau" erschienen, Marianne Bruns, Otto Gotsche, Bernhard Kellermann, Hans Lorbeer, Adam Scharrer und Arnold Zweig.

Selbst in den Zeiten, als DDR-Literatur schon zur „Bückware" in einheimischen Buchhandlungen und zu einem devisenbringenden Exportartikel geworden war, sicherte der Verlag seine materielle Basis mit den Gewinnen aus Büchern, an deren Verfasserinnen und Verfasser erst in zweiter oder dritter Linie gedacht wurde, wenn es um junge Autoren ging: Rudolf Bartschs Roman *Geliebt bis ans bittere Ende* (1958 bis 1968 zehn Auflagen), Elfriede Brünings *Damit du weiterlebst* (1954 bis 1970 zwölf Auflagen), Marianne Bruns' *Uns hebt die Flut* (1952 bis 1969 10 Auflagen), August Hilds *Die Ehe des Assistenten* (1957 bis 1970 9 Auflagen), Hans Lorbeers Reformationstrilogie *Die Rebellen von Wittenberg* (1956, 1959 und 1963 bis 1970 13, 9 und 5 Auflagen), Lore Mallachows *Du bist mir nah* (1957 bis 1970 9 Auflagen), Hildegard Maria Rauchfuß' *Wem die Steine Auskunft geben* (1953 bis 1962 11 Auflagen), Werner Steinbergs Romane *Der Tag ist in die Nacht verliebt* (1956 bis 1970 15 Auflagen), *Als die Uhren stehen blieben* (1957 bis 1969 14 Auflagen), *Einzug der Gladiatoren* (1958 bis 1969 11 Auflagen) sowie Karl Zuchardts *Der Spießrutenlauf* (1954 bis 1965 16 Auflagen), *Wie lange noch, Bonaparte?* (1956 bis 1969 12 Auflagen) und *Stirb, du Narr!* (1960 bis 1968 12 Auflagen).

Im Schnitt umfaßte eine Auflage 10 000 Exemplare. Und das bei einem Lesepublikum, das nur ein Fünftel bis ein Sechstel des potentiellen Publikums der anderen deutschsprachigen Verlage in der BRD, Österreich oder der Schweiz ausmachte. Möglich wurde dieses „Auflagenwunder" durch eine deutliche Reduzierung der Gewinnauflagen über die Planungsorgane, eine extrem geringe Titelbreite, niedrige Buchpreise und ein einmaliges Stipendienwesen, das auch den Verlagen aus dem „Kulturpfennig" zur Verfügung stand, jenen fünf Pfennigen, die auf alle Eintrittskarten in Kinos, Theatern, Museen oder bei kulturellen Veranstaltungen erhoben wurden.

Gerechtfertigt aber war der Beiname durch eine Besonderheit: die ungewöhnliche Konzentration von selbst schriftstellerisch Tätigen im Mitteldeutschen Verlag wie Elke Erb, Heinz Czechowski, Manfred Jendryschik, Eberhard Panitz und Werner Liersch. Zusammen mit den drei Verlegerpersönlichkeiten Gerd Noglik, Heinz Sachs und Gerhard Wolf schufen sie die einen großen Verlag seit jeher kennzeichnende Atmosphäre einer Heimstatt für Schreibende. Ihre Wirkung auf die Literaturgesellschaft in beiden deutschen Staaten ging von diesen „Jungen Autoren" aus, die mit einem neuartigen künstlerischen Programm die Erfahrungen einer anderen Generation artikulierten.

Hier traten in die Literatur ein: Erich Loest, der nach seiner langen Haft noch einmal als Krimi-Autor Hans Walldorf debütierte, bis er 1969 wieder unter eigenem Namen erschien, Hanns Cibulka, Rainer Kunze, Bernhard Seeger, Martin Gregor-Dellin, Bruno Apitz, von dessen *Nackt unter Wölfen* allein bis 1970 840 000 Exemplare in 14 Sprachen erschienen, Werner Bräunig, Günter Kunert, Walter Werner, Günter de Bruyn, Erik Neutsch, Heinz Czechowski, Rainer Kirsch und Karl Mickel, Christa Wolf, Max Walter Schulz, Volker Braun, Joachim Nowotny, Peter Gosse und Joochen Laabs.

Sie sprachen für jene, die als Halbwüchsige und Kinder den Krieg erlebt, zum Teil auch noch mitgemacht hatten, die geprägt waren von dem

Aufbruch aus Ruinen, beflügelt von einem einmaligen Bildungsaufschwung und dem damit verbundenen sozialen Aufstieg hunderttausender Leute aus kleinen Verhältnissen. Individueller Aufstieg und Neuaufbau im Lande verschmolzen zu einem, wurden als zusammengehörige Leistung begriffen. Dank Entnazifizierung und Kaltem Krieg konnten auch literarisch Ambitionierte schnell in die kulturelle Elite aufsteigen, zumal die Alten, die aus dem Exil, dem Widerstand, den Lagern und Zuchthäusern in dieses Land gekommen waren, ihnen als dem lang ersehnten Nachwuchs die Tore öffneten. Für die älteren der Jungen war ihr Schreiben ein praktischer Widerruf des eigenen Mitläufertums, für die Jüngsten das bewußte Gegenstück zu dem ihrer Eltern.

Der hartnäckige Versuch aus dem anderen Teil Deutschlands, die Leistung des Wiederaufbaus zu bestreiten oder doch wenigstens zu delegitimieren, und die im Westen nahezu ungebrochene Vormacht der alten Eliten verfestigten dieses Selbstbewußtsein einer Stimme des kollektiven Aufbruchs. Dabei waren ihre Bücher alles andere als uniform. Exemplarisch dafür auch die im Verlag erschienene Lyrik.

Inmitten einer Vielfalt poetischer Handschriften erschien auch das schmale Lebenswerk Uwe Greßmanns nicht wie ein fremder *Vogel Frühling*. An dieser Vielfalt hatten die beiden großen Lehrmeister der jungen Lyrik, Louis Fürnberg und Georg Maurer, entscheidenden Anteil. Das Lebenswerk des letzteren erschien seit 1961 in ungewöhnlich hohen Auflagen. Aber auch sonst waren Lyrikauflagen von mindestens 2000 Exemplaren, bei nicht seltenen Jahresverkaufszahlen von 50 Stück pro Titel und weniger, eine deutsche Rarität. Außerdem waren die Bände im Wortsinne sehenswert, da sie von namhaften Graphikern wie Horst Hussel, Gitta und Reinhard Kettner, Werner Klemke, Rolf Kuhrt, Wolfgang Mattheuer, Ronald Paris, Nuria Quevedo, Frank Ruddigkeit, Max Schwimmer und Willi Sitte gestaltet worden, für die der Verlag seine kargen Kontingente importierten guten Papiers einsetzte.

In den sechziger Jahren wich die Aufbruchstimmung einem neuen Tonfall der Besinnung auf das Erleben des einzelnen. Von Christa Wolf kam 1969 *Nachdenken über Christa T.*, nachdem ihr *Geteilter Himmel* in nur sechs Jahren 15 Mal verlegt und in 11 Sprachen übersetzt wurde. Erik Neutschs *Auf der Suche nach Gatt*, das im gleichen Jahr im Manuskript vorlag, folgte dem Roman *Spur der Steine* (1964, in sechs Jahren 14 Auflagen). Das Buch konnte wegen des Widerstands der Zensur, nicht unbeschädigt, erst 1973 erscheinen. Auch der Band *Heldenberichte* mußte 1970 ohne die Titelerzählung unter dem unverfänglichen Titel *Die anderen und ich* erscheinen, hatte doch Neutsch eine der zentralen Kategorien des „sozialistischen Realismus" hinterfragt.

Den ästhetischen Grundstein für einen solchen Paradigmenwechsel zu der von Georg Büchner gestifteten Tradition legte 1969 Werner Bräunig, der zehn Jahre zuvor der Programmatik des Bitterfelder Weges Feder und Namen geliehen hatte, mit dem einzigen Prosawerk, das danach von ihm erscheinen durfte: dem Bändchen *Gewöhnliche Leute*. Dieser Wende von einer gedachten historischen Totalität zur Wirklichkeit des Alltags hatte der aus dem Sorbenland stammende Joachim Nowotny seine Erzählungen an die Seite gestellt: *Labyrinth ohne Schrecken* (schon 1967) und *Sonntag unter Leuten* (1971) sowie *Ein seltener Fall von Liebe* (1978).

In eine ganz andere Richtung wies Günter de Bruyn nach der Aufarbeitung seiner Kriegserlebnnisse in *Der Hohlweg* (1963, 7 Auflagen bis 1970) und literarischen Parodien (*Maskeraden*, 1966) mit dem Roman *Buridans Esel* (1968, 5 Auflagen in zwei Jahren sowie eine bei Kindler in München). Hier kam offen die Diskrepanz von Aufbruch und Karrierismus zur Sprache. Ähnlich wie in Werner Heiduczeks *Abschied von den Engeln* (1968, ebenfalls 5 Auflagen in zwei Jahren). 1972 eröffnete dann de Bruyn mit *Die Preisverleihung* die Reihe seiner satirischen DDR-Geschichten, die schon vom Genre her jede Identifikation ausschlossen, wohl aber die Ansprüche an sich selbst und an die Gesellschaft aufrecht hielten. Eine Tradition, die schließlich in Volker Brauns *Hinze-Kunze-Roman* von 1985 gipfelte.

Ebenso deutlich wird bei Max Walter Schulz, wie wenig es sich bei alledem um bloß individuelle Entwicklungen handelt. Sein Erstling *Wir sind nicht Staub im Wind* (1962) galt in der Kritik als Höhepunkt jener DDR-Literatur, die sich mit dem Krieg auseinandersetzte, wenn er auch trotz seiner 9 Auflagen bis 1968 die Popularität des Romans *Die Abenteuer des Werner Holt* von Dieter Noll nicht erreichte und im eigenen Verlag den ganz anderen Ansatz in Joachim Knappes Trilogie *Die Birke da oben* (1970, 1975, 1980) verdeckte. Schulz beginnt seinen zweiten großen Roman *Triptychon mit sieben Brücken* (1976) mit dem Einmarsch des Warschauer Pakts in die CSSR und läßt ihn von seiner Hauptheldin als Wiederkehr des Ungeists von vor 1945 erleben. Dieser gewaltige Konflikt wird im Verlauf des Romans bis aufs Spurenhafte verwischt, wie auch die Versuche von Helmut Richter und Werner Bräunig zur gleichen Thematik schon auf den Schreibtischen der Autoren zerbrachen.

Und so war es kein Zufall, daß sich in den siebziger Jahren die „Jungen Autoren" dieses Jahrzehnts, die den Riß von 1968 nicht mehr zu kitten versuchten, vor allem um den Rostocker Hinstorff-Verlag scharten, den Stammverlag Franz Fühmanns, für den das gleiche Jahr 1968 den entscheidenden Bruch brachte.

Auch der Mitteldeutsche Verlag blieb unbotmäßig. Als er in allen Instanzen für das Erscheinen von Neutsch *Auf der Suche nach Gatt* eintrat und mit einem Literaturcafé in Halle-Neustadt eine eigene Öffentlichkeit schaffen wollte, wurden Leiter und Cheflektor 1970 abgesetzt und mit Berufsverbot belegt. Ein Grund mehr, das Haus nicht zu vergessen, in dem um Dichtung gerungen wurde, wie in keinem der gerühmten Verlage heutigen Tags.

Die literarischen Museen und Gedenkstätten im Bundesland Sachsen-Anhalt, die Museen mit Ausstellungen zur Literaturgeschichte.

(Stand Frühjahr 1999)

06542 Allstedt	**Burg- und Schloßmuseum** *Thomas Müntzer* Öffnungszeiten:		
	April - Oktober	Di - So	10.00 - 17.00 Uhr
	November - März	Di - Fr	10.00 - 16.30 Uhr
		Sa/So	13.00 - 17.00 Uhr
06493 Ballenstedt	**Städtisches Heimatmuseum** *Wilhelm von Kügelgen*		
	Öffnungszeiten:	Di - Fr	10.00 - 17.00 Uhr
		Sa/So	11.00 - 17.00 Uhr
06543 Burg Falkenstein/Harz	**Museum Burg Falkenstein** *Eike von Repgow* Öffnungszeiten:		
	März - Oktober	Di - Fr	9.00 - 17.00 Uhr
		Sa/So	9.00 - 18.00 Uhr
	November - Februar	Di - Fr	9.00 - 16.00 Uhr
		Sa/So	9.00 - 17.00 Uhr
06844 Dessau Zerbster Straße 35	**Anhaltische Landesbücherei** *Friedrich Matthisson, Wilhelm Müller, Hermann Conradi, Werner Steinberg* Öffnungszeiten:		
	Mo, Di, Do, Fr	10.00 -18.00 Uhr	
06295 Eisleben Seminarstraße 16	**Luthers Geburtshaus** Öffnungszeiten:		
	April - Oktober	Mo - So	10.00 - 18.00 Uhr
	November - März	Di - Fr	10.00 - 16.00 Uhr
		Sa/So	12.00 - 16.00 Uhr
Andreaskirchplatz 7	**Luthers Sterbehaus** Öffnungszeiten:		
	April - Oktober	Mo - So	9.00 - 17.00 Uhr
	November - März	Di - Fr	10.00 - 16.00 Uhr
		Sa/So	12.00 - 16.00 Uhr
38820 Halberstadt Domplatz 31	**Das Gleimhaus** *Johann Wilhelm Ludwig Gleim u.a. Dichter des 18. Jahrhunderts* Öffnungszeiten:		
	Mai - Oktober	Di - Fr	9.00 - 17.00 Uhr
	November - April	Di - Fr	9.00 - 16.00 Uhr
	ganzjährig	Sa/So	10.00 - 16.00 Uhr

06366 Köthen Schloß	**Historisches Museum Köthen** *Fruchtbringende Gesellschaft* Öffnungszeiten:	Di - Fr Sa So und	9.00 - 17.00 Uhr 14.00 - 17.00 Uhr 10.00 - 12.00 Uhr 14.00 - 17.00 Uhr
39104 Magdeburg Thiemstraße 7	**Literaturhaus** Ausstellung zu *Georg Kaiser, Erich Weinert* Öffnungszeiten:	Mo - Fr und	9.00 - 12.00 Uhr 13.00 - 17.00 Uhr
06543 Molmerswende	**Gottfried-August-Bürger-Gedenkstätte** Öffnungszeiten:	Di - Fr Sa So	13.00 - 16.00 Uhr 14.00 - 16.00 Uhr 10.00 - 12.00 Uhr
06618 Naumburg Weingarten 18	**Nietzsche-Haus** Öffnungszeiten:	Di - Fr Sa/So	14.00 - 17.00 Uhr 10.00 - 16.00 Uhr
06484 Quedlinburg Schloßberg 12	**Klopstockmuseum** Öffnungszeiten:	Di - So	10.00 - 17.00 Uhr
06268 Querfurt Burg	**Burgmuseum** *Johannes Schlaf* Öffnungszeiten:	Di - So	10.00 - 17.00 Uhr
06686 Röcken	**Nietzsche-Gedenkstätte** Öffnungszeiten:	Mi - So und	10.00 - 12.00 Uhr 13.00 - 16.00 Uhr
39576 Stendal Winckelmannstraße 36/37	**Winckelmann-Museum** *Johann Joachim Winckelmann* Öffnungszeiten:	Di - So und	10.00 - 12.00 Uhr 13.00 - 17.00 Uhr
06547 Stolberg/Harz Thomas-Müntzer-Gasse 19	**Heimatmuseum** *Thomas Müntzer* Öffnungszeiten:	Di - Sa und So und	9.00 - 12.30 Uhr 13.00 - 17.00 Uhr 10.00 - 12.00 Uhr 13.00 - 17.00 Uhr
06667 Weißenfels Schloß Zeitzer Straße 4	**Museum** *Christian Weise, Johann Beer,* *Erdmann Neumeister, Johann Christian Edelmann,* *Louise Brachmann, Louise von Francois,* *Novalis, Johann Gottfried Seume,* *Hedwig Courths-Mahler* Öffnungszeiten:	Di - So	10.00 - 18.00 Uhr

Klosterstraße 24	**Öffentliche Bibliothek im Novalis-Haus** Ausstellung zu *Novalis*		
	Öffnungszeiten:	Mo - Fr	9.00 - 18.00 Uhr
		Mi	geschlossen
		Sa	9.00 - 11.00 Uhr
06333 Wiederstedt Schloß Schäfergasse 6	**Novalis-Gedenkstätte** Öffnungszeiten:	Di - So	10.00 - 16.00 Uhr
06886 Wittenberg			
Collegienstraße 54	**Lutherhalle** Öffnungszeiten:	Di - So	9.00 - 17.00 Uhr
Collegienstraße 60	**Melanchthonhaus** Öffnungszeiten:	Di - So	9.00 - 17.00 Uhr
06786 Wörlitz	**Schlösser und Gärten Wörlitz, Oranienbaum und Luisium** **Museum Gotisches Haus** Öffnungszeiten:	Di - So	10.00 - 16.00 Uhr

Die Autoren

Kai Agthe, geb. 1970 in Naumburg, lebt ebendort. Germanistikstudent, Publizist, Veröffentlichungen in verschiedenen Zeitschriften.

Ingo Bach, geb. 1937 in Weißenfels, lebt ebendort. Geographie- und Geschichtslehrer, Vf. zahlreicher Publikationen zur Geschichte und Kultur von Weißenfels; Träger des Max-Lingner-Preises der Akademie der Künste zu Berlin (Ost).

Juliane Brandsch, Dr. phil., geb. 1958 in Halle/Saale, lebt in Leipzig. Germanistin, wiss. Mitarbeiterin am Institut für Germanistik der Pädagogischen Hochschule Erfurt; Veröffentlichungen vor allem zur althochdt. Sprache und Literatur, Mitautorin der Bücher „Das literarische Leipzig“ (1995) und „Residenz-Schlösser in Thüringen“ (1998).

Karl Büchsenschütz, geb. 1942 in Erfurt, lebt in Schulpforte bei Naumburg. Germanist, Historiker und Pädagoge, seit 1972 im hess. Schuldienst, seit 1992 rector portensis; Veröffentlichungen vor allem zur Geschichte der Landesschule Pforta.

Jens-Fietje Dwars, Dr. phil., geb. 1960 in Weißenfels, lebt in Jena. Philosophiehistoriker und Germanist, Hg. eines Goethe- (1992) und eines Büchner-Lesebuches (1994), des Bandes (zus. mit D. Strützel) „Widerstand wahrnehmen. Dokumente eines Dialoges mit Peter Weiss“ (1993) und „Goethes Harzreise 1777“ (1998 im quartus-Verlag), Vf. des Buches „Abgrund des Widerspruchs. Das Leben des Johannes R. Becher“ (1998).

Jochen Gericke, geb. 1920 in Guben/Niederlausitz, lebt in Naumburg. Museumsdirektor i. R., Gründer des Museums „Romanisches Haus" in Bad Kösen.

Christiane Hennen, Dr. phil., geb. 1964 in Heidelberg, lebt in Wittenberg. Kunsthistorikerin und Germanistin, seit 1995 wiss. Mitarbeiterin an der Lutherhalle in Wittenberg, 1995/97 verantwortl. für Sanierung und Neukonzeption des Melanchthonhauses, innerhalb der Stiftung Luthergedenkstätten in Sachsen-Anhalt für Bauerhalt und Denkmalpflege.

Ernst Herbst, Dr. oec., geb. 1939 in Zerbst, lebt in Atzendorf bei Staßfurt. Wiss. Mitarbeiter am Institut für Politikwissenschaft an der Otto-von-Guericke-Universität Magdeburg, 1983 Mitbegründer des Freundeskreises C. L. Immermann im Kulturbund der DDR, 1990 der Immermann-Gesellschaft e.V. Magdeburg, Veröffentlichungen zu Immermann.

Günther Hoppe, geb. 1942 in Köthen, lebt ebendort; Dipl.-Historiker, Direktor des Historischen Museums Köthen; Vf. eines Buches über Elisabeth von Thüringen und zahlreicher Aufsätze zur Fruchtbringenden Gesellschaft und zur anhaltischen Regionalgeschichte.

Detlef Ignasiak, Dr. phil., geb. 1950 in Berlin, lebt in Bucha bei Jena, Germanist und Kulturhistoriker. Vorsitzender der Thüringischen Literarhistorischen Gesellschaft Palmbaum e.V., Autor und Hg. zahlreicher Bücher vornehmlich zur thür. Kulturgeschichte, darunter „Dichter-Häuser in Thüringen" (1996), (zus. mit F. Lindner) „Das philosophische Thüringen" (1998), Initiator des vorliegenden Bandes.

Axel Kahrs, geb. 1950 in Wustrow (Kreis Lüchow-Dannenberg), lebt in Lüchow. Studienrat im niedersächs. Schuldienst, Veröffentlichungen vor allem zur Regionalgeschichte des Wendlandes und Vf. der Bücher „Das Wendland literarisch" (1985) und „Dichterreisen. Literarische Streifzüge durch Altmark, Prignitz und südwestliches Mecklenburg" (1990).

Ulrich Kaufmann, Dr. phil., geb. 1951 in Berlin, lebt in Zöllnitz bei Jena. Germanist, wiss. Mitarbeiter am „Romantikerhaus" in Jena, Vf. zahlreicher Aufsätze zur dt. Literaturgeschichte des 18., 19. und 20. Jh.s, Vf. bzw. Hg. von Büchern über Oskar Maria Graf, Georg Büchner und Jakob Michael Reinhold Lenz sowie zur DDR-Literatur, zuletzt „Lenz in Weimar" (1999).

Hans-Joachim Kertscher, Dr. phil., geb. 1944 in Halle/Saale, lebt ebendort. Germanist, wiss. Mitarbeiter am Interdisziplinären Zentrum für die Erforschung der Europäischen Aufklärung an der Martin-Luther-Universität Halle-Wittenberg; Veröffentlichungen vor allem zur dt. Frühaufklärung, zur Literaturgeschichte Halles sowie zu Bürger und Gleim.

Jörg Kowalski, geb. 1952 in Halle/Saale, lebt als freier Architekt und Autor in Dobis (Saaletal), Mitglied des Präsidiums der Internationalen Novalisgesellschaft; Veröffentlichungen von Gedichten, Hörspielen und Essays.

Gisela Kraft, Dr. phil., geb. 1936 in Berlin, lebt als freie Schriftstellerin in Weimar. Islamwissenschaftlerin und Übersetzerin, Essayistin; neben den Erfahrungen des Orients war für sie die deutsche Romantik prägend; Vfn. mehrerer Bücher, zuletzt „Prolog zu Novalis" (Roman, 1990), „Madonnensuite" (Roman, 1998).

Brunhild Neuland, Dr. phil., geb. 1941 in Jena, lebt in Laasdorf bei Jena. Germanistin, wiss. Mitarbeiterin am Institut für Germanistische Literaturwissenschaft der Friedrich-Schiller-Universität Jena; Hgn. der Werke von Gottfried August Bürger.

Ingo Pfeifer, Dr. phil., geb. 1960 in Gräfenhainichen, lebt in Wörlitz. Kunsthistoriker, wiss. Mitarbeiter der Kulturstiftung Dessau/Wörlitz; Vf. von Aufsätzen und Beiträgen zur Kunst- und Kulturgeschichte des Dessau-Wörlitzer Gartenreiches.

Ute Pott, Dr. phil., geb. 1965 in Kassel, lebt in Halberstadt. Literaturwissenschaftlerin, Leiterin der Handschriftenabt. des Gleimhauses in Halberstadt.

Angelika Reimann, Dr. phil., geb. 1955 in Karl-Marx-Stadt (heute Chemnitz), lebt als freiberufliche Autorin in Jena. Germanistin und Verlagslekrorin; Vfn. zahlreicher Aufsätze vornehmlich zur klass. dt. Literatur und Mitautorin des mehrbändigen Werkes „Goethes Leben von Tag zu Tag“, Vfn. des Buches „Zwischen Pflicht und Neigung. Goethe im Herzogtum Weimar“ (1999 im quartus-Verlag).

Heidi Ritter, Dr. phil., geb. 1945, lebt in Halle/Saale. Germanistin, Veröffentlichungen vor allem zur dt. Literatur in der 2. Hälfte des 18. Jh.s, Herausgeberin der Liebesgedichte von Bürger.

Michael Rohleder, geb. 1961 in Dessau, lebt ebedort. Klassischer Philologe, Mitautor eines Kataloges zur Reformation in Anhalt.

Michael Schilling, Dr. phil., Prof., geb. 1949 in Kiel, lebt in Magdeburg, Hochschullehrer am Institut für Germanistik der Otto-von-Guericke-Universität Magdeburg; zahlreiche Veröffentlichungen vor allem zur Literatur des Mittelalters und der Frühen Neuzeit.

Gerd Schubert, M.A., geb. 1960 in Bremerhaven, lebt in Berlin. Germanist, Vorsitzender der Johann-Gottfried-Schnabel-Gesellschaft e.V. Stolberg/Harz, Hg. der SCHNABELIANA 1995 f., Veröffentlichungen vorwiegend zu Schnabel.

Joachim Schymalla, geb. 1959 in Zabrze (Polen), lebt in Aschersleben, Leiter des Museums Burg Falkenstein (innerhalb der Stiftung Schlösser, Burgen und Gärten des Landes Sachsen-Anhalt).

Dieter Strützel, Dr. phil., geb. 1935 in Dessau, lebt in Gera; Germanist und Kulturwissenschaftler, in den 60er Jahren Lektor im Mitteldeutschen Verlag, 1970 Abberufung wegen der Hg. von Büchern, „die ein verzerrtes Bild der Wirklichkeit geben“ (E. Neutsch, Ch. Wolf, V. Braun); Veröffentlichungen vor allem zu kulturwiss. Themen.

Gisela Zander, Dr. phil., geb. 1950 in Pößneck/Thüringen, lebt in Magdeburg; Germanistin; Leiterin des Literaturhauses Magdeburg.

Rechtsnachweise

Die abgedruckten literarischen Texte werden nach folgenden Ausgaben zitiert:

Thietmar von Merseburg, Chronik, in neubearb. Übertragung hg. von Franz Huf, Kettwig 1990.

Heinrich von Veldeke. In: Minnesinger. In Bildern der Manessischen Liederhandschrift, hg. von Walter Koschorreck, Frankfurt/M. 1974.

Martin Luther, Schriften, hg. von Karin Bornkamm und Gerhard Ebeling, Frankfurt/M. 1982.

Ludwig von Anhalt-Köthen. In: Die Deutsche Literatur. Texte und Zeugnisse, Bd. III, Barock, hg. von Albrecht Schöne, München 1968.

Diederich von dem Werder. In: Wir vergehn wie Rauch von starken Winden. Deutsche Gedichte des 17. Jahrhunderts, hg. von Eberhard Haufe, Berlin 1985.

Johann Beer, Teutsche Winternächte und Die kurtzweiligen Sommer-Täge, Nürnberg 1682, nhg. von Richard Alewyn, Frankfurt/M. 1963.

Katharina II., Memoiren, übersetzt von Erich Boehme, Leipzig 1913.

Johann Wilhelm Ludwig Gleim, Komm ins Offene. Deutsche Naturgedichte des 18. Jahrhunderts, hg. von Ursula Heukenkamp, Leipzig 1985.

Friedrich Gottlieb Klopstock, Werke in einem Band, hg. von Karl-Heinz Hahn, Berlin und Weimar 1971.

Johann Joachim Winckelmann, Werke in einem Band, hg. von Helmut Holtzhauer, Berlin und Weimar 1969.

Gottfried August Bürger, Werke in einem Band, hg. von Lore Kaim-Kloock und Siegfried Streller, Berlin und Weimar 1973.

Novalis, Dichtungen und Prosa, hg. von Claus Träger und Heidi Ruddigkeit, Leipzig 1975.

Louise von Francois, Ges. Werke, hg. von Karl Weitzel, Leipzig 1918.

Wilhelm von Kügelgen, Jugenderinnerungen eines alten Mannes, Leipzig 1899.

Theodor Fontane, Romane und Erzählungen, hg. von Peter Goldammer, Gotthard Erler, Anita Golz und Jürgen John, Berlin und Weimar 1973.

Friedrich Nietzsche, Jugendschriften 1854-1861, hg. von Hans Joachim Mette, 1933, nhg. München 1994.

Elisabeth Förster-Nietzsche, Der junge Nietzsche, Leipzig 1912.

Pe' r Gast. Zit. nach: Curt Paul Janz, Friedrich Nietzsche. Biographie, Bd. 3, München-Wien 1978.

Otto Reutter, Alles wegen de Leut,. 25 Couplets, hg. von Helga Bemmann, Berlin 1975.

Hans Schomburgk, Fahrten und Forschungen mit Büchse und Film im unbekannten Afrika, Berlin 1930.

Walter Bauer. Stimme aus dem Leunawerk. Verse und Prosa, Leipzig 1980.

Erich Weinert, Gesammelte Gedichte, hg. von der Akademie der Künste der DDR, Berlin und Weimar 1970/76.

Georg Kaiser, Werke, hg. von W. Hoder, München 1971.

Hans Lorbeer, Poesiealbum Nr. 59, hg. von Bernd Jentzsch, Berlin 1972.

Brigitte Reimann, Aber wir schaffen es, verlaß dich drauf! Briefe an eine Freundin im Westen, hg. von Ingrid Krüger, Berlin 1998.

Abbildungsnachweise

Anhaltische Landesbibliothek, Dessau. - S. 119
Franckesche Stiftungen, Halle. - S. 105o, 107, 109, 111
Domstift Merseburg. - S. 11, 17
Historisches Museum Schloß Köthen. - S. 83
Landesschule Pforta. - S. 69, 73
Literaturhaus Magdeburg. - S. 319, 322, 325, 329, 330, 333
Literaturhaus Neubrandenburg. - S. 335, 337, 339
Familie Lorbeer, Privatbesitz, Wittenberg. - S. 329
Museum Ballenstedt. - S. 244
Museum Burg Falkenstein (Stiftung Schlösser, Burgen und Gärten des Landes Sachsen-Anhalt). - S. 27
Museum Das Gleimhaus, Halberstadt. - S. 116, 127, 129
Museum Klopstockhaus, Quedlinburg. - S. 135, 137
Museum Weißenfels. - S. 195, 201, 251, 253, 256, 273
Novalis-Museum Schloß Oberwiederstedt. - S. 201, 203
Piper-Verlag, Archiv, München. - S. 349
Sammlung Dwars, Jena. - S. 273
Stadtarchiv Magdeburg. - S. 325
Stiftung Weimarer Klassik, Weimar. - S. 157, 169, 269, 277, 282
Theodor-Fontane-Archiv, Potsdam. - S. 261, 262
Winckelmann-Museum Stendal. - S. 146

Fotografien
Kai Agthe, Naumburg. - S. 13, 32, 67, 103, 105, 148, 151, 152, 178, 197, 228, 230, 231, 258, 259, 279, 280, 283, 284, 289, 291, 292, 293, 294, 295u, 298, 355
Jens-Fietje Dwars, Jena. - S. 21, 33, 36, 41, 42, 43, 46, 48, 51, 54, 55, 56, 89, 90, 115, 123, 125, 158, 159, 160, 161, 165, 184, 190, 193, 200, 205, 207, 208, 218, 220, 224, 233, 238, 239, 241, 247, 252, 255, 257, 259, 261, 271, 308, 313, 321, 327, 331, 341, 347, 351
Frank Herzer, Jena. - S. 88, 213, 214
Detlef Ignasiak, Bucha bei Jena. - S. 22, 60, 61, 71
Axel Kahrs, Lüchow. - S. 260, 265
Heidi Ritter, Halle. - S. 245
Gerd Schubert, Berlin. - S. 94, 95, 101

Alle übrigen Abbildungen. - Verlagsarchiv

Verlag und Autoren danken allen Rechteinhabern für die komplikationslose Bereitstellung der Bildvorlagen.

Stendal
Gardelegen
Tangermünde
Burg
Magdeburg
Zerbst
Halberstadt
Wernigerode
Wittenberg
Dessau
Quedlinburg
Stolberg
Köthen
Ballenstedt
Wörlitz
Molmerswende
Oberwiederstedt
Bitterfeld
Eisleben
Halle
Allstedt
Querfurt
Bad Lauchstädt
Merse-burg
Leuna
Poserna
Röcken
Freyburg
Weißenfels
Naumburg
Bad Kösen
Schulpforta